10|18
12, avenue d'Italie – Paris XIIIe

L'HERBE DU DIABLE ET LA PETITE FUMÉE

UNE VOIE YAQUI DE LA CONNAISSANCE

PAR

CARLOS CASTANEDA

Traduction de Michel DOURY

Préface d'Yves Buin

10|18

« Domaine étranger »
dirigé par Jean-Claude Zylberstein

CHRISTIAN BOURGOIS ÉDITEUR

Titre original :
THE TEACHINGS OF DON JUAN
A yaqui Way of Knowledge

ISBN 2-264-00725-7

Préface

Été 1960, un jeune homme étudiant au Département d'anthropologie de l'Université de Los Angeles, fort savant, croit-il, en plantes médicinales se trouve en Arizona en compagnie d'un ami, lui aussi très versé dans cette recherche botanique particulière. Pour quelques heures encore dans une petite ville près de la frontière du Mexique, ils attendent l'autobus, quand l'ami indique au jeune homme un vieil Indien — lui-même en attente, là, presque par hasard pourrait-on dire — dont on assure qu'il possède un savoir sur ces fameuses plantes, entre autres le peyotl. Présentations faites, Carlos Castaneda — c'est le nom du jeune homme — entreprend l'Indien prénommé Juan, sur le but de sa recherche et avec maladresse se met en position de tenir conférence sur un sujet qu'il ne connaît pas : *« ... et bien que fort ignorant en matière de peyotl je m'entendis prétendre le contraire et même suggérer que des échanges d'informations entre nous ne manqueraient pas de lui être profitables. Il n'interrompit pas mon bavardage mais hocha doucement la tête en me regardant. J'évitais ses yeux et un lourd silence pesa bientôt sur nous. Après un temps qui me parut très long, don Juan se leva. Son autobus arrivait. Il me dit au revoir et s'en alla. »*

Si nous insistons sur ce début anecdotique, c'est qu'en fait, comme toute rencontre importante, cette rencontre inaugurale pose tous les termes du devenir de l'aventure. D'un côté nous avons Castaneda, d'origine italienne, selon certaines biographies, parti jeune pour l'Amérique du Sud :

Brésil, Argentine, puis venu vers vingt ans étudier à Los Angeles. Né dans un des centres culturels de la vieille Europe, il s'est frotté aux cultures hétéroclites et cosmopolites de deux des grands États sud-américains où l'ethnocide consommé, l'Afrique métissée, demeurent néanmoins des présences sauvages, secrètes et symboliques souvent irréductibles qui étaient le sel de la terre de ces contrées. Ces contacts même lointains et formels ne furent pas sans laisser traces et influences ne serait-ce que dans le choix de l'étudiant sérieux qui cite d'illustres auteurs ethnologues ou sociologues tels que Georg Simmel ou Alfred Kœrber et lit les figurations moléculaires des grandes substances sacrées dans de savants et aseptiques traités. Donc, bardé de beaucoup de raison(s) : il croit savoir. De l'autre côté, nous avons un vieil homme qui s'appelle modestement Juan, prenant un bus vers le Sud, vers Sonora — ce Sud du grand Sud-Ouest indien où vivent les Yaquis et les Tarahumaras — écoutant les aimables plaisanteries de notre étudiant, hochant la tête en silence, lui dont Castaneda nous dit qu'il évite les yeux sachant sans doute qu'il n'en supporterait pas le regard. Que faisait Juan — don Juan — là, en ce moment précis, intervalle entre deux bus qui vont se croiser, moment d'un bref échange qui va entraîner notre témoin Castaneda dans une aventure d'au moins quinze ans à la découverte d'un incroyable autre monde vu de L.A. ? Premier mystère. Don Juan ne dira-t-il pas plus tard que Castaneda est un *escogido* : « celui-qui-a-été-choisi », choisi par un pouvoir, c'est-à-dire par l'ineffable présence qui gît dans le peyotl et que nous retrouverons sous le nom de : *Mescalito.* Dont acte, dès ce premier rendez-vous apparemment non décidé le jeu s'instaure entre l'un qui a un savoir et l'autre la connaissance.

Voici donc *la connaissance*, mot sans doute trop fort pour une plume profane. Tout bon Occidental depuis quelques siècles — disons sans trop de risques depuis ce que l'histoire retient comme ère moderne — confond savoir et connaissance, comme il confond science et technique, philosophie et métaphysique. Ses critères de vérification de l'information — d'une part de vérité — passent de plus en plus par une étroite efficience ou une manifestation opératoire d'effectivité plus ou moins immédiate. Et ce, sous l'important contrôle d'une raison raisonnante sinon ratiocinante tant il est évident aussi que les terres du dépaysement se font rares, là où le monde dit connu bascule sur ses bases pour livrer tout à la fois sa radicale étrangeté et sa totale simplicité. La connaissance, pourrait-on dire, est ce qui vient en deçà, au-delà, avant, après l'intelligence, la mémoire, le savoir, le savoir-faire, encore que ces termes de conditionnement topique soient déjà : hors-connaissance. Le lecteur verra de lui-même tout le mal qu'aura Castaneda à s'en sortir avec les mots. Référons-nous à ce seul passage : « *Avec une ferveur extrême don Juan parla de Mescalito ce maître de la juste manière de vivre. Je lui demandai comment Mescalito enseignait cette "juste manière de vivre" et il me répondit que Mescalito montrait comment vivre.*

« Comment le montre-t-il ?

— Il dispose pour cela de beaucoup de façons. Parfois il le montre dans ses mains, ou bien sur les rochers, ou encore dans les arbres et parfois simplement devant toi.

— Devant toi ? Comme une image ?
— Non c'est un enseignement devant toi.
— Est-ce que Mescalito parle à l'homme ?
— Oui. Mais pas avec les mots.
— Alors, comment parle-t-il ?
— D'une manière différente à chaque homme. »

Et plus loin encore : « *Apprendre en parlant n'est pas seulement une perte de temps mais une stupidité, car apprendre est la tâche la plus ardue qu'un homme puisse entreprendre.* » Ce que Castaneda ne supportait pas dans le regard du vieil homme, c'était ce regard qui *a vu*. Qu'a-t-il vu ? La réalité, la réalité hors-savoir, innommée, indéterminée, indéfinie, celle que don Juan, tel l'*homme de connaissance*, appréhende. Le regard n'est brûlé que de l'impatient ou du présomptueux. Pour celui qui est en mesure de *voir*, le regard sera humecté, mouillé à jamais de cette vision unique et définitive après laquelle toute question devient inutile. Ainsi que la réalité ultime et première, la connaissance ne sera pas nommée parce qu'elle est innommable.

Nous sommes donc prévenus. Nous allons entrer dans une histoire considérable où les mots vont manquer ou perdre pied. Tout au long de ses livres — celui-ci est le premier — Castaneda va nous la narrer. Nous apprendrons comment le corps — ce temple de l'illumination comme disent certains en Orient — va être traversé de forces barbares et morcelantes, va disparaître et réapparaître à plusieurs reprises comme le siège de transmutations alchimiques sur la voie de la purification jusqu'à connaître l'absence de corps : l'incorporéité. Et le brillant vernis mental, le bruyant appareil conceptuel ne va pas être en reste. Il se retrouve bouleversé, brisé, dispersé en des moments psychotiques d'anéantissement, défilé verbal incohérent devenu impuissant. L'apprenti-savant va devenir à proprement parler apprenti-sorcier. Mais ici nous anticipons. *Voir, Voyage à Ixtlan, Histoires de pouvoirs* vont relater toute cette épopée vers le vrai[1]. Pour l'heure nous en sommes à *L'Herbe du diable et la petite fumée* où la scène est pour ainsi dire primitive, propédeutique. Castaneda croit savoir et ne sait rien. Il ne suppose absolument pas ce que sa question, sa poignée de main à don Juan ont induit. Sa naïveté va être sa meilleure compagne car elle lui permet la nudité face à la connaissance. *L'Herbe du diable...* est un livre premier, inaugural, inachevé. (On ne sera pas dupe de l'essai d'analyse structurale qui clôt le récit et où toutes les rationalisations apparaissent lorsque Castaneda s'estime quitte et croit en avoir terminé avec l'enseignement de don Juan. Il écrit cependant dans un accès de sincérité : *« ... Je n'étais pas, ni ne serai jamais préparé à subir les rigueurs d'un tel apprentissage. »* La suite montrera qu'une fois sur le sentier nul retour n'est possible et que l'appel de la connaissance rend insatiable. Castaneda ira à son terme.)

1. Nous ne citons pas *le Second anneau de pouvoir, le Don de l'aigle et le Feu du dedans* parus après, influencé en cela par le sentiment partagé avec quelques-uns qu'il eût peut-être été préférable que Castaneda en restât à la dernière page d'*Histoires de pouvoirs* et que son saut dans l'inconnu demeurât un non-retour, une énigme définitive. Mais qui sommes-nous pour en juger ? Tous ces livres ont été publiés dans la collection « Témoins » des Éditions Gallimard.

Que révèle donc le livre : la rencontre de *Yerba del diablo* et de *Humito* ou encore pour céder à quelques beaux noms venus de l'horizon botanique : la rencontre de *Datura inoxia* et de *Psillocybe mexicana* avec pour troisième larron : *Lophophora williamsii* (dont le principe est *Mescalito*) ? Ce détour végétal indique seulement que don Juan a accepté d'initier Castaneda à la voie Yaqui de la connaissance et que celle-ci a une logique et une rigueur qui ne souffrent aucun écart. L'homme qui s'engage sur la voie sera d'une inflexible détermination. *« Un homme de connaissance est celui qui a subi intégralement, loyalement les épreuves de l'apprentissage ; un homme qui, sans hâte et sans erreur, a avancé aussi loin qu'il a pu sur les chemins secrets de la puissance et du savoir. »* Il est prêt au combat : *« Un homme va à la connaissance comme il part pour la guerre, avec lucidité, crainte, respect et une ferme assurance*[2]*. »* Quel est d'ailleurs ce combat ? Est-ce celui de la nuit noire de l'âme juste avant la lumière ? Est-ce celui de la projection cosmique de notre mal-être intérieur ? Ou le tâtonnement dû à une cécité provisoire dans la chute des illusions ? Non pas seulement. Si les quatre ennemis que rencontrera et devra vaincre l'apprenti sont dans une certaine mesure subjectifs : la peur, la clarté, la puissance, la vieillesse, il semble bien que les pouvoirs sollicités par l'acte de connaissance tels que les établit et les ritualise la tradition Yaqui soient réels. Un maniement inexpert du rituel les rend extrêmement dangereux et destructeurs. Autant le dire, au risque de réveiller des malentendus culturels, don Juan est un sorcier. Le sorcier Yaqui tel don Juan ne se meut pas dans l'archaïsme, le primitivisme et l'obscurantisme. *Le brujo* (le sorcier) est associé tout autant au *diablero* qu'au *benefactor*. Il connaît ce que nous appelons magie noire et magie blanche. Mais là n'est que l'aspect apparent, partiel et manifesté de l'enjeu qui reste la

2. Le thème du guerrier est un des thèmes fondamentaux de la voie Yaqui. Il donne son titre à l'essai de Bernard Dubant et Michel Marguerie : *Castaneda — la voie du guerrier*. Ed. Guy Trenadiel. Citons simplement cette phrase d'*Histoires de pouvoirs* : « On ne peut se libérer de la tristesse que si on aime cette terre d'une passion inébranlable. Un guerrier est toujours heureux parce que son amour est inaltérable et que sa bien-aimée la terre, l'embrasse et lui octroie des cadeaux inestimables. »

connaissance. Le sorcier Yaqui est homme de connaissance et avant tout un maître. Le maître est celui qui guide l'apprenti, l'adepte. Il a reçu lui-même la connaissance d'un maître (son *benefactor*). La tradition se transmet ainsi. L'usage des plantes est l'étape préliminaire de l'initiation. Il ne peut se faire sans la guidance du maître car, fourvoyé, il devient mortel tant pour le corps que pour le mental. La pratique de cet usage est immémoriale et sacrée. Toutefois ce sacré ne renvoie à aucune divinité. Ainsi pour *Mescalito* : « (Castaneda) : *Ce que je veux dire : est-ce le ciel, le paradis de Dieu ?*

(Don Juan) — *Maintenant tu deviens stupide. J'ignore où Dieu peut bien être.*

— *Mescalito est-il Dieu ? le Dieu unique ? ou alors un des dieux ?*

— *Il est uniquement un protecteur et un maître. Il est un pouvoir.* »

Ce sacré est en quelque sorte le respect absolu de l'ordre naturel des choses, de l'équilibre des mondes que toute impulsion maladroite, que toute méconnaissance précipitent dans la dysharmonie. Les plantes élues contiennent le principe à la fois matériel et immatériel que la tradition Yaqui nomme *l'allié* et dont le rôle est d'aider l'homme sur la voie de la connaissance et dans sa vie: « *Un allié est un aide indispensable pour accéder à la connaissance. Un allié te fera voir et comprendre des choses que pas un seul homme ne serait à même de te révéler.* » *L'allié* est un pouvoir et un principe. Sans forme (ou bien polymorphe) sa qualité — son essence — seule est perçue. Il est utilisable (Castaneda dit qu'il est comme un véhicule) mais surtout il a une *règle* que don Juan quelquefois appelle sa loi, ce qui semble plus juste : « *Cette règle était un système d'organisation, rigide et complexe, ordonnant toutes les actions à accomplir, ainsi que la conduite à observer au cours de la manipulation d'un allié. La règle se transmettait oralement du maître à son apprenti...* » Ne rencontre, ni ne touche pas l'allié n'importe qui. Ainsi Castaneda faillit mourir d'avoir enfreint d'un détail la règle, par inadvertance, en se mettant sur le front un extrait de Datura méticuleusement préparé.

Les *alliés* actualisés par l'absorption des plantes sont, dans le livre, au nombre de trois. Tout d'abord *Mescalito* résidant dans le peyotl avec lequel Castaneda aura plusieurs rencontres, toutes plutôt allègres et protectrices. Il assure ici une introduction à la fois paisible et spectaculaire dans cette réalité *autre* qu'est le monde familier du sorcier, de l'homme de connaissance. *Mescalito* infiniment changeant épouse toutes les formes sans en posséder aucune. Il sera chien et Castaneda lui-même devenu chien jouera avec lui lors de sa première expérience, il sera homme-peyotl aux yeux d'eau s'exprimant par une mélodie où se déchiffre une question : « Que veux-tu ? » etc... Le premier, *Mescalito* ouvre à Castaneda l'accès à ce que ce dernier nomme les *états de réalité non ordinaire*, états où le « réel » convenu vacille et où se manifestent les autres mondes présents à chaque instant et auxquels l'homme non éveillé demeure aveugle et sourd. Ce sont ces états qui permettent (et témoignent de) la rencontre avec l'*allié*. Toutefois l'homme de connaissance accède à ces états de réalité non ordinaire sans aide et passe sans dualité de ceux-ci à l'état ordinaire.

Le deuxième *allié* réside en l'herbe du diable *(datura inoxia)*. Il était l'*allié* du maître de don Juan, mais don Juan a eu avec lui des expériences pénibles où il risqua la mort. Néanmoins il accompagnera Castaneda dans cette nouvelle rencontre d'autant que d'autres médiateurs sont également convoqués : deux lézards, l'un à la bouche cousue (il sera la vision), l'autre aux paupières cousues (il sera la voix). Ces lézards vont explorer, expérimenter pour Castaneda le monde où les mène l'herbe du diable. Castaneda verra par les yeux du premier, entendra et parlera par le second en une communication inédite du vivant au vivant, au-delà de l'espèce, dans un monde infiniment animé jusque dans ses moindres pierres où l'homme en état de réalité non ordinaire perçoit la multiplicité innombrable du réel qu'il est lui-même. Déconcerté, bouleversé par cette cérémonie du lézard, Castaneda interroge don Juan : « — *Le petit lézard que tu avais sur l'épaule te racontait tout ce que sa sœur pouvait voir. Elle te parlait. Elle te racontait tout et tu n'y prêtais pas attention. Au contraire tu prenais les paroles du lézard pour tes propres pensées.*

— *Mais don Juan, c'étaient mes propres pensées !*
— *En aucun cas. Il en est ainsi de cette sorcellerie. En fait il faut plutôt écouter que regarder ce que l'on voit.* (...)
— *Votre expérience a-t-elle été semblable à la mienne ?*
— *Non. Je m'en souviens comme d'un voyage infernal. J'en suis presque mort.*
— *Pourquoi infernal ?*
— *Peut-être parce que l'herbe du diable ne m'aimait pas, ou bien parce que je ne savais pas très précisément quoi lui demander (...) Les lézards ne se trompent jamais ; pour eux chaque pensée est une question.* »
Et plus loin : « *Mon benefactor disait que les lézards ont la faculté d'emmener l'homme jusqu'aux extrémités du monde et de lui révéler à sa demande les secrets les plus prodigieux.*
— *Connaissez-vous quelqu'un qui ait parcouru un tel périple ?*
— *Oui mon benefactor. Mais il ne m'a jamais dévoilé comment effectuer le retour.*
— *Est-il donc si difficile de revenir ?*
— *Bien sûr. C'est pourquoi ce que tu as fait m'étonne* (...) »

Ainsi la nature même de la pensée est en question. Qui suis-je si quelqu'un d'autre pense à ma place ? Pourquoi m'enorgueillir de penser si un lézard pense lui aussi ? De quelle richesse insoupçonnée est faite la pensée pour que je puisse communiquer à ma guise avec le principe contenu dans une plante, avec un lézard, avec un rocher ? Et d'ailleurs : qui pense, si tout ceci, tout cela sont présents au même instant dans la même conscience ? Après le jeu de rêve avec *Mescalito* (« *Songe seulement comme il est merveilleux de jouer avec Mescalito. Ne pense qu'à cela, à rien d'autre, de lui-même le reste viendra à toi* »), un autre coin du voile a été soulevé par don Juan au travers de l'herbe du diable : « *Tu auras acquis ainsi pour toujours la possibilité de voir l'inconnu.* »

Le troisième rendez-vous préparé par don Juan est avec l'*allié* présent dans *psillocybe mexicana* c'est *Humito* (la petite fumée), le propre *allié* de don Juan qui le porte en permanence sur lui et dont il va régler l'approche par Castaneda selon la règle : « *Le maître entrait, jusqu'à un certain stade de ses enseignements dans la réalité non-ordinaire pour y ac-*

compagner l'apprenti. » Certes l'apprenti-sorcier a déjà connu une scène inédite de bouleversements. Avec la datura en particulier il avait appris à... voler. Ce qu'il s'était d'ailleurs empressé de nier bien que don Juan le lui ait confirmé : « *Tu ne veux pas croire qu'un homme puisse voler, pourtant un brujo peut se rendre en une seconde à des milliers de kilomètres voir ce qui se passe. Il peut aussi porter un coup à un ennemi très éloigné. Alors, à ton avis, vole-t-il ou ne vole-t-il pas ?* » Confirmation qui n'est pas sans rappeler certaines relations des pouvoirs yogis, tel yogi étant vu en plusieurs endroits à la fois et au même moment. Donc, pour le moins entorse sérieuse aux notions conventionnelles de temps et d'espace... Revenons à *Humito* qui bien qu'*allié* de don Juan est cependant redoutable. Ne possède-t-il pas la « *capacité inhérente de faire disparaître le corps du sorcier* » ?. Avec *Humito* Castaneda va connaître cette expérience d'incorporéité que nous avons signalée plus haut : être capable de mouvement sans avoir de corps. La peur (le premier des ennemis) sera plus que jamais au rendez-vous, angoisse de la perte irréversible des identifications, chute dans l'annulation de tout repère, perte du rationnel sinon de la raison. « (...) *Si j'acceptais l'idée qu'il fût possible de perdre mon corps, je perdais du même coup tout mon rationalisme.* »

Cependant, une fois dépassée la peur qui aveugle, alors l'extase est permise avec la liberté infinie de se mouvoir sans corps. Etre ainsi, hors conditionnement, errant et libéré dans l'univers, tout lieu accessible et la disponibilité totale. Mais comme dans toute tradition, à l'instar d'un signe astrologique, d'un talisman, existe dans le bestiaire un corps d'accueil singularisé. Un animal nous correspond dont nous sommes en quelque sorte la projection humaine. Pour don Juan, pour Castaneda ce sera le corbeau. Castaneda avec *Humito* apprendra à être corbeau, à voir corbeau, à vivre corbeau. Il partagera même une sorte de vol astral prémonitoire où selon don Juan s'est figuré l'achèvement de sa destinée terrestre quand, le moment venu, il quittera le corps pour la lumière. Toutefois, de retour au sol et rentré en terre connue dans le corps identifié, la perplexité éclate, les questions fusent auxquelles répond don Juan : « *Il faut longtemps pour devenir un véritable corbeau, mais tu ne*

changes pas, tu ne cesses pas d'être un homme. Il y a autre chose.
— Pouvez-vous me dire quel est cet « autre chose », don Juan ?
— Peut-être maintenant le sais-tu toi-même. Peut-être que si tu n'avais pas si peur de perdre la raison, de perdre ton corps, tu connaîtrais ce merveilleux secret. Mais sans doute devras-tu attendre d'avoir dominé ta peur pour bien comprendre ce que je veux dire. »

Ces péripéties sublimes ne furent pas sans conséquences pour l'état de santé de Castaneda puisque quelque temps plus tard il fut l'objet de terreurs indicibles sans aucun recours à l'*allié*, conflit mental qui l'affecta plusieurs mois. Il souffrait alors selon don Juan « d'une perte de l'âme ». Il était donc non seulement possible de perdre le corps mais aussi l'âme. Ce danger, Castaneda le connaissait de longtemps qui écrira plus tard : *« Les actes de l'apprenti se produisaient sur une scène où l'un des partenaires était la mort. »* L'intensité des expériences est telle que la mort peut survenir. Au sortir d'une rencontre avec la « petite fumée » dont, selon le maître, « le pouvoir est à ce point inimaginable que la vie de l'expérimentateur peut être broyée », Castaneda confie : *« si j'étais là, vivant, à lui parler, c'est parce qu'il [don Juan] m'avait ramené dans ce monde. Il avait revitalisé mon corps. Sans lui je ne me serais jamais réveillé. »* Sur ce chemin sans retour on revient sans cesse de loin pour peu que la rigueur ou la maîtrise fassent un instant défaut. La « perte d'âme » en est un exemple. Car ce monde de sorcellerie et de connaissance est hanté, parcouru, par les forces contradictoires qui animent l'univers. Habituellement, ces forces, même agissantes, ne sont pas connues et encore moins conscientes. Dans la familiarité de don Juan, Castaneda apprend qu'elles peuvent s'incarner, être manipulées, dirigées, qu'elles sont instrument de pouvoir et que, souvent, le guerrier rencontre sur sa route un *diablero* — il est lui-même parfois les deux. Cette éventualité peut avoir une issue mortelle et c'est là encore une épreuve initiatique, une épreuve de pouvoir dont l'un doit l'emporter sur l'autre pour que la route à poursuivre en soit d'autant plus libre. Ainsi une *diablera* — ennemie probable de don Juan —

essaiera de ravir son âme à Castaneda qui sortira vainqueur de cet envoûtement à deux pas de l'abîme. Toutefois, n'était-ce point là encore une création dramatique propre au maître afin d'engager plus avant l'apprentissage de la connaissance à l'orée de la fameuse *« brèche des mondes »* ? Les écrits ultérieurs peuvent le faire supposer. Castaneda survit parce qu'il a suivi scrupuleusement l'enseignement de don Juan qui lui décerne d'ailleurs, à l'issue, son premier satisfecit : *« Par ton combat tu as regagné ton âme. »* Tout le sens de cette formule ne fut sans doute pas compris puisque Castaneda peu après décida d'abandonner — du moins le crut-il — l'enseignement de don Juan.

L'Herbe du diable et la petite fumée relate les quatre premières années de l'initiation de Castaneda à la tradition Yaqui. Il en sort suffisamment troublé pour admettre l'accès au champ phénoménal de la réalité non ordinaire bien qu'il s'avoue incapable de continuer, tant le chemin de la connaissance lui paraît excéder ses possibilités.
En serait-il resté là qu'on lui garderait au moins grande estime d'avoir osé. Oser à l'exemple d'un certain nombre d'ethnologues de sa génération pour lesquels aller sur le terrain n'était pas un vain mot. Il ne s'est pas contenté au sein d'une chaude bibliothèque d'établir des relations de structures sans être le moins du monde dérangé par l'objet de son étude. La vraie vie, pour une fois, n'était pas absente. Au fond, il avait eu une question : l'utilisation des plantes médicinales par les Indiens du Sud-Ouest. Il lui a été amplement répondu et loin, car cette question touchait en fait un système de culture très élaboré portant en lui-même la connaissance. Le livre dont effectivement l'essentiel du contenu narratif est en relation avec des expériences hallucinatoires provoquées se doit aussi d'être reçu comme texte métaphysique. Qu'il ait été publié à une époque où la consommation d'hallucinogènes était devenue fait culturel — tout au moins pour la minorité agissante d'une génération — et qu'il ait dû son succès public aussi à cela introduit de fait une distorsion. Il n'était pas un bréviaire de « défonce » sophistiquée. Don Juan a probablement utilisé les plantes pour en quelque sorte briser la prétention d'un appareil mental qui s'employait sans cesse à clore l'expérience par

quelques rationalisations plus ou moins pertinentes. Il fallait obtenir une virginité conceptuelle, une ouverture totale à l'inconnu d'une autre culture. Le prix à payer était peut-être dans l'annulation initiale de toute revendication de savoir. Les identifications, les repères, les schèmes de pensée trouvaient là une mise en question radicale qui passait aussi par l'arrachement douloureux et quelquefois brutal d'avec un corps meurtri et toujours renaissant. Dans la suite de l'apprentissage le recours aux drogues naturelles se nuancera et la parole de don Juan se fera plus prégnante traversant le champ de la philosophie vers la vérité. Devant ce qu'il croit être le terme de son aventure, Castaneda n'écrit-il pas : *« Et ces expériences pénibles à supporter, accablantes pour moi, ne constituaient que l'infime partie d'un système de pensée logique duquel don Juan tirait des inférences significatives pour sa vie de tous les jours, un immense complexe de croyances dans lequel la recherche était une expérience conduisant à une extrême allégresse. »* Immense système de croyances donc, que les années ultérieures vont décrypter au fur et à mesure que don Juan livrera les clés en fonction de l'état d'« avancement » de l'apprenti-sorcier Castaneda, ainsi de : *« stopper-le-monde »*, du *« tonal »* et du *« nagual »* etc. Mais une dernière remarque doit être faite qui rapproche la voie Yaqui des voies traditionnelles d'Occident et d'Orient : *la voie du cœur.* Nombre de fois au cours des pages qui vont suivre, don Juan insistera sur le *cœur*, d'où vient la connaissance. C'est ici la voie directe, la voie royale. Le cœur lieu du sentiment et centre de l'énergie a le privilège de l'intuition, de l'appréhension immédiate de la vérité pour les Indiens du Sud-Ouest, comme le signale une note des traducteurs : « [le cœur] *est une entité vitale omniprésente dans tout ce qui manifeste la vie (êtres ou objets du manifesté). Cette entité exprime aussi une notion d'harmonie, d'accord parfait entre l'homme et l'univers. »* Et don Juan d'indiquer le chemin qui est celui de l'amour, même si ce mot revient rarement dans son enseignement : *« ... un chemin qui a du cœur se montre facile à suivre, il ne l'oblige à aucun effort pour l'aimer. »*

Bien qu'ils ne fussent pas les premiers du genre, les livres de Castaneda ne laissèrent pas indifférents les professionnels de l'ethnologie[3]. Ils dérangèrent à tel point que des rumeurs invraisemblables circulèrent : « Castaneda n'existe pas, don Juan n'existe pas, tout cela est fiction, délectation imaginaire » ou bien : « C'est un faux fabriqué par la C.I.A. pour détourner les jeunes Américains des luttes révolutionnaires... » Pour de plus amples informations, renvoyons au livre de Daniel C. Noël, *Ombres et Lumières de Carlos Castaneda* (traduction de Vincent Bardet, Zeno Bianu, Ed. Retz), qui de manière plus sérieuse a recueilli les diverses thèses et positions. Laissons, en rappelant que d'évidence Castaneda bouleverse le jeu puisque, de docteur en anthropologie, il est devenu sorcier et homme de connaissance car tel l'a investi don Juan selon le rituel du maître qui choisit celui qui lui succède afin de maintenir vivante la tradition et son enseignement. Qu'importe donc tous les règlements de compte ! les livres restent où s'écrit souvent avec maladresse — Castaneda n'est pas un styliste ! — la prodigieuse histoire d'un qui s'en est allé de l'autre côté : là où se dit, se vit, le vrai et qui est revenu nous le conter. Qu'une seule image demeure : le jeune homme et le vieil Indien sont au bord d'une étroite vallée entre de sévères falaises. Ils ont marché tout le jour, le soir tombe, la nuit, déjà, embrume les crêtes du lointain : *« Face au champ de peyotl don Juan restait immobile. Un vent constant soufflait sur mon visage. Sans se tourner vers moi, il dit doucement : "Le crépuscule est la brèche entre les mondes." Je ne lui demandai aucune explication. Mes*

3. Tout un monde chuchote aux frontières de l'Occident comme la voix d'une diaspora fraternelle : celle des divers connaissants des diverses cultures dont nous devinons à peine les présences furtives. Ainsi, parmi mille autres, cette vieille femme de Travancore allant dans la montagne croiser Ramana Maharshi déjà retiré du monde depuis longtemps et lui disant un seul mot libérateur sur le silence afin qu'il trouve la paix et réalise la vérité, ou bien Alfa Hamadoun dont nous parle J.M. Gibbal dans *Guérisseurs et magiciens du Sahel* (Ed. Métaillé) qui allait au pays des morts ramener à la vie le défunt qu'on lui désignait. En général ces faits ne sont pas publics. On les qualifie trop souvent et trop vite d'« ésotériques ». Peut-être est-il souhaitable qu'ils demeurent ignorés ? Ce qui pose d'ailleurs la question : Pourquoi don Juan a-t-il autorisé Castaneda à jeter son message de par le monde ?

paupières commençaient à s'alourdir. Tout à coup je me sentis transporté de joie ; j'éprouvais une étrange et incontrôlable envie de pleurer. »

Yves Buin
(1985)

Pour don Juan
et pour les deux personnes qui ont partagé avec moi
son sens du temps magique

Para mí, soló recorrer los caminos que tienen corazón,
cualquier camino que tenga corazón.
Por ahí yo recorro, y la única prueba que vale
es atravesar todo su largo.
Y por ahí yo recorro mirando, mirando, sin aliento.

DON JUAN

... rien de plus ne peut être tenté
que d'établir le commencement et la direction d'une route
infiniment longue.
Prétendre à n'importe quel achèvement,
systématique et définitif,
serait à tout le moins une illusion personnelle.
La perfection peut être obtenue ici
par le chercheur individuel
dans la seule hypothèse, subjective,
qu'il communique tout ce qu'il a été capable de voir.

GEORG SIMMEL

AVANT-PROPOS

Ce livre est à la fois ethnographique et allégorique.

Carlos Castaneda, sous la direction de don Juan, nous entraîne dans ce demi-jour, cette fissure de l'univers entre le jour et l'obscurité, jusque dans un monde non seulement différent du nôtre, mais qui relève d'une réalité d'un ordre tout différent. Il y parvient grâce au *mescalito, yerba del diablo, humito* – peyotl, *datura*, champignons. Mais il ne s'agit pas là du simple compte rendu d'expériences hallucinatoires, car les interventions subtiles de don Juan guident le voyageur, et ses interprétations donnent un sens à des événements que nous vivons à notre tour, par l'entremise du disciple de ce sorcier.

L'anthropologie nous a enseigné que le monde se définit différemment dans des endroits différents. Ce n'est pas seulement à cause des coutumes différentes des gens; ce n'est pas non plus parce qu'ils croient à des dieux différents et qu'ils n'ont pas la même conception de l'au-delà. Plutôt, les mondes des différents peuples ont différentes formes. Même les présuppositions métaphysiques sont différentes : l'espace n'est plus euclidien, le temps ne s'écoule plus ininterrompu dans une seule direction, la causalité n'obéit plus à la logique aristotélicienne, l'homme ne se différencie pas du non-homme ni la vie de la mort, comme c'est le cas dans notre monde à nous. Nous savons quelque chose de la forme de ces autres mondes par la logique de leurs langages, leurs mythes, leurs cérémonies, comme les anthropologues les ont notés. Don Juan nous dévoile des fragments du monde d'un sorcier yaqui, et comme nous le découvrons sous l'influence de substances hallucinogènes, nous en avons une perception complètement différente de celle procurée par d'autres moyens. Ce qui fait l'intérêt particulier de cet ouvrage.

Castaneda prétend à juste titre que ce monde, malgré ses différences de perception, présente sa propre logique interne. C'est en quelque sorte de l'intérieur qu'il s'efforce de l'expliquer – à partir des expériences si intensément personnelles et d'une telle richesse qu'il a accumulées sous la direction de don Juan – plutôt que de l'examiner avec les termes de notre logique. S'il n'y parvient pas complètement, c'est à cause des limites que notre culture et notre langage imposent aux perceptions, plutôt qu'à la suite d'éventuelles limites personnelles ; il parvient à établir un pont entre le monde d'un sorcier yaqui et le nôtre, entre le monde d'une réalité extraordinaire et la réalité ordinaire.

L'intérêt de pénétrer des mondes différents du nôtre – c'est le but de l'anthropologie – est que cela nous fait comprendre que notre monde à nous aussi constitue une construction culturelle. Par l'expérience d'autres mondes, nous voyons le nôtre pour ce qu'il est, ce qui nous permet d'avoir la notion fugitive de ce que doit être le monde réel, entre notre propre construction culturelle et ces mondes différents. La sagesse et la poésie de don Juan, l'adresse de son interprète, voilà qui nous donne une vision de la réalité et de nous-mêmes. La perception immédiate de cette allégorie nous dispense de l'exégèse.

Les rencontres entre Carlos Castaneda et don Juan ont commencé alors qu'il étudiait l'anthropologie à l'université de Californie, Los Angeles. Nous devons lui être reconnaissants pour la patience, le courage et la perspicacité dont il a fait preuve dans la poursuite de ces deux recherches, et le compte rendu qu'il nous en donne. Il montre ici la qualité essentielle à l'ethnographie – la faculté de pénétrer dans un monde étranger. Et c'est le cœur qui l'a conduit sur cette voie.

Walter Goldschmidt

REMERCIEMENTS

Je dois remercier ici le professeur Clement Meighan, qui a orienté le champ de ma recherche ; le professeur Harold Garfinkel, qui m'a fourni l'exemple de la recherche approfondie ; le professeur Robert Edgerton, qui a suivi mon travail depuis le début ; les professeurs William Bright et Pedro Carrasco pour leurs suggestions et leurs encouragements ; le professeur Lawrence Watson pour l'aide qu'il m'a apportée dans l'élucidation de mon analyse. Je dois enfin remercier Mrs Grace Stimson et Mr F.A. Guilford qui m'ont aidé à mettre le manuscrit au point.

Para mi solo recorrer los caminos que tienen corazon, cualquier camino que tenga corazon. Por ahi yo recorro, y la unica prueba que vale es atravesar todo su largo. Y por ahi yo recorro mirando, mirando, sin aliento. (Pour moi n'existent que les voyages sur les chemins qui ont un cœur, tous les chemins qui ont un cœur. C'est là que je voyage, et le seul défi qui compte, c'est d'aller jusqu'au bout. Et j'avance en regardant, en regardant, à perdre haleine.)

DON JUAN

... On ne peut rien tenter de plus que d'établir le commencement et la direction d'une route infiniment longue. La prétention de parvenir à un tout systématique et cohérent ne serait, au mieux, qu'illusion. La perfection ne peut être atteinte ici par l'étudiant solitaire que par l'effort subjectif de transmettre tout ce qu'il a été capable de voir.

GEORG SIMMEL

INTRODUCTION

Au cours de l'été 1960, alors que j'étudiais l'anthropologie à l'université de Californie, Los Angeles, j'ai fait plusieurs voyages dans le Sud-Ouest pour recueillir des informations sur les plantes médicinales utilisées par les Indiens de la région. Les événements que je raconte ici ont commencé au cours d'un de ces voyages. Je me trouvais dans une ville de la frontière en train d'attendre un car Greyhound, et je parlais à un ami qui m'avait guidé et conseillé pendant ces recherches. Il s'est soudain penché vers moi et il m'a dit à l'oreille que le vieil Indien à cheveux blancs assis devant la fenêtre, était très versé dans la connaissance des plantes, en particulier le peyotl. J'ai demandé à mon ami de me présenter.

Il l'a salué et il est allé lui serrer la main. Ensuite, ils ont parlé un moment, mon ami m'a fait signe de me joindre à eux, puis il m'a laissé seul avec le vieillard, sans s'être donné la peine de me présenter. L'autre n'a pas eu l'air gêné du tout. Je lui ai dit mon nom, il m'a répondu qu'on l'appelait Juan et qu'il était à mon service. Il utilisait en espagnol la forme de politesse. Je lui ai tendu la main et nous sommes restés silencieux un moment. Ce silence n'avait rien d'embarrassé, et nous semblions tous les deux parfaitement détendus et naturels. Son visage foncé et son cou étaient couverts de rides, et cela montrait son grand âge, mais j'ai été frappé par l'impression de force et d'agilité que dégageait son corps.

Je lui ai dit alors que je m'intéressais aux plantes médicinales et que je m'efforçais de recueillir des informations à leur sujet. J'ignorais en fait à peu près tout du peyotl, mais je me suis surpris à prétendre que je savais plein de choses là-dessus, laissant même entendre qu'il aurait tout intérêt à m'écouter sur ce sujet. Comme je continuais dans ce sens, il a hoché la tête en me regardant, mais sans rien dire. J'ai détourné les yeux pour éviter son regard et nous sommes restés plantés là tous les deux. Finalement, et il avait dû se passer pas mal de temps, don Juan est allé regarder par la fenêtre. Son car était arrivé. Il m'a dit au revoir et il est sorti de la gare routière.

Je m'en voulais de lui avoir raconté toutes ces sottises, et d'avoir été percé à jour par ce regard pénétrant. Quand mon ami est revenu, il s'est efforcé de me consoler de n'avoir rien pu tirer de don Juan. Il m'a dit que le vieillard était souvent taciturne et d'une grande réserve, mais le malaise résultant de cette première rencontre ne s'est pas dissipé rapidement.

J'ai voulu savoir ou habitait don Juan, et je suis allé le voir plusieurs fois. A chacune de mes visites, j'essayais de l'amener à parler du peyotl, sans aucun succès. Nous étions néanmoins devenus bons amis, mes recherches scientifiques semblaient oubliées, ou plutôt elles paraissaient s'orienter dans des directions très différentes de mes intentions premières.

L'ami qui m'avait présenté à don Juan m'a expliqué plus tard que le vieillard n'était pas né dans l'Arizona, c'est là que nous nous étions rencontrés. C'était un Indien yaqui de Sonora, au Mexique.

J'avais d'abord vu en don Juan un personnage plutôt bizarre qui savait énormément de choses sur le peyotl et qui parlait remarquablement bien l'espagnol. Mais les gens avec qui il vivait pensaient qu'il devait posséder quelque « connaissance secrète », et que c'était un *brujo*. Le mot espagnol *brujo* signifie homme-médecine, guérisseur, sorcier. Cela désigne généralement une personne qui possède des pouvoirs extraordinaires, et généralement maléfiques.

Je connaissais don Juan depuis plus d'un an quand il m'a fait des confidences. Un jour, il m'a dit qu'il possédait certaines connaissances qui lui avaient été enseignées par un maître, son « bienfaiteur » comme il disait, qui l'avait guidé tout au long d'une sorte d'apprentissage. Don Juan m'avait à son tour choisi pour être son apprenti. Il m'a averti que cela nécessitait un engagement absolu, et que l'entraînement était long et difficile.

Me décrivant son professeur, don Juan a utilisé le mot *diablero*. J'ai appris plus tard que ce mot est seulement utilisé par les Indiens du Sonora. Il désigne un personnage malfaisant qui pratique la magie noire et qui est capable de se transformer en bête – un oiseau, un chien, un coyote, une créature quelconque. Au cours d'un de mes séjours au Sonora, j'avais connu une expérience bizarre, qui montrait bien les sentiments des Indiens sur les *diableros*. J'étais au volant la nuit, en compagnie de deux amis indiens, lorsque j'ai vu, traversant la route, un animal qui ressemblait à un chien. Un de mes compagnons a affirmé qu'il ne s'agissait pas d'un chien, mais d'un énorme coyote. J'ai ralenti et je me suis arrêté au bord de la route pour aller jeter un coup d'œil à cette bête. Il s'était arrêté dans la lumière des phares, et il est resté là quelques secondes avant de disparaître dans le « chaparral ». Sans aucun doute possible, il s'agissait d'un coyote, sauf qu'il était deux fois plus gros. Tout émus, mes amis ont reconnu que ce n'était pas une bête ordinaire, et l'un deux a suggéré que c'était peut-être un *diablero*. J'ai profité de cet incident pour interroger les Indiens du coin sur leurs croyances concernant l'existence des *diableros*. J'ai parlé à beaucoup de gens, en leur racontant mon histoire, et en leur posant des questions. Voici trois conversations qui montrent leurs réactions.

– Croyez-vous que c'était un coyote, Choy ? ai-je demandé au jeune homme après avoir écouté son histoire.

– Qui sait ? un chien sans doute. Trop gros pour un coyote.

– Et si c'était un diablero ?

– Tout ça, c'est des blagues. Ça n'existe pas.

– Pourquoi dire cela, Choy ?

– Les gens s'imaginent des choses. Si vous aviez attrapé cet animal, je parie que vous auriez vu qu'il s'agissait d'un chien. Une fois, j'avais affaire dans une autre ville, je me suis levé avant le jour et j'ai sellé un cheval. J'allais partir quand j'ai vu sur la route une forme sombre. On aurait dit une bête énorme. Mon cheval s'est cabré, je suis tombé de ma selle. Je n'en menais pas large. Eh bien, cette ombre, c'était une femme qui allait à pied à la ville.

– Vous voulez dire, Choy, que vous ne croyez pas aux diableros ?

– Les *diableros* ! Qu'est-ce que c'est, un *diablero* ? Dites-moi seulement ce que c'est !

– Je l'ignore, Choy. Manuel, qui était avec moi en voiture cette nuit-là, a dit que ce coyote était peut-être bien un *diablero*. Alors vous pourriez peut-être me dire ce que c'est, un diablero ?

– On prétend qu'un *diablero*, c'est un *bujo* qui peut prendre la forme qu'il veut. Mais tout le monde sait bien que ce sont des blagues. Ici, dans le coin, les vieux sont toujours en train de raconter des histoires de diableros. Mais les jeunes n'y croient pas.

– Et de quel animal s'agissait-il, à votre avis, doña Luz ? ai-je demandé à cette femme entre deux âges.

– Dieu seul le sait, mais je crois bien que ce n'était pas un coyote. Il existe des choses qui ressemblent à des coyotes, et qui n'en sont pas. Ce coyote courait-il, ou bien était-il en train de manger ?

– Il était immobile, mais je crois que quand je l'ai aperçu, il mangeait.

– Vous êtes sûr qu'il ne transportait pas quelque chose entre ses dents ?

– Peut-être. Mais quelle différence cela fait-il ?

– Eh bien, s'il portait quelque chose entre ses dents, alors ce n'était pas un coyote.

– Et c'était quoi, alors ?

– Un homme. Ou une femme.

– Mais comment appelle-t-on ces gens-là, doña Luz?

Elle n'a pas répondu. Je lui ai encore posé des questions, mais sans succès. Elle a fini par dire qu'elle n'en savait rien. Je lui ai demandé si ce n'était pas ce qu'on appelait des diableros, et elle m'a répondu que *diablero* c'était un des noms qu'on leur donnait.

– Vous connaissez des *diableros* ? lui ai-je demandé.

– J'ai connu une femme. Elle a été tuée. Quand cela s'est passé, j'étais encore une petite fille. On prétendait que cette femme pouvait se changer en chienne. Une nuit, un chien a pénétré dans la maison d'un blanc pour y voler du fromage.

Le blanc a tué le chien avec un fusil de chasse, et à l'instant précis où ce chien mourait dans la maison du blanc, la femme est morte dans sa cabane. Les gens de sa famille sont tous ensemble allés voir le blanc et ils ont exigé une indemnité. Et le blanc a payé pour cette mort en bon argent.

– Mais comment pouvaient-ils exiger une indemnité, si c'était seulement un chien qu'on avait tué ?

– Ils ont dit que le blanc savait qu'il ne s'agissait pas d'un chien, parce qu'il y avait d'autres personnes avec lui, et tout le monde avait vu ce chien se mettre debout sur ses pattes de derrière comme un homme, afin d'atteindre le fromage qui se trouvait sur un plateau accroché au plafond. Ils guettaient le voleur parce que chaque nuit, on venait dérober le fromage du blanc. Et cet homme a tué son voleur en sachant bien que ce n'était pas un chien.

– Existe-t-il encore des *diableros* de nos jours, doña Luz ?

– Ces choses-là sont secrètes. On prétend que les *diableros* n'existent plus, mais j'en doute, parce qu'un des membres de la famille du *diablero* doit apprendre ce que sait le *diablero*. Les *diableros* ont des lois à eux, et la première, c'est qu'un *diablero* doit enseigner ses secrets à quelqu'un de sa famille.

– A votre avis, Genaro, c'était quoi, cet animal ? ai-je demandé à un vieillard.

– Un chien venu d'un des ranchos des environs. Quoi d'autre ?

– Un *diablero*.

– Un *diablero* ? Vous êtes fou ! Cela n'existe pas, les diableros.

– Vous voulez dire qu'il n'y en a plus de nos jours, ou bien qu'ils n'ont jamais existé ?

– Dans le temps, oui, ils ont existé. Tout le monde sait cela. Mais, ils faisaient peur aux gens et on les a tués.

– Qui les a tués, Genaro ?

– Tous les gens de la tribu. Le dernier *diablero* que j'ai connu, c'était à S... Il a tué des douzaines, peut-être même des centaines de gens avec ses sortilèges. On ne pouvait pas accepter cela, alors les gens se sont rassemblés, ils l'ont attrapé par surprise une nuit, et ils l'ont brûlé vivant.

– C'était il y a longtemps, Genaro ?

– En mille neuf cent quarante-deux.

– Vous l'avez vu ?

– Non, mais on en parle encore. Il n'est pas resté de cendres, même pas le poteau, qui pourtant était fait de bois vert. On n'a retrouvé qu'une énorme flaque de graisse.

Don Juan avait dit que son bienfaiteur était un *diablero,* mais il n'a jamais révélé où il avait acquis son savoir, et jamais il n'a donné l'identité de son maître. En fait, don Juan a dit fort peu de choses sur sa vie personnelle. Je sais seulement qu'il est né dans le Sud-Ouest en 1891 ; qu'il a passé presque toute sa vie au Mexique ; qu'en 1900, sa famille a été déportée par le gouvernement mexicain vers le centre du Mexique, en même temps que des milliers d'autres Indiens du Sonora. Et ils y ont vécu, ainsi que dans le sud du Mexique, jusqu'en 1940. Comme don Juan a énormément voyagé, son savoir peut donc aussi bien être le résultat de nombreuses influences diverses. Il se considère lui-même comme un Indien de Sonora, mais je ne sais pas si l'on doit donner comme contexte à son savoir uniquement la culture des Indiens du Sonora. Aussi n'est-ce pas ici mon intention de déterminer exactement son milieu culturel précis.

C'est en juin 1961 que j'ai commencé à être l'élève de don Juan. Auparavant, je l'avais rencontré à diverses reprises, mais toujours en me considérant comme un anthropologue. Au cours de nos premières conversations, c'est en me cachant que j'ai pris des notes. Puis je me suis fié à ma mémoire pour reconstituer des conversations entières. Devenu son élève, il s'est révélé difficile de prendre des notes selon cette méthode, car nos conversations abordaient des sujets très divers. Enfin don Juan – tout en protestant énergiquement – a fini par m'autoriser à noter ouvertement ce qui se disait. J'aurais également souhaité prendre des photographies et faire des enregistrements, mais il ne m'y a jamais autorisé.

Cette formation s'est d'abord déroulée en Arizona, puis dans le Sonora, car don Juan est retourné au Mexique au cour de ma formation. Je le voyais quelques jours de temps en temps. Mes visites sont devenues plus fréquentes et ont duré plus longtemps pendant les étés de 1961, 1962, 1963 et 1964. A la réflexion, je pense que cette façon de mener l'initiation est sans doute responsable de son échec, car cela retardait d'autant l'engagement total nécessaire pour devenir sorcier. D'un point de vue personnel, la méthode m'a cependant été bénéfique, car elle m'a permis un certain détachement, qui a lui-même entraîné un sens critique qui aurait été impossible si je m'étais immergé complètement dans cet enseignement, sans interruptions. C'est en septembre 1965 que j'ai volontairement mis un terme à cette formation.

Plusieurs mois après, il m'est venu pour la première fois à l'idée d'arranger de façon systématique ces notes prises sur le terrain. Comme cela formait une masse assez volumineuse, avec pas mal d'éléments hétérogènes, j'ai commencé par essayer d'établir un système de classement. J'ai divisé mes matériaux en zones correspondant à des concepts présentant entre eux un lien, selon une méthode qui consistait à établir une hiérarchie en fonction de leur importance subjective – c'est-à-dire en fonction de leur retentissement sur moi. Je suis ainsi parvenu à la classification suivante : emploi des plantes hallucinogènes ; procédés et formules utilisés en sorcellerie ; acquisition et manipulation des objets de puissance ; emploi des plantes médicinales ; chants et légendes.

En réfléchissant aux phénomènes dont j'ai eu l'expérience, j'ai compris que mon essai de classification n'avait donné qu'un inventaire de catégories. Si j'essayais de perfectionner ce système, cela ne ferait que donner un catalogue plus complexe. Et ce n'était pas cela que je voulais faire. Pendant les mois qui ont suivi l'abandon de cette initiation, il m'a fallu comprendre l'expérience que j'avais vécue, et j'ai découvert que l'on m'avait enseigné un système cohérent de croyances au moyen d'une méthode expérimentale et pragmatique. Cela avait été évident pour moi depuis cette première séance à laquelle j'avais participé : l'enseignement de don Juan possédait une cohérence interne. Ayant pris la décision de me communiquer son savoir, il m'avait présenté ses explications suivant une progression ordonnée. Découvrir cet ordre, le comprendre, voilà ce qui allait se révéler le plus difficile pour moi.

Mon incapacité à comprendre cet ordre semble lié au fait qu'après quatre ans d'apprentissage, je n'étais encore qu'un débutant. Il était clair que le savoir de don Juan et sa façon de le transmettre venaient tout droit de son bienfaiteur. Ainsi, mes difficultés à suivre son enseignement devaient être comparables à celles qu'il avait lui-même connues. Parfois, don Juan faisait allusion à nos débuts respectifs, en rappelant fortuitement ses propres difficultés à comprendre son maître au cours de sa propre initiation. Ces remarques m'ont conduit à croire qu'un débutant, indien ou non, trouve la connaissance de la sorcellerie incompréhensible à cause du caractère incongru des phénomènes éprouvés. En ma qualité d'occidental, cela présentait des caractéristiques si étranges qu'il m'était virtuellement impossible d'en fournir une explication dans les termes de ma vie quotidienne habituelle. Par conséquent, essayer de classer les notes que j'avais prises sur le terrain à ma façon, cela ne pouvait être qu'une entreprise futile.

Il devenait alors évident que le savoir de don Juan devait être examiné dans les termes mêmes qui lui permettaient de les comprendre. Cette connaissance ne deviendrait évidente et convaincante qu'à ce prix. Cependant, en m'efforçant de concilier mes vues et celles de don Juan, j'ai compris que lorsqu'il essayait de m'expliquer son savoir, il se servait de concepts intelligibles pour lui. Et comme ces concepts m'étaient étrangers, essayer de comprendre son savoir comme lui le comprenait, voilà qui me mettait dans une position intenable. J'ai donc dû d'abord déterminer son système de pour parvenir à des concepts. Comme je travaillais dans ce sens, j'ai vu que don Juan lui-même avait insisté tout particulièrement sur un certain secteur de son enseignement – les emplois des plantes hallucinogènes. C'est à partir de là que j'ai transformé mon système de catégories.

Dans des occasions différentes, don Juan utilisait séparément trois plantes hallucinogènes : le peyotl (*Lophophora williamsii*), la stramoine ou Jimson weed (*Datura inoxia* syn. *D. meteloides*), et un champignon (peut-être *Psilocybe mexicana*). Avant même leurs contacts avec les Européens, les Indiens d'Amérique connaissaient les propriétés hallucinogènes de ces trois plantes. Ces propriétés les avaient fait largement utiliser pour leurs vertus euphorisantes, en médecine, en sorcellerie, et pour parvenir à l'extase. Dans le cadre de son enseignement, don Juan liait l'usage du *Datura inoxia* et du *Psilocybe mexicana* à l'acquisition du pouvoir,

pouvoir qu'il appelait un « allié ». Quant au Lophophora williamsii, il apportait la sagesse, et la connaissance de la bonne façon de vivre.

Pour don Juan, l'importance des plantes était fonction de leur capacité à produire chez l'être humain des états de perception particulière. Il m'a fait parcourir ces différents états afin de dévoiler et de mettre en usage son savoir. J'ai appelé cela des « états de réalité non ordinaire », ce qui signifie une réalité inhabituelle par rapport à la réalité ordinaire de tous les jours. Cette distinction repose sur le sens inhérent à ces états de réalité non-ordinaire. Dans le contexte du savoir de don Juan, on les considérait comme réels, encore que leur réalité fût différente de celle de tous les jours.

Don Juan croyait que ces états de réalité non-ordinaire constituaient la seule forme d'enseignement pragmatique, et le seul moyen de parvenir à la puissance. Il donnait à penser que les autres domaines de son enseignement ne constituaient que des compléments. Cette attitude était reflétée par son comportement en face de tout ce qui n'était pas directement lié aux états de réalité non-ordinaire. Je retrouve dans toutes mes notes des références à cet état d'esprit. Par exemple, au cours d'une conversation, il suggère que certains objets possèdent intrinsèquement un certain pouvoir. Encore que cela ne l'intéresse pas, il remarque qu'ils sont fréquemment utilisés comme auxiliaires par des *brujos* de moindre envergure. Je lui ai souvent posé des questions sur ces objets, mais cela ne semblait pas du tout l'intéresser d'en parler. Cependant, le sujet s'étant présenté à nouveau, il a consenti, à contre-cœur, à en parler.

– Certains objets sont imprégnés de puissance. Des quantités de ces objets sont produits par des hommes de puissance avec l'aide d'esprit amis. Ce sont des outils – il ne s'agit pas d'outils ordinaires, mais d'outils de mort. Mais ce ne sont que des instruments ; il ne peuvent rien enseigner. A vrai dire, il convient de les ranger parmi les objets de guerre destinés à la lutte ; ils sont faits pour tuer, pour être lancés.

– De quel genre d'objets s'agit-il, don Juan ?

– Ce ne sont pas vraiment des objets ; plutôt des types de puissance.

– Comment obtient-on ces types de puissance, don Juan ?

– Cela dépend de la sorte d'objet que l'on veut.

– Combien en existe-t-il de sortes ?

– Comme je l'ai dit, des quantités. Tout peut le devenir.

– Eh bien, quels sont les plus puissants ?

– Cela dépend de son propriétaire, et de quel genre d'homme il est. Un objet produit par un brujo inférieur, c'est presque une plaisanterie ; par contre, un brujo fort et puissant transmet sa puissance à ses instruments.

– Parmi ces objets, quels sont les plus communs ? Et quels sont ceux que préfèrent la plupart des *brujos* ?

– Aucun ils sont tous pareils.

– En possédez-vous, don Juan ?

Il ne m'a pas répondu. Il s'est contenté de me regarder en riant. Puis il est longtemps resté silencieux, et j'ai pensé que mes questions l'ennuyaient.

– Ces sortes de pouvoirs ont leur limite, ajouta-t-il. Mais je pense que cela vous est incompréhensible. Il m'a fallu presque toute une existence pour le comprendre : un allié peut révéler tous ce secrets à une puissance inférieure, ce qui les rend plutôt enfantins. J'ai eu des outils de cette sorte, quand j'étais très jeune.

– Quels objets aviez-vous ?

– *Maiz-pinto,* des cristaux, des plumes.

– *Maiz-pinto,* qu'est-ce que c'est, don Juan ?

– Un petit grain de maïs avec une rayure rouge dans le milieu.

– Un seul grain ?

– Non. Un *brujo* possède quarante-huit grains.

– Et qu'est-ce qu'ils font, ces grains, don Juan ?

– Chacun d'eux peut tuer un homme en pénétrant dans son corps.

– Et comment un grain peut-il entrer dans un corps humain ?

– Son pouvoir consiste, entre autres choses, à pénétrer dans un corps.

– Et qu'est-ce qu'il y fait, une fois entré ?

– Il s'y immerge ; il s'installe dans la poitrine, ou dans les intestins. L'homme tombe malade, et sauf si le *brujo* qui s'occupe de lui est plus fort que l'envoûteur, il meurt moins de trois mois après l'entrée de ce grain dans son corps.

– Existe-t-il un moyen de le guérir ?

– Le seul, c'est d'extraire le grain en suçant, mais il n'y a pas beaucoup de *brujos* qui s'y risquent. Parce qu'il arrivera peut-être à l'extraire, mais s'il n'a pas la force de le rejeter, le grain va s'enfoncer dans son corps et le tuer.

– Mais comment ce grain peut-il pénétrer dans le corps de quelqu'un ?

– Pour expliquer cela, je dois vous expliquer la sorcellerie par les graines, et c'est une des plus puissantes que je connaisse. On se sert de deux grains. On en place un dans le bouton d'une fleur jeune. Puis on place la fleur là où elle sera en contact avec la victime : la route où il passe tous les jours, ou un endroit quelconque qui lui soit familier. Dès que la victime marche sur le grain, ou le touche d'une façon quelconque, l'envoûtement est fait, et le grain s'immerge dans son corps.

– Et qu'arrive-t-il au grain après que l'homme l'a touché ?

– Toute sa puissance pénètre dans l'homme, et le grain est libre. Ce n'est plus qu'un grain. On peut le laisser là où l'envoûtement a eu lieu, ou le balayer, cela n'a aucune importance. Il vaut mieux le balayer sous un buisson, où un oiseau le mangera.

– Et si un oiseau le mange avant que l'homme y touche ?

– Oh non, les oiseaux ne sont pas si bêtes. Les oiseaux ne s'en approchent pas.

Puis don Juan a décrit la technique extrêmement complexe qui permet d'obtenir ces graines.

– Mais il ne faut pas perdre de vue qu'un maiz-pinto n'est qu'un instrument, et non pas un allié. Cette distinction faite, il n'y a pas de problème. Seuls les sots considèrent ces outils comme suprêmes.

– Ces objets sont-ils aussi puissants qu'un allié ? ai-je demandé.

Avant de répondre, don Juan a eu un petit rire méprisant. On aurait dit qu'il voulait se montrer très patient avec moi.

– Maiz-pinto, les cristaux, les plumes, ce ne sont que des jouets comparés à un allié. Ils ne sont nécessaires qu'en l'absence d'un allié. Cette poursuite ne serait qu'une perte de temps ; surtout pour vous. Il faut essayer de vous trouver un allié : ensuite, vous comprendrez ce que je suis en train de vous dire. Ces objets de puissance ne sont que des jeux d'enfant.

– Mais comprenez-moi bien, don Juan. Je désire avoir un allié, mais je veux aussi apprendre tout ce que je peux. Vous avez dit vous-même que le savoir c'est la puissance.

– Certes non, s'est-il exclamé d'un ton solennel. La puissance réside dans le savoir que l'on possède. A quoi bon savoir des choses inutiles ?

Pour don Juan, dans son système de savoir, l'acquisition d'un allié signifiait seulement l'exploitation des états de réalité non-ordinaire qu'il produisait en moi grâce à des plantes hallucinogènes. Il pensait qu'en concentrant l'attention sur ces états tout en omettant d'autres aspects du savoir, je parviendrais à une vue cohérente des phénomènes que j'avais éprouvés.

C'est pour cela que j'ai divisé cet ouvrage en trois parties. Dans une première partie, je présente une sélection des notes concernant ces états de réalité non-ordinaire que j'ai connus pendant mon apprentissage. Je les ai ordonnées de façon cohérente, si bien qu'elles ne sont pas forcément dans l'ordre chronologique. Je n'ai jamais rédigé de rapport sur ces états de réalité non-ordinaire avant un délai de quelques jours, de façon à pouvoir en parler avec calme et objectivité. Par contre, mes conversations avec don Juan ont été notées immédiatement après chaque séance de réalité non-ordinaire. Il arrive que ces comptes rendus précèdent ainsi la description complète d'une expérience.

Mes notes montrent l'aspect subjectif de ce que j'ai perçu au cours de ces expériences. Je les présente ici comme je les ai racontées à don Juan, qui avait exigé un récit complet et fidèle de chaque étape. En rédigeant, j'ai ajouté des détails circonstanciés pour essayer de rendre le cadre et l'ambiance de chacune de ces séances de réalité non-ordinaire. Mon but était de rendre aussi complètement que possible la charge émotive que j'avais éprouvée.

Ces notes montrent aussi le système des croyances de don Juan. J'ai condensé de longues pages de questions et de réponses entre don Juan et moi, cela afin d'éviter le caractère répétitif des conversations. Je souhaitais cependant rendre avec précision le ton général de ces rencontres, et je n'ai ôté que ce qui n'ajoutait rien à ma compréhension de son système de connaissance. Information qui n'a jamais été que sporadique, un jaillissement de sa part ne venant qu'après des heures d'approche de la mienne. Néanmoins et à de très nombreuses occasions, il a largement montré son savoir.

La seconde partie est consacrée à l'analyse structurale des éléments de la première partie. Mon analyse a pour but de soutenir les affirmations suivantes : 1° don Juan présente son enseignement comme un système de pensée logique ; 2° ce système n'a de sens qu'à la lumière de ses unités structurales ; 3° ce système avait pour but de guider le disciple jusqu'au niveau conceptuel susceptible d'expliquer l'ordre des phénomènes rencontrés au cours des expériences.

PREMIÈRE PARTIE

Les enseignements

1

Les notes concernant ma première séance avec don Juan sont datées du 23 juin 1961. C'est à cette occasion que l'enseignement a commencé. Jusque là, je l'avais rencontré plusieurs fois en observateur seulement. Chaque fois, je lui avais demandé de me parler du peyotl. Il évitait toujours de répondre à ma demande, sans pour autant abandonner complètement le sujet. Cette hésitation de sa part m'avait donné à penser qu'il finirait bien par se décider à parler, pour peu qu'on l'y encourageât suffisamment.

Au cours de cette séance, il a clairement montré qu'il accepterait si je montrais la clarté d'esprit mais aussi la persévérance nécessaires. Ce qui m'était impossible, puisque je ne lui avait parlé du peyotl qu'afin d'établir un lien de communication avec lui. Il me semblait que sa connaissance du sujet pouvait davantage le pousser à parler, et que cela me permettrait de pénétrer sa connaissance des différentes propriétés des plantes. Interprétant ma demande au pied de la lettre, il voulait savoir mes raisons de m'intéresser au peyotl.

Vendredi 23 juin 1961

– Voudriez-vous me parler du peyotl, don Juan ?

– Pourquoi aimeriez-vous entreprendre une telle étude ?

– Je voudrais vraiment connaître ce sujet. Vouloir apprendre, n'est-ce pas une raison suffisante ?

– Non. Il faut chercher dans votre cœur et trouver les

raisons qui poussent un jeune homme à entreprendre une telle étude.

– Mais pourquoi l'avez-vous étudié vous-même, don Juan ?

– Pourquoi me demander cela ?

– Peut-être avons-nous les mêmes raisons.

– J'en doute. Je suis un Indien. Nous ne suivons pas les mêmes chemins.

– Ma seule raison, c'est de vraiment vouloir apprendre, juste pour savoir. Je vous assure, don Juan, que mes intentions ne sont pas mauvaises.

– Je vous crois. Je vous ai fumé.

– Je vous demande pardon ?

– C'est sans importance. Je connais vos motifs.

– Vous voulez dire que vous voyez à travers moi ?

– Si vous voulez.

– Alors, vous m'apprendrez ?

– Non.

– Parce que je ne suis pas indien ?

– Non. Parce que vous ne connaissez pas votre cœur. Ce qui est important, c'est que vous sachiez exactement pourquoi vous voulez entreprendre cette étude. Étudier le « Mescalito » ; c'est une chose très sérieuse. Si vous étiez indien, le seul fait de souhaiter l'étudier suffirait. Car très peu d'Indiens expriment un tel désir.

Dimanche 25 juin 1961

J'ai passé avec don Juan tout l'après-midi du vendredi. J'allais partir vers sept heures. Nous étions assis sous la véranda devant sa maison et j'avais décidé de lui parler une fois de plus de cette étude. C'était devenu une sorte de routine, et je m'attendais à l'entendre refuser une fois de plus. Je lui ai demandé comment il pourrait admettre mon simple désir d'apprendre, comme si j'avais été un Indien. Il a attendu longtemps avant de me répondre. Il fallait que je reste, car il semblait faire un effort pour se décider.

Finalement, il m'a dit qu'il y avait bien un moyen, et il a commencé à définir le problème. Il a fait remarquer que j'étais fatigué d'être assis par terre, et que la chose à faire, c'était de trouver l'endroit du plancher *(sitio)* où je pourrais rester assis sans fatigue. J'étais resté assis les genoux sous le menton, les mains jointes devant mes jambes. Lorsqu'il a dit que j'étais fatigué, j'ai remarqué que j'avais mal dans le dos, et que je me sentais tout à fait épuisé.

J'ai attendu de l'entendre expliquer ce qu'il entendait par « endroit », mais il ne semblait pas décidé à préciser ce détail. Peut-être voulait-il dire que je devrais changer de position. Je me suis donc levé et je suis venu m'asseoir plus près de lui. Non, ce n'était pas ça, il m'a clairement fait comprendre qu'un endroit, cela signifiait la place où un homme se sent naturellement heureux et fort. Avec sa main, il a tapoté l'endroit où il était lui-même assis, ajoutant qu'il venait de me poser une devinette qu'il me faudrait bien trouver tout seul.

En fait, sa devinette constituait pour moi une énigme. J'ignorais par où commencer et ce qu'il voulait dire. Je lui ai à plusieurs reprises, demandé une indication supplémentaire, un petit détail, comment s'y prendre pour trouver l'endroit où j'allais me sentir heureux et fort. J'ai insisté, j'ai essayé de discuter, en rappelant que je ne disposais d'aucun moyen pour comprendre vraiment ce qu'il voulait dire, et que ce problème n'avait pour moi aucun sens. Il m'a alors suggéré de me promener sous la véranda pour trouver cet endroit en question.

Je me suis levé et j'ai commencé à arpenter le plancher. Je me suis senti complètement idiot, et je suis retourné m'asseoir devant lui.

J'ai alors vu que je l'agaçais prodigieusement, et il m'a accusé de ne pas écouter, ce qui montrait peut-être que je ne voulais pas vraiment apprendre. Puis il s'est calmé et il m'a expliqué que tous les endroits ne sont pas bon pour s'asseoir ou pour que l'on s'y tienne, et que sous cette véranda, il n'existait qu'un seul endroit où je me sentirais vraiment bien. C'était à moi de le découvrir parmi tous les autres. En gros, il fallait que je le repère entre différentes possibilités, sans qu'aucun doute fût possible.

J'ai essayé de discuter : certes, la véranda n'était pas immense, elle faisait 3,60m sur 2,40m, et le nombre de points possibles était relativement limité mais il me faudrait quand même un temps incroyable pour tous les essayer. De plus, comme la taille de ces points n'était pas précisée, finalement il y avait un nombre infini de possibilités, au bout du compte.

Arguments futiles. Il s'est levé et m'a sévèrement prévenu que cela pouvait me prendre des jours pour y parvenir, mais que si je n'arrivais pas à résoudre ce problème, autant valait abandonner, car il ne pourrait rien me dire. Il savait où se trouvait mon endroit, il a bien insisté là-dessus, il était par conséquent impossible de lui mentir ; c'était la seule façon pour lui de croire à mon désir sincère d'apprendre à connaître le Mescalito par simple goût du savoir. Rien dans ce monde n'était donné, a-t-il ajouté, et ce qui valait la peine d'être appris devait l'être avec effort.

Il a fait le tour de la maison pour aller uriner dans le chaparral, et il est revenu par l'autre côté.

J'ai pensé que cette recherche de l'endroit du bonheur, c'était une façon pour lui de se débarrasser de moi, aussi me suis-je levé et j'ai commencé à parcourir la véranda. Le ciel était clair, je distinguais parfaitement tout ce qu'il y avait autour de moi. J'ai continué comme cela pendant sans doute plus d'une heure, mais rien n'est venu me révéler l'emplacement de ce point. J'ai commencé à me sentir fatigué, je me suis assis ; au bout de quelques minutes, je suis allé m'asseoir ailleurs, puis encore ailleurs, puis j'ai commencé à couvrir d'une façon presque systématique toute la surface du plancher. J'essayais consciencieusement de « sentir » une diffé- rence entre ces différentes places, mais les critères me manquaient. Il m'a semblé que je perdais mon temps. J'ai cependant continué. Ma justification, c'est que j'avais fait une longue route pour voir don Juan, et puis je n'avais rien d'autre à faire.

Je me suis allongé sur le dos, je me suis mis les mains sous la tête en guise d'oreiller. J'ai roulé sur le côté, et je suis resté un moment sur le ventre. J'ai recommencé sur toute la surface du plancher. Il m'a semblé pour la première fois avoir trouvé quelque chose qui ressemblait à un repère : j'avais plus chaud sur le dos.

J'ai recommencé en sens inverse, sur toute la surface du sol, sur le ventre, partout où j'avais été sur le dos. J'ai éprouvé les mêmes sensations de chaud et de froid selon ma position sans qu'il y eût de différence entre les endroits.

Une idée m'est alors venue, qui m'a semblée brillante : et si j'essayais l'endroit de don Juan ? Je suis allé m'y allonger, d'abord sur le ventre, après sur le dos, mais l'endroit ne semblait pas différent des autres. Je me suis relevé. J'en avais assez. J'avais envie d'aller dire adieu à don Juan, mais je n'ai pas osé le réveiller. J'ai regardé l'heure à ma montre. Il était deux heures du matin, il y avait six heures que je me roulais par terre.

C'est alors que don Juan est sorti et qu'il est allé faire un tour dans le chaparral. Il est revenu se planter devant la porte. Je me sentais complètement désespéré, et j'aurais voulu trouver quelque chose de désagréable à lui dire avant de m'en aller. Mais j'ai compris que ce n'était pas de sa faute. C'est de mon propre gré que je m'étais lancé dans cette entreprise saugrenue. Je lui ai dit que ça n'avait pas marché. J'avais passé la nuit à me rouler par terre comme un imbécile, et l'énigme n'avait toujours aucun sens pour moi.

Il a ri et il a dit que cela ne l'étonnait pas car je ne m'y étais pas pris comme il fallait. Je ne m'étais pas servi de mes yeux. Ce qui était vrai. Et pourtant j'étais sûr qu'il m'avait dit de *sentir* la différence. Quand je lui ai répondu cela, il m'a dit que l'on pouvait également sentir avec les yeux, lorsqu'on ne regardait pas directement dans les choses. Il a ajouté que pour moi, c'était la seule solution : je devais utiliser tout ce dont je disposais, et je n'avais que mes yeux.

Il est rentré. Je suis sûr qu'il était resté à m'observer. Comment aurait-il pu savoir autrement que je ne m'étais pas servi de mes yeux ?

J'ai recommencé à me rouler par terre, parce que c'était encore le plus pratique. Mais cette fois-ci, je restais le menton appuyé sur la main, à examiner tous les détails. Au bout d'un certain temps, l'obscurité autour de moi a commencé à changer. Lorsque je regardais juste en face de moi, la zone périphérique de mon champ de vision devenait d'un jaune verdâtre extrêmement brillant et uniforme. L'effet était tout à fait surprenant. Regardant toujours droit devant moi, j'ai entrepris de me déplacer perpendiculairement sur le ventre, trente centimètres à la fois.

Soudain, presque vers le milieu du plancher, j'ai eu conscience d'un autre changement de nuance. A ma droite, à la limite de mon champ de vision, le jaune verdâtre était devenu d'un pourpre intense. J'ai concentré mon attention sur ce point. Le pourpre a pâli, tout en restant brillant, puis n'a plus changé tout le temps que je suis resté dans cette position.

J'ai marqué l'endroit avec ma veste, et j'ai appelé don Juan. Il est venu sous la véranda. J'étais tout ému. J'avais réellement vu le changement de couleurs. Il n'a pas eu l'air impressionné, mais il m'a dit de m'asseoir à cet emplacement et de lui dire ce que je ressentais.

Je me suis assis puis je me suis allongé sur le ventre. Il était debout à côté de moi. Il m'a demandé à plusieurs reprises ce que je ressentais. Rien de particulier. Pendant un quart d'heure, j'ai essayé de voir ou de sentir une différence. Don Juan attendait patiemment. J'étais complètement dégoûté. J'avais un goût métallique dans la bouche. Puis j'ai été pris d'une migraine brutale. J'étais sur le point de vomir. A la seule idée de ces efforts absurdes, j'étais envahi par une fureur insensée. Je me suis relevé.

Don Juan avait certainement remarqué mon désespoir. Il n'a pas ri, et il m'a dit qu'il fallait que je sois inflexible pour moi-même si je voulais vraiment apprendre quelque chose. Il n'y avait pour moi, a-t-il dit, que deux possibilités : ou bien j'abandonnais et je rentrais chez moi – et je n'apprendrais jamais rien – ou j'arrivais à résoudre l'énigme.

Il est rentré dans la maison. J'avais envie de partir tout de suite, mais je me sentais trop fatigué pour conduire. En outre, la perception de ces couleurs avait été si surprenante que j'étais sûr qu'il s'agissait là d'un signe. Je parviendrais peut-être à distinguer d'autres changements. De toute façon, il était trop tard pour partir. Je me suis assis, j'ai étendu les jambes et j'ai recommencé.

J'ai parcouru rapidement toute la surface, je suis passé par l'endroit de don Juan, puis après avoir fait le tour de la véranda, je suis revenu vers son centre. J'ai compris alors qu'un autre changement de couleur était en train de s'accomplir, toujours à la limite de mon champ de vision. La couleur chartreuse unie qui recouvrait toute la surface se changeait, sur un point situé à ma droite, en vert-de-gris intense. La couleur n'a plus changé pendant un moment, puis elle a soudain changé de ton, différent de celui que j'avais vu auparavant. J'ai ôté une de mes chaussures et j'ai marqué l'emplacement avec. Ensuite, j'ai recommencé à me rouler dans toutes les directions. Je n'ai pas remarqué d'autre changement de couleur.

Je suis revenu à l'endroit que j'avais marqué avec ma chaussure et je l'ai bien observé. Il était situé à environ un mètre quatre-vingts de l'endroit que j'avais marqué avec ma veste, vers le sud-est. Il y avait un gros rocher à côté. Je suis resté allongé à me poser des questions, examinant chaque détail pour y trouver une indication, mais je n'ai rien ressenti de différent.

J'ai décidé d'essayer l'autre point. J'ai rapidement pivoté sur les genoux, et j'allais m'allonger sur ma veste quand j'ai ressenti une appréhension inhabituelle. Comme une sensation physique, plutôt, ou quelque chose qui me donnerait vraiment un coup dans l'estomac. J'ai bondi en arrière. Je sentais mes cheveux se hérisser. Les jambes légèrement arquées, le tronc penché en avant, les bras rigides devant moi et les doigts crispés, j'ai remarqué mon étrange attitude, et ma frayeur a augmenté.

J'ai involontairement reculé et je me suis assis sur le rocher à côté de ma chaussure. Et puis du rocher, je me suis laissé couler sur le sol. J'ai essayé de trouver ce qui avait bien pu provoquer cette frayeur chez moi. Peut-être était-ce dû à la fatigue. C'était presque l'aube. Je me sentais gêné et tout bête. Et j'étais toujours incapable de m'expliquer cette frayeur, sans avoir pour autant découvert ce que voulait don Juan.

J'ai décidé d'essayer encore une fois. Je me suis levé et je me suis lentement approché de l'endroit que j'avais marqué à l'aide de ma veste, et la même angoisse m'est revenue. J'ai fait un gros effort pour me dominer. Je me suis assis, puis je me suis agenouillé pour me mettre face contre terre, mais malgré moi je n'arrivais pas à m'étendre. J'ai posé les mains à plat sur le sol devant moi. Ma respiration est devenue plus rapide ; j'avais l'estomac tout barbouillé. Une nette sensation de panique m'avait envahi, et j'ai eu toutes les peines du monde pour ne pas détaler. Don Juan m'observait sans doute. Je suis allé à quatre pattes jusqu'à l'autre endroit et j'ai appuyé mon dos contre le rocher. J'avais envie de me reposer un peu pour organiser un peu mes idées, mais je me suis endormi.

J'ai entendu don Juan parler et rire au-dessus de ma tête. Je me suis réveillé.

– Vous avez trouvé l'endroit, a-t-il dit.

D'abord, je n'ai pas compris, puis il m'a confirmé que l'endroit où je m'étais endormi était bien le point en question. Il m'a à nouveau demandé comment je me sentais, allongé là. Je lui ai répondu qu'en fait je n'y sentais aucune différence.

Il m'a demandé de comparer mes sensations présentes à celles que j'avais eues allongé à l'autre endroit. Pour la première fois, j'ai découvert que j'étais incapable d'expliquer mon angoisse de la nuit dernière. Il a insisté pour me faire essayer encore l'autre endroit. Il y avait dans sa voix comme une sorte de défi. Et de fait, cet endroit me faisait peur, sans raison explicable. Il fallait être stupide pour ne pas voir la différence, a-t-il prétendu.

Je lui ai demandé si chacun de ces points portait un nom particulier. Il a répondu qu'on appelait le bon *sitio* et le mauvais, « l'ennemi ». C'étaient eux qui détenaient la clef du bonheur pour un homme, surtout si ce dernier était à la recherche du savoir. Le simple fait de m'asseoir à son endroit à soi créait une force supérieure. Par contre, « l'ennemi » affaiblissait son homme et pouvait éventuellement causer sa mort. Il m'a dit que j'avais régénéré mon énergie, gaspillée la nuit précédente, et que cela s'était fait pendant que je dormais à l'endroit qui était le mien.

Il a précisé que ces couleurs associées à ces points précis possédaient le même pouvoir de donner de la force ou d'en ôter.

Je lui ai demandé s'il existait d'autres endroits pour moi comme les deux que j'avais déjà trouvés, et comment il fallait s'y prendre pour les découvrir. Bien des endroits dans le monde étaient comparables à ces deux-là, a-t-il répondu, et le meilleur moyen de les repérer, c'était par leurs couleurs respectives.

Je ne savais pas trop si j'avais résolu ou non le problème. En fait, je n'étais pas trop sûr qu'un problème existât. Je ne pouvais m'empêcher de trouver que toute cette expérience m'avait été imposée de façon arbitraire. J'étais sûr que don Juan avait passé la nuit à m'observer, et que pour me faire plaisir il avait prétendu que l'endroit où j'avais fini par m'endormir était bien le point en question. Je ne voyais cependant pas la raison logique de tout cela. Or quand il m'a mis au défi d'aller m'asseoir à l'autre endroit, je n'ai jamais pu m'y résoudre. Il existait ainsi une étrange cassure entre l'expérience pragmatique de cette peur de « l'autre endroit » et mes considérations rationnelles sur toute cette aventure.

Quant à lui, don Juan était certain que j'avais réussi. Il était donc prêt à commencer son enseignement sur le peyotl.

– Vous m'avez demandé de vous enseigner ce que je savais sur le Mescalito, m'a-t-il dit. Je voulais savoir d'abord si vous auriez le courage de le rencontrer face à face. Il faut que vous connaissiez vos ressources. Il m'est maintenant possible de considérer votre seul désir comme une bonne raison d'apprendre.

– Vous allez vraiment m'enseigner ce que vous savez sur le peyotl ?

– Je préfère l'appeler Mescalito. Faites pareil.

– Quand commençons-nous ?

– Ce n'est pas si simple. Il faut d'abord que vous soyez prêt.

– Je crois l'être.

– Il ne s'agit pas d'une plaisanterie. Il faut attendre qu'aucun doute ne subsiste. Vous le rencontrerez alors.

– Dois-je m'y préparer ?

– Non. Il suffit d'attendre. Peut-être abondonnerez-vous cette idée au bout d'un moment. Vous vous fatiguez vite. La nuit dernière, vous étiez prêt à tout planter là à la première difficulté. Le Mescalito réclame énormément d'opiniâtreté.

2

Lundi 7 août 1961

Je suis arrivé en Arizona à la maison de don Juan vers sept heures du soir, vendredi. Il y avait cinq autres Indiens assis avec lui sous la véranda. Je l'ai salué et je me suis assis en attendant que les autres disent quelque chose. Au bout d'un temps de silence convenable, l'un d'eux s'est levé, il s'est avancé vers moi et il a dit : « Buenas noches. » Je me suis levé à mon tour et j'ai répondu: « Buenas noches ». Ils se sont alors tous levés et ils sont venus me marmonner « buenas noches », et ils m'ont tendu la main, mais en touchant juste l'extrémité des doigts, ou en prenant la main pour la laisser retomber tout de suite.

Nous sommes tous assis à nouveau. Ils semblaient plutôt timides – comme s'ils n'avaient pas trouvé leurs mots, alors que tous parlaient espagnol.

Vers sept heures et demie ils se sont tous levés et ils se sont dirigés vers le fond de la maison. Pendant un long moment, personne n'avait rien dit. Don Juan m'a fait signe de le suivre et nous sommes tous montés dans une vieille camionnette qui était garée là. Je me suis assis derrière avec deux jeunes gens et don Juan. Il n'y avait ni bancs ni coussins et le sol métallique était extrêmement inconfortable, surtout lorsque nous avons quitté la grand-route pour prendre un chemin de terre. Don Juan m'a dit à l'oreille que nous allions chez un de ses amis qui avait sept mescalitos pour moi.

– Vous n'en possédez pas personnellement, don Juan? lui ai-je demandé.

– Si, mais je ne peux pas vous en offrir. Vous comprenez, c'est quelqu'un d'autre qui doit le faire.

– Pouvez-vous me dire pourquoi?

– Peut-être que vous ne *lui* plairez pas et qu'*il* ne vous aimera pas beaucoup, et que vous ne pourrez jamais avoir pour *lui* de l'affection, comme c'est nécessaire. Auquel cas, notre amitié serait brisée.

– Et pourquoi ne m'aimerait-il pas. Je ne lui ai jamais rien fait.

– Il ne s'agit pas de lui *faire* quelque chose pour être aimé ou pas. Ou il vous adopte, ou il vous rejette.

– Et s'il ne m'accepte pas, est-ce que je peux faire quelque chose pour qu'il finisse par m'aimer?

Les deux autres avaient dû entendre ma question et ils se sont mis à rire.

– Non, je ne vois pas ce que l'on pourrait faire, a dit don Juan.

Ensuite il a tourné la tête, je ne pouvais plus lui parler.

Nous avons bien dû rouler une demi-heure avant de nous arrêter devant une petite maison. Il faisait sombre. Le conducteur a éteint les phares. Je ne distinguais plus que la silhouette du bâtiment.

Une jeune Mexicaine, si j'en juge par sa voix, a crié à un chien de cesser d'aboyer. Une fois descendus de la camionnette, nous avons marché en direction de la maison. Ils ont marmonné « buenas noches » en passant devant elle. Elle leur a répondu, puis elle a recommencé à crier après le chien.

Nous sommes entrés dans une vaste pièce où étaient entassées des quantités de choses. La faible lumière d'une minuscule ampoule électrique donnait à tout cela un air lugubre. Il y avait contre les murs un certain nombre de chaises aux pieds cassés et au siège défoncé. Trois de nos compagnons se sont assis sur un canapé, le meuble le plus important de la pièce. C'était un très vieux canapé, effondré jusqu'à terre, rouge et crasseux, autant qu'on pouvait le distinguer dans la faible lumière. Quant aux autres, nous nous sommes assis sur des chaises. Et nous sommes restés silencieux un long moment.

Puis l'un d'eux s'est soudain levé et il est allé dans une autre pièce. Il pouvait avoir une cinquantaine d'années, il était grand et fort, foncé de peau. Il est revenu avec un pot à café.

Il a soulevé le couvercle et il m'a tendu le pot. Il y avait dedans sept petites choses bizarres, de consistance et de taille diverses, certaines presque rondes, d'autres allongées. Au toucher, on aurait dit des cerneaux de noix, ou du bouchon. Leur couleur brunâtre les faisait ressembler à de la coquille de noix. Je les ai prises dans ma main, et je suis resté là à les frotter avec mon doigt.

– Cela se mâche (*esto se masca*), a murmuré don Juan.

C'est ainsi que j'ai découvert qu'il était assis à côté de moi. J'ai regardé les autres, mais personne ne faisait attention à moi. Ils parlaient entre eux à voix basse. L'instant était très angoissant, et j'éprouvais de la difficulté à me dominer.

– Il faut que je sorte, lui ai-je dit. Je vais aller faire un petit tour.

Il m'a tendu le pot de café et j'y ai remis les boutons de peyotl. J'allais sortir de la pièce lorsque l'homme qui m'avait apporté le pot à café s'est levé, il s'est approché de moi, et il m'a dit qu'il y avait des cabinets dans l'autre pièce.

La cuvette était presque contre la porte. Tout à côté, il y avait un grand lit qui devait occuper au moins la moitié de la pièce. La femme y était étendue et elle dormait. Je suis resté un moment immobile à la porte, puis je suis revenu avec les autres.

Le propriétaire de la maison s'est adressé à moi en anglais. « Don Juan dit que vous venez d'Amérique du Sud. Ils ont du mescal là-bas? » Je lui ai répondu que je n'en avais jamais entendu parler.

Ils semblaient très intéressés par l'Amérique du Sud et nous avons un moment parlé des Indiens. Puis l'un d'eux m'a demandé pourquoi je voulais manger du peyotl. Je lui ai dit que c'était pour savoir l'effet que cela faisait. Ils ont eu un petit rire timide.

Don Juan m'a encouragé : allez, mâchez-le (*masca, masca*).

J'avais les mains moites et l'estomac noué. Le pot avec les boutons de peyotl était sur le sol à côté de la chaise. Je me suis penché, j'en ai pris un au hasard et je l'ai mis dans ma bouche. Il avait un goût de moisi. Je l'ai coupé en deux avec mes dents et j'ai commencé à mâcher un de mes morceaux. Il s'en est dégagé une amertume âcre. J'ai bientôt eu la bouche engourdie. L'amertume augmentait à mesure que je mâchais, ce qui provoquait un incroyable flot de salive.

J'avais les gencives et les parois de la bouche enflammées comme si j'avais mangé de la viande ou du poisson sec et excessivement salé, et que cela forçât à en manger davantage. Je me suis mis à mâcher l'autre morceau. J'avais maintenant la bouche tellement paralysée que je ne ressentais même plus l'amertume. Les boutons de peyotl avaient quelque chose de fibreux, comme des quartiers d'orange ou de la canne à sucre, et je ne savais pas s'il fallait l'avaler ou le recracher. A ce moment, le propriétaire de la maison s'est levé et il a invité tout le monde à venir sous la véranda.

Nous sommes sortis nous asseoir dans le noir. Il faisait bon dehors, et notre hôte avait apporté avec lui une bouteille de tequila.

Ils étaient tous assis en rang le dos au mur. Je me trouvais à l'extrémité droite de la file. Don Juan, assis à côté de moi, avait posé le pot avec les boutons de peyotl entre mes jambes. Il m'a tendu la bouteille, qui a fait toute la rangée, et il m'a dit que la tequila ferait passer l'amertume.

J'ai craché les fragments du premier bouton et j'ai bu une gorgée. Il m'a dit de ne pas l'avaler, et de seulement me rincer la bouche pour arrêter le flot de salive. Cela n'a pas fait grand-chose en ce qui concerne la salive, mais l'amertume a vraiment passé.

Don Juan m' a donné un morceau d'abricot sec, ou de figue – je ne pouvais pas voir dans le noir, et je ne distinguais pas le goût – et il m'a dit de mâcher lentement et complètement, sans me presser. J'éprouvais de la difficulté à avaler ; j'avais l'impression que cela ne descendrait jamais.

Au bout d'un certain temps, la bouteille est revenue. Don Juan m'a tendu un petit morceau de viande sèche croquante. Je lui ai dit que je n'avais pas envie de manger.

– Il ne s'agit pas de manger, m'a-t-il dit avec fermeté.

Cela s'est répété six fois. Je me souviens d'avoir mâché six boutons de peyotl, puis la conversation est devenue très animée ; je ne comprenais pas dans quelle langue ils parlaient, mais le sujet de la conversation à laquelle tout le monde participait, était très intéressant et je m'efforçais d'écouter attentivement pour pouvoir y participer. Mais quand j'ai essayé de dire quelque chose, je me suis aperçu que je n'y parvenais pas. Les mots défilaient au hasard dans mon esprit.

Je me suis assis le dos au mur, et j'ai écouté ce que les

autres disaient. On aurait dit de l'italien. Ils ne cessaient de répéter une phrase où il était question de la stupidité des requins. Cela me faisait l'effet d'un sujet logique et cohérent. J'avais dit auparavant à don Juan que le fleuve Colorado en Arizona était appelé par les anciens Espagnols *el rio de los tizones* (le fleuve du bois calciné). Quelqu'un avait dû mal prononcer *tizones* ou l'écrire de travers, et cela était devenu *el rio de los tiburones* (le fleuve des requins). J'étais certain que c'était de cela qu'ils parlaient, et il ne m'est jamais venu à l'esprit qu'aucun d'entre eux ne parlait l'italien.

J'avais été pris d'une forte envie de vomir, mais je ne me souviens pas de l'avoir fait. J'ai demandé si quelqu'un pourrait aller me chercher de l'eau. J'éprouvais une soif insupportable.

Don Juan m'a apporté une grande casserole. Il l'a placée le long du mur. Il a aussi apporté une petite tasse, ou un gobelet. Il l'a trempé dans la casserole et me l'a tendu. Il m'a dit qu'il ne fallait pas boire, mais simplement me rafraîchir la bouche.

L'eau avait un éclat extraordinaire, on aurait dit un vernis épais. J'ai voulu le dire à don Juan, et j'ai laborieusement composé ma phrase en anglais, pour comprendre ensuite qu'il ne parlait pas l'anglais. Je suis passé par un moment de grande confusion : tout semblait très clair dans ma tête et j'étais cependant incapable de prononcer une parole. Je voulais faire remarquer l'aspect étrange de cette eau, mais ce ne sont pas des paroles qui ont jailli de ma bouche ; plutôt la sensation de pensées qui ne s'exprimaient pas en mots, et qui sortaient de ma bouche comme une sorte de liquide. J'avais l'impression de vomir sans efforts et sans contractions du diaphragme. J'éprouvais la sensation agréable d'un flot de mots liquides.

J'ai bu, la sensation de vomir a disparu. Tous les bruits avaient en même temps disparu, et j'avais de la difficulté à fixer mon regard. J'ai cherché don Juan, et comme je tournais la tête, j'ai constaté que mon champ de vision s'était réduit à un cercle devant mes yeux. Cela n'était ni effrayant ni gênant. Au contraire, je trouvais cela nouveau. Littéralement, je pouvais balayer le sol d'un faisceau étroit dans toutes les directions. En pénétrant sous la véranda, j'avais remarqué que l'obscurité était complète en dehors des lointaines lumières de la ville. Et cependant, tout était visible dans le rayon circulaire de mon regard. Je ne me suis plus soucié de don Juan et des autres, et je me suis consacré à mon exploration.

J'ai regardé le point de rencontre entre le sol de la véranda et le mur. Puis j'ai lentement tourné la tête vers la droite. J'ai suivi le mur et j'ai vu don Juan assis là, ensuite j'ai tourné la tête à gauche pour regarder l'eau au fond de la casserole. Comme je levais légèrement la tête, j'ai vu s'approcher un chien noir de taille moyenne. Le chien s'est mis à boire. J'ai voulu l'écarter avec ma main, et j'ai concentré mon regard sur le chien. C'est alors qu'il est devenu transparent. L'eau brillait d'un éclat visqueux, et je l'ai vue comme elle descendait dans le gosier du chien, puis dans son corps. On la voyait distinctement couler puis elle est ressortie par ses poils, le liquide chatoyant parcourait chaque poil en en faisant jaillir comme une crinière blanche longue et soyeuse.

J'ai alors éprouvé d'intenses convulsions, en quelques instants un tunnel s'est formé autour de moi, bas et étroit, dur et étrangement glacial. Au toucher, on aurait dit du papier d'argent. J'étais assis par terre. J'ai essayé de me lever, mais ma tête a heurté ce plafond métallique, le tunnel rétrécissait, il m'étouffait. Je me suis mis à ramper en direction de son issue circulaire. Quand j'y suis arrivé, si toutefois j'y suis arrivé, j'avais complètement oublié le chien, don Juan, moi-même. J'étais à bout de forces. Mes vêtements étaient imprégnés d'un liquide froid et collant. Je me suis mis à me rouler, à la recherche d'une position confortable pour me reposer, et où les battements de mon cœur s'apaiseraient. C'est au cours d'un de ces changements de position que j'ai revu le chien.

Tous les souvenirs me sont revenus d'un seul coup, tout était clair dans mon esprit. Je me suis retourné pour chercher don Juan, mais je ne distinguais rien ni personne. Tout ce que j'étais capable de voir c'était ce chien qui s'irisait. Une vive lumière émanait de son corps. J'ai revu l'eau circuler et le changer en incendie. Je suis allé enfouir mon visage dans la casserole pour boire en même temps que lui. J'avais les mains posées par terre devant moi, j'ai vu le fluide courir dans mes veines dans des nuances de rouge, de jaune et de vert. Je buvais toujours. J'étais en feu. Je brillais de mille éclats. J'ai bu jusqu'à ce que le fluide s'échappe par tous mes pores, pour former comme des écheveaux de soie qui me faisaient, à moi aussi, une crinière lumineuse. J'ai regardé le chien, nous avions la même crinière. Un bonheur suprême envahissait mon corps, nous sommes partis tous les deux en courant vers une sorte de chaleur dorée jaillie d'un endroit assez vague. Nous nous sommes mis à jouer. A jouer, à nous battre, je connaissais ses désirs, il connaissait les miens. Nous nous manipulions mutuellement comme des marionnettes. En tordant mes doigts, je faisais bouger ses pattes, quand il secouait sa tête j'étais pris d'un désir irrésistible de sauter en l'air. Le plus bizarre, c'est quand il m'a fait me gratter la tête avec mon pied, alors que j'étais assis par terre. Il m'y invitait en agitant les oreilles. Je trouvais cela extrêmement amusant, plein de grâce et d'ironie, et d'une telle adresse. J'étais baigné d'une euphorie indescriptible. Je riais à perdre haleine.

J'avais l'impression très nette de ne pas pouvoir ouvrir les yeux. Je voyais à travers une citerne. L'angoisse m'a pris, je n'étais pas capable de me réveiller tout en sachant que je ne dormais pas. Puis le monde a retrouvé sa cohérence, mon champ de vision s'est élargi, la conscience m'est revenue, et mon premier acte raisonnable a été de chercher partout cet être merveilleux. La transition était délicate. J'avais quitté mon état normal sans presque m'en rendre compte, en pleine conscience, sans rupture dans mes pensées et dans mes sensations. Ce retour à une conscience froide et objective a été pour moi un choc violent. J'avais oublié que j'étais un homme ! Cette situation inévitable m'a rempli d'une telle tristesse que j'ai éclaté en sanglots.

Samedi 5 août 1961

Plus tard ce matin-là, après le petit déjeuner, le propriétaire de la maison, dont Juan et moi nous sommes retournés chez don Juan. Je me sentais très fatigué, mais je n'ai pas réussi à m'endormir dans la camionnette. Ce n'est qu'après le départ de l'autre que je me suis endormi sous la véranda.

Quand je me suis réveillé, il faisait nuit. Don Juan avait jeté une couverture sur moi. Je l'ai cherché, il n'était pas dans la maison. Il est revenu avec un plat de haricots frits et une pile de tortillas. J'avais une faim de loup.

Quand j'ai eu fini de manger et lui aussi, nous sommes

restés là et il m'a demandé de lui raconter ce qui s'était passé la nuit précédente. Je lui ai raconté mon expérience avec force détails et aussi précisément que possible.

Quand j'ai eu fini, il a hoché la tête et il a dit : « C'est bien. C'est difficile d'expliquer pourquoi, mais je crois que tout a bien marché pour vous. Vous comprenez, parfois il joue comme un enfant, d'autres fois, il est épouvantable. Il fait des gambades, ou bien alors il est terriblement sérieux. Impossible de savoir à l'avance comment il va se comporter avec quelqu'un. Enfin, parfois, quand on le connaît bien... Cette nuit, vous avez joué avec lui. Vous êtes la seule personne que je connaisse pour qui cette rencontre s'est déroulée de la sorte. »

– En quoi mon expérience différe-t-elle de celle des autres ?

– Vous n'êtes pas indien. Il m'est par conséquent difficile de répondre. Mettons qu'il accepte ou qu'il rejette les gens, qu'ils soient indiens ou non. Cela, je le sais. J'en ai vu des quantités. Je sais aussi qu'il aime s'amuser, certains éclatent de rire, mais je ne l'ai jamais vu s'amuser avec quelqu'un.

– Maintenant, don Juan, pouvez-vous me dire comment le peyotl protège...

– Il ne m'a pas laissé achever. Il m'a pris par l'épaule.

– Ne l'appelez jamais ainsi. Vous ne l'avez pas encore vu suffisamment pour le connaître.

– Comment le Mescalito protège-t-il les gens ?

– Il les conseille. Il répond à toutes les questions.

– Alors, le Mescalito est réel ? Je veux dire, c'est quelque chose que l'on peut voir ?

– Ma question a semblé le déconcerter. Il m'a regardé sans que son visage manifestât le moindre sentiment.

– Ce que je veux dire, c'est que le Mescalito...

– J'ai entendu ce que vous avez dit. Ne l'avez-vous pas vu la nuit dernière ?

Je voulais lui répondre que je n'avais vu qu'un chien, puis j'ai compris sa stupéfaction.

– Alors vous pensez que c'est lui que j'ai vu la nuit dernière ?

Il m'a regardé avec mépris, il a eu un petit rire, il a hoché la tête comme s'il n'arrivait pas à y croire, puis il a ajouté, d'un air agressif : « A poco crees que era tu, mama ? » (Et que croyez-vous donc que c'était votre maman ?) Il a marqué un temps avant de dire « mama », parce que ce qu'il voulait dire, c'était « tu chingada madre », allusion désobligeante à la mère de l'autre. Ce mot « mama » était si inattendu que nous avons tous les deux éclaté de rire, et que cela nous a tenus un bon moment.

J'ai vu alors qu'il s'était endormi sans avoir répondu à ma question.

Dimanche 6 août 1961

J'ai conduit don Juan à la maison où j'ai pris du peyotl. En route, il m'a dit le nom de celui qui m'a « offert le Mescalito » : c'est John. Quand nous sommes arrivés à la maison, John était assis sous sa véranda avec deux jeunes gens. Ils étaient tous extrêmement joviaux, riant et parlant très librement. Ils s'exprimaient tous les trois parfaitement en anglais. J'ai dit à John que j'étais venu le remercier de son aide.

Je voulais connaître leur opinion sur mon comportement pendant cette expérience hallucinogène. Je leur ai dit que j'y avais réfléchi et que je n'arrivais pas à me rappeler. Ils ont ri mais ils ne semblaient pas avoir envie d'en parler. Ils semblaient hésiter à cause de la présence de don Juan. Ils lui jetaient des coups d'œil, comme s'ils avaient attendu sa permission. Il a dû leur faire un signe qui m'a échappé, car John s'est tout à coup décidé à me raconter ce qui s'était passé cette nuit-là.

Il a dit qu'il avait su que j'étais « pris » quand il m'a entendu vomir. D'après son estimation, j'ai dû vomir une trentaine de fois. Don Juan l'a arrêté pour dire que ça n'avait été que dix fois.

John a poursuivi : « Nous nous sommes rapprochés de vous. Vous étiez tout raide, avec des convulsions. Vous êtes longtemps resté allongé sur le dos, remuant les lèvres comme pour parler. Puis vous avez commencé à vous taper la tête par terre, don Juan vous a mis un vieux chapeau et vous avez arrêté. Vous êtes resté à frissonner en gémissant pendant des heures, allongé sur le sol. Je crois que tout le monde a dû s'endormir aussi ; mais je vous ai entendu grogner et haleter. Puis vous avez hurlé et cela m'a réveillé. Je vous ai vu hurler en sautant en l'air. Vous vous êtes précipité vers l'eau, vous avez renversé la casserole, et vous vous êtes mis à nager dans la flaque. Don Juan est retourné vous chercher de l'eau. Vous vous êtes assis tranquillement devant la casserole. Vous vous êtes alors levé d'un bond et vous avez ôté tous vos vêtements. Agenouillé devant l'eau, vous avez bu à longues gorgées. Puis vous vous êtes assis pour regarder fixement dans le vide. On aurait dit que vous alliez rester comme cela pour l'éternité. Presque tout le monde dormait, y compris don Juan, mais soudain vous avez bondi en rugissant et vous avez poursuivi le chien. Il a pris peur, et il s'est sauvé en hurlant à son tour, derrière la maison. Et tout le monde s'est réveillé.

Nous nous sommes levés. Vous êtes revenu par l'autre côté, toujours à la poursuite du chien, qui courait devant vous en aboyant. Vous avez bien dû faire vingt fois le tour de la maison, tous les deux, en aboyant. Je me disais que les gens allaient finir par s'inquiéter. Nous n'avons pas de voisins très proches, mais vos aboiements étaient si sonores qu'on devait les entendre à des kilomètres. »

Un des jeunes gens a ajouté : « Vous avez fini par attraper le chien et vous l'avez ramené sous la véranda dans vos bras. »

John a repris : « Vous vous êtes mis à jouer avec le chien. Vous luttiez tous les deux, vous vous mordiez en jouant. C'était assez drôle. D'habitude, mon chien n'est pas joueur. Mais vous étiez là à vous rouler tous les deux par terre. »

Le jeune homme a ajouté : « Vous avez couru vers la casserole, et vous avez bu avec le chien. Et cela, cinq ou six fois de suite. »

J'ai demandé combien de temps cela avait duré.

« Des heures, a dit John. Un moment nous vous avons perdus de vue, tous les deux. Vous deviez être derrière. On vous entendait aboyer. Tellement bien l'aboiement d'un chien, on ne faisait pas la différence.

« C'était peut-être seulement le chien », ai-je dit.

Tout le monde a ri, et John a dit : « Vous étiez bel et bien en train d'aboyer, mon vieux ! »

« Et ensuite ? »

Ils se sont regardés tous les trois, ils ne semblaient pas très sûrs de la suite. Puis finalement le jeune homme qui n'avait encore rien dit a parlé. « Il a suffoqué », a-t-il dit en regardant John.

« Oui, vous avez suffoqué. Et puis vous avez fait un drôle de bruit, et ensuite vous êtes tombé par terre. Nous avons pensé que vous étiez en train de vous mordre la langue. Don Juan vous a desserré les mâchoires et il vous a jeté de l'eau au visage. Vous avez recommencé à trembler, avec des convulsions. Alors, vous êtes longtemps resté immobile. Don Juan a dit que c'était fini. C'était le matin, on vous a mis une couverture et l'on vous a laissé dormir sous la véranda. »

Il s'est arrêté, il a regardé les autres qui visiblement, se retenaient pour ne pas rire. Il s'est alors tourné vers don Juan et il lui a demandé quelque chose. Don Juan lui a répondu en souriant. John s'est tourné vers moi et il a dit : « On vous a laissé sous la véranda, parce qu'on a craint que vous n'alliez pisser partout dans la maison. »

Ils ont ri très fort.

« Qu'est-ce que j'avais ? ai-je demandé. Est-ce que... »

« Est-ce que... a fait John en m'imitant. On ne voulait pas en parler, mais don Juan nous a dit que ça ne faisait rien. Eh bien, vous avez pissé sur mon chien ! »

« J'ai fait ça ? »

« Vous ne croyiez pas que le chien s'était sauvé parce qu'il avait peur de vous ? Il s'est sauvé parce que vous lui pissiez dessus. »

Tout le monde a éclaté de rire. J'ai essayé de poser d'autres questions à un des jeunes gens, mais comme ils riaient tous, il ne m'a pas entendu.

John a continué : « Seulement mon chien a été quitte. Lui aussi vous a pissé dessus ! »

Cela devait être particulièrement drôle, car ils ont ri de plus belle, y compris don Juan. Quand ils ont été plus calmes, j'ai demandé sérieusement : « C'est vrai ? C'est bien ce qui s'est passé ? »

Toujours en riant, John m'a dit : « Je vous jure que mon chien vous a pissé dessus. »

Comme don Juan et moi nous rentrions chez lui, je lui ai demandé :

– Cela s'est bien passé ainsi, don Juan ?

– Oui. Mais ils ignorent ce que vous avez vu. Ils n'ont

pas compris que vous étiez en train de jouer avec « lui ». C'est pour cela que je vous ai laissé faire.

– Mais cette histoire du chien et moi en train de se pisser dessus ?

– Mais il ne s'agissait pas du chien ! Combien de fois faudra-t-il que je vous le répète ? C'est la seule façon d'y comprendre quelque chose. La seule. C'est « lui » qui a joué avec vous.

– Vous saviez que tout cela était arrivé avant que je ne vous en parle ?

Il a hésité un instant avant de me répondre.

– Non, je me suis souvenu, après que vous m'en avez parlé, du drôle d'air que vous aviez. J'ai simplement deviné que tout allait bien, car vous n'aviez pas l'air effrayé.

– Le chien a bien joué avec moi comme ils l'ont dit ?

– Mais bon sang, ce n'était pas un chien !

Jeudi 17 août 1961

J'ai dit à don Juan ce que je pensais de mon expérience. Du point de vue de mes recherches, c'était un désastre. Je ne souhaitais pas du tout, lui ai-je affirmé une autre « rencontre » avec le Mescalito. D'accord, tout ce qui m'était arrivé était fort intéressant, mais rien dans tout cela ne pouvait m'inciter à recommencer. Sans doute n'étais-je pas fait pour ce genre de recherche. Le peyotl avait produit chez moi après coup un malaise physique curieux. Je me sentais malheureux, et en proie à une peur vague ; une sorte de mélancolie que je ne pouvais pas définir exactement. Et je ne voyais rien de sublime à cet état. Don Juan a ri :

– Vous commencez à apprendre.

– Ce genre de savoir n'est pas pour moi. Je ne suis pas fait pour cela, don Juan.

– Vous exagérez toujours.

– Il ne s'agit pas d'exagération.

– Mais si. L'ennui, c'est que vous exagérez seulement les mauvais côtés.

– En ce qui me concerne, je ne vois aucun bon côté. Cela me fait peur, c'est tout.

– Il n'y a rien de mal à avoir peur. Quand on a peur, on voit les choses d'une autre façon.

– Mais je n'ai pas envie de voir les choses d'une façon différente, don Juan. Je crois que je vais abandonner cette étude du Mescalito. C'est trop pour moi, don Juan. C'est vraiment pour moi une situation intenable.

– Bien sûr. Pour moi aussi. Il n'y a pas que vous à être déconcerté.

– Et pourquoi seriez-vous déconcerté, don Juan?

– J'ai pensé à ce que j'ai vu l'autre nuit. Le Mescalito a vraiment joué avec vous. Cela m'a déconcerté, parce que c'est un signe.

– Et quel genre de signe, don Juan?

– le Mescalito vous désignait à moi.

– Dans quel but?

– Ce n'était pas clair pour moi, mais maintenant ça l'est. Il voulait dire que vous étiez l'« élu » (*escogido*). Le Mescalito vous a désigné à moi et en faisant cela, il m'a montré que vous étiez celui qui avait été choisi.

– Vous voulez dire que j'ai été choisi parmi d'autres pour une certaine tâche, ou quelque chose comme cela ?

– Non. Le Mescalito m'a dit que vous étiez celui que je cherchais.

– Et quand diable vous a-t-il dit cela, don Juan ?

– En jouant avec vous, il m'a montré que c'était vous qui aviez été choisi.

– Et qu'est-ce que cela signifie, être celui qui a été choisi ?

– Je connais certains secrets (*tengo secretos*). Ces secrets, je ne peux les révéler à personne avant d'avoir découvert l'homme choisi pour moi. L'autre nuit, quand je vous ai vu jouer avec le Mescalito, j'ai compris que vous étiez cet homme. Mais vous n'êtes pas un Indien. C'est cela qui est étrange.

– Mais, don Juan, qu'est-ce que cela veut dire pour moi ? Que dois-je faire ?

– J'ai pris ma décision. Je vais vous enseigner les secrets qui feront de vous un homme de savoir.

– Vous songez aux secrets du Mescalito ?

– Oui. Mais ce ne sont pas là les seuls secrets que je connaisse. Il en existe d'autres, d'une autre sorte, que j'aimerais bien transmettre à quelqu'un. J'ai moi-même eu un maître, mon bienfaiteur, et je suis devenu son disciple à la suite d'un certain exploit. C'est lui qui m'a enseigné tout ce que je sais.

Je lui ai à nouveau demandé ce que ce nouveau rôle exigerait de moi. Il m'a répondu qu'il s'agissait seulement d'apprendre, apprendre au sens de ce qui s'était passé au cours de ces deux rencontres.

La situation avait ainsi pris un drôle de tour. J'avais décidé de lui avouer que j'abandonnais mon idée de me documenter sur le peyotl, et avant même d'avoir pu m'expliquer, il offrait de m'enseigner son « savoir ». J'ignorais ce qu'il entendait par là, mais je sentais que pour lui, c'était très sérieux. J'ai insisté sur mon inaptitude, puisqu'il y fallait une forme rare de courage que je ne possédais pas. Je lui ai expliqué que ma nature, c'était de commenter les actes accomplis par d'autres. Ce que je voulais, c'était ses vues, ses opinions en général. Je lui ai dit que je serais parfaitement heureux, assis là à l'écouter pendant des jours. Pour moi, c'était cela, apprendre.

Il m'a écouté sans m'interrompre. J'ai parlé longtemps. Puis il a dit :

– Tout cela est facile à comprendre. La peur, c'est l'ennemi naturel qu'il faut dominer d'abord sur le chemin du savoir. En outre, vous êtes d'un tempérament curieux, ce qui rétablit l'équilibre. Vous apprendrez malgré vous ; c'est la règle.

J'ai protesté, pour essayer de le faire changer d'avis. Mais il semblait convaincu que la seule chose à faire pour moi, c'était d'apprendre.

– Vous ne pensez pas selon l'ordre convenable, a-t-il dit. Le Mescalito a vraiment joué avec vous. C'est cela l'important. Pourquoi ne pas vous occuper de cela, plutôt que de vos frayeurs ?

– C'est tellement inhabituel ?

– Vous êtes la seule personne avec qui je l'ai vu jouer. Vous n'êtes pas habitué à cette vie, si bien que les signes vous échappent. Et cependant vous êtes un garçon sérieux, mais ce sérieux, vous l'appliquez à ce que vous faites, et non à ce qui se passe autour de vous. Vous rapportez tout à vous, voilà l'ennui. Ce qui provoque une terrible fatigue.

– Et que peut-on faire, don Juan ?

– Chercher les merveilles autour de soi. Vous vous lasserez

de ne regarder que vous-même, et cette fatigue vous rendra aveugle et sourd à tout le reste.

– C'est intéressant, don Juan, mais que puis-je y faire ?

– Réfléchissez à ce que le Mescalito jouant avec vous a de merveilleux. Ne pensez à rien d'autre ; le reste viendra tout seul.

Samedi 20 août 1961

Hier soir, don Juan a commencé à me faire pénétrer dans son savoir. Nous sommes restés assis dans le noir devant sa maison. Après un long silence, il s'est soudain mis à parler. Il a dit qu'il utiliserait les mots que son bienfaiteur avait utilisés le premier jour de son apprentissage. Apparemment, don Juan les savait par cœur, et il les a répétés plusieurs fois de suite, pour être sûr de ne pas en oublier. « Un homme va au savoir comme il part pour la guerre, bien réveillé, avec de la peur, du respect, et une assurance absolue. Aller vers le savoir ou partir pour la guerre d'une autre façon est une erreur, et celui qui la commet vivra pour regretter ses pas. »

Je lui ai demandé pourquoi il en était ainsi, et il m'a dit que lorsque ces trois conditions étaient remplies, il ne pouvait avoir de fautes à se reprocher. Dans ces conditions, ses actions ne pouvaient présenter ce caractère hésitant qui est la marque de la sottise. Si l'on échouait, si l'on connaissait la défaite, on avait seulement perdu une bataille, et il n'y avait pas lieu de s'apitoyer là-dessus.

Il a ajouté qu'il allait tout m'expliquer sur un « allié » éventuel, à la façon dont son bienfaiteur s'y était pris avec lui. Il a beaucoup insisté sur ce parallélisme, et il a répété la phrase plusieurs fois de suite.

« Un allié, a-t-il dit, c'est une puissance à laquelle on peut faire appel dans la vie, pour apporter une aide, un conseil, et qui peut donner la force nécessaire pour accomplir certains actes, petits ou grands, bons ou mauvais. Cet allié est nécessaire pour rehausser la vie d'un homme, guider ses actes, approfondir son savoir – dans ce domaine, il est indispensable ». Don Juan avait dit cela avec une conviction profonde. Il semblait choisir ses mots avec soin. Il a répété quatre fois la phrase suivante :

– Un allié vous fera voir et comprendre des choses sur lesquelles aucun homme ne pourrait vous éclairer.

– Cet allié ne serait-il pas comme un ange gardien ?

– Ce n'est ni un gardien ni un ange. Il aide.

– Le Mescalito est votre allié ?

– Non, le Mescalito, c'est une autre sorte de puissance unique ! Un protecteur, un maître.

– En quoi le Mescalito diffère-t-il d'un allié ?

– On ne peut pas le dompter et l'utiliser comme on le ferait d'un allié. Le Mescalito est extérieur. Il choisit de se manifester sous diverses formes à différentes personnes, sans se soucier de savoir s'il s'agit d'un *brujo* ou d'un garçon de ferme.

C'est avec une profonde ferveur que don Juan a dit que le Mescalito nous enseignait « la façon convenable de vivre ». Je lui ai demandé comment, et don Juan à répondu qu'il nous le *montrait*.

– Comment cela ?

– Il a de nombreuses façons de nous le montrer, de la main, sur un rocher, un arbre, ou juste comme cela, devant soi.

– Comme une image devant soi ?

– Non, un enseignement devant soi.

– Est-ce que le Mescalito parle à la personne ?

– Oui, mais pas avec des mots.

– Comment parle-t-il, alors ?

– Il parle différemment à chacun.

Je sentais que mes questions l'agaçaient, aussi me suis-je arrêté. Il a ajouté que pour connaître le Mescalito, il n'existait pas d'itinéraire fixe. Seul le Mescalito pouvait enseigner quelque chose sur lui-même, ce qui en faisait une puissance unique, différente pour chacun.

D'un autre côté, l'acquisition d'un allié, d'après don Juan, nécessitait un enseignement rigoureux, dont les étapes ne supportaient pas la moindre erreur. Il existait de nombreuses puissances alliées en ce monde, a-t-il ajouté, mais il n'en connaissait bien que deux. Il allait m'initier à leurs secrets, mais ce serait à moi d'en choisir un, car je ne pouvais en prendre qu'un seul. L'allié de son bienfaiteur avait été *la yerba del diablo*, mais don Juan ne l'aimait pas trop, encore qu'il en connût les secrets. Son allié à lui, c'était *humito*, la petite fumée. Il ne s'étendit pas sur la nature de cette fumée.

Je lui ai posé des questions à ce sujet, sans obtenir de réponse. Après un long silence, je lui ai demandé :

– Un allié, quelle espèce de puissance est-ce ?

– Une aide. Je vous l'ai déjà dit.

– Et comment aide-t-il ?

– Un allié est une puissance capable de transporter un homme hors de ses limites. C'est ainsi qu'un allié peut apporter des révélations impossibles à un être humain.

– Mais le Mescalito aussi vous emporte hors de vos limites. Cela n'en fait-il pas un allié ?

– Non. Le Mescalito vous sort de vous-même pour vous enseigner quelque chose. Un allié pour vous donner un pouvoir.

Je lui ai demandé de m'expliquer cela en détail, ou de me décrire la différence d'effet entre les deux. Il m'a longtemps regardé puis il est parti à rire. Il m'a dit que l'enseignement par la conversation était une perte de temps idiote, parce qu'apprendre, c'était la chose la plus difficile qu'on pût entreprendre. Il m'a demandé de me remémorer la recherche de mon endroit, et comment j'avais essayé de le trouver sans me donner le moindre mal, en attendant qu'il me donne les indications. S'il l'avait fait, je n'aurais rien appris. Mais sachant la difficulté de le trouver, et surtout qu'il existait, cela m'avait donné confiance. Il dit que tant que je resterais enraciné à mon « bon endroit », je ne courais aucun danger physique, car j'étais assuré d'être en ce point au mieux de mes possibilités. Cela me donnait la force de balayer tout ce qui aurait pu me nuire. Si, par contre, il m'avait révélé ou ce point se trouvait, je n'aurais jamais eu la confiance nécessaire pour prétendre à la vraie connaissance. C'est ainsi que la connaissance donnait le pouvoir.

Don Juan m'a dit qu'à chaque fois que l'on entreprend d'apprendre, il faut se donner autant de mal que lorsque j'avais découvert mon endroit, et les limites de ce qu'on apprend sont déterminées par notre nature. Il était donc inutile de parler de savoir. Certaines formes de savoir étaient trop puissantes pour la force dont je disposais, et en discuter ne pouvait me faire que du mal. Il ne semblait pas avoir envie d'en dire davantage. Il s'est levé et il est allé vers la maison. Je lui ai dit que cette situation me dépassait. Ce n'était pas ainsi que j'avais imaginé les choses ou que je les avais souhaitées.

Ces frayeurs étaient bien naturelles, a-t-il dit. Tous nous les éprouvons et il n'y a rien à y faire. D'un autre côté, et malgré la frayeur qu'inspire cette étude, il est plus terrible d'imaginer un homme qui ne disposerait ni d'un allié ni de savoir.

3

Il s'est écoulé plus de deux ans entre le moment où don Juan a décidé de m'enseigner les pouvoirs d'un allié et le moment où il a pensé que j'étais prêt à l'apprendre, sous la forme de dialogue pragmatique qui était sa manière. Pendant tout ce temps, il a peu à peu défini les aspects généraux de ces deux alliés. Et il m'a préparé à la contrepartie inévitable qui devait accompagner cet enseignement verbal et le consolider, les états de réalité non-ordinaire.

Il a commencé par parler de ces pouvoirs de façon fortuite. Dans mes notes, on en trouve les premières mentions parmi des sujets divers.

Mercredi 23 août 1961

– L'herbe du diable (*Jimson weed*), c'était l'allié de mon bienfaiteur. J'aurais pu choisir le même, mais cela ne me disait rien.

– Et pourquoi n'aimiez-vous pas l'herbe du diable, don Juan ?

– Elle présentait un sérieux inconvénient.

– Etait-elle inférieure aux autres alliés ?

– Non. Comprenez-moi bien. Elle possède autant de pouvoir que les meilleurs alliés, mais elle avait quelque chose qui ne me plaisait pas.

– Pouvez-vous me dire quoi ?

– Elle déforme les hommes. Elle leur donne trop tôt le goût de la puissance, sans fortifier leur cœur, elle les rend dominateurs et imprévisibles. Elle les rend faibles au cœur de leur puissance.

– Ne peut-on éviter cela ?

– On peut dominer cela, mais on ne peut pas l'éviter. Quand on devient l'alliée de cette herbe, il faut en payer le prix.

– Et comment surmonter cet effet ?

– L'herbe du diable possède quatre têtes : la racine, la tige et les feuilles, les fleurs, et les graines. Chacune est différente, et pour devenir leur allié, il faut les étudier dans cet ordre. Les racines sont la tête la plus importante. C'est par les racines qu'on acquiert la puissance de l'herbe du diable. La tige et la feuille sont la tête qui guérit des maladies ; bien utilisée, c'est un don pour les hommes. La troisième tête se trouve dans les fleurs, on peut s'en servir pour rendre les gens fous, ou obéissants, ou les tuer. Celui dont cette herbe est l'alliée n'utilise jamais les fleurs, ni la tige ou les feuilles, sauf s'il est lui-même malade. Mais on se sert toujours des racines et des graines, surtout des graines. Elles constituent la quatrième tête, et la plus puissante.

Mon bienfaiteur affirmait que « les graines constituaient la “ tête sobre ” – la seule qui pût fortifier le cœur de l'homme. L'herbe du diable est dure envers ses protégés, prétendait-il, car elle veut les tuer vite, ce qu'elle accomplit généralement avant qu'ils arrivent aux secrets de la “ tête sobre ”. On raconte cependant que certains ont réussi à percer les secrets de la “ tête sobre ”. Quel défi pour un homme de savoir !

– Votre bienfaiteur a-t-il démêlé de tels secrets ?

– Non.

– Avez-vous connu des gens qui l'aient fait ?

– Non, mais ils ont dû vivre à une époque où une telle connaissance était importante.

– Connaissez-vous des gens qui les ont rencontrés ?

– Non.

– Et votre bienfaiteur ?

– Lui, si.

– Pourquoi n'est-il pas arrivé lui-même aux secrets de la “ tête sobre ” ?

– Dompter l'herbe du diable et s'en faire une alliée est une des tâches les plus difficiles que je connaisse. Nous ne nous sommes jamais entendus, sans doute parce que je ne l'ai jamais beaucoup aimée.

– Mais pouvez-vous cependant l'utiliser comme alliée ?

– Certainement ; mais je préfère ne pas le faire. Ce sera peut-être différent avec vous.

– Pourquoi l'appelle-t-on l'herbe du diable » ?

Don Juan a haussé les épaules, avec un geste d'indifférence, puis il est resté silencieux un moment. Finalement, il a dit que ce nom d'herbe du diable n'était que temporaire (*su nombre de leche*). Elle avait également d'autres noms qu'on n'employait pas, parce qu'il s'agit d'une chose sérieuse, en particulier lorsqu'on apprend à dompter une puissance alliée. Je lui ai alors demandé comment un nom pouvait être une chose si importante. Les noms, a-t-il répondu, ne doivent être utilisés que pour appeler à l'aide, dans des moments de grande tension ou de grande difficulté, comme il ne manque pas de s'en produire tôt ou tard dans la vie de celui qui recherche le savoir.

Dimanche 3 septembre 1961

Cet après-midi, don Juan a cueilli deux plants de *datura* dans les champs.

Je ne m'y attendais pas, il a amené le sujet sur l'herbe du diable, et il m'a demandé d'aller en chercher avec lui dans les collines.

Nous sommes partis en voiture jusqu'aux montagnes voisines. J'ai sorti une pelle du coffre et nous avons pénétré dans un des canyons. Nous avons marché pas mal de temps dans le chaparral, qui poussait très serré dans le sol sablonneux et souple. Il s'est arrêté à coté d'une petite plante aux feuilles d'un vert sombre, avec de grosses fleurs blanchâtres en forme de clochettes.

– En voilà une, a-t-il dit.

Il a commencé à creuser avec la pelle. J'ai voulu l'aider, mais il a tout de suite refusé d'un vif mouvement de tête. Il creusait en cercle autour de la plante, la laissant dans un cône de terre renversé. Il a cessé de creuser, et après s'être agenouillé, il s'est mis à dégager doucement la terre avec ses doigts, découvrant ainsi environ dix centimètres d'un rhizome fourchu à côté duquel la tige semblait toute frêle.

Don Juan m'a regardé et il m'a dit qu'il s'agissait d'une plante mâle car elle formait une fourche à l'endroit exact d'où jaillissait la tige. Il s'est relevé et il s'est éloigné. Il semblait chercher quelque chose.

– Que cherchez-vous, don Juan ?

– Je cherche un bâton.

J'ai regardé autour de moi, mais il m'a arrêté. « Non, pas vous, vous devez vous asseoir là-bas. » Il montrait des rochers à cinq ou six mètres de là. « Je le trouverai moi-même. »

Au bout d'un moment, il est revenu avec une longue branche sèche. S'en servant comme d'un outil, il a commencé à détacher la terre le long de la racine fourchue, et cela sur une profondeur d'environ soixante centimètres. Plus profond, la terre était si dure qu'il était pratiquement impossible d'y enfoncer le bâton.

Il s'est arrêté et il s'est assis pour reprendre son souffle. Je suis allé m'asseoir à côté de lui, et nous sommes restés ainsi longtemps sans parler.

– Pourquoi ne creusez-vous pas avec la pelle ? lui ai-je demandé.

– Je risquerais de blesser la plante en la coupant. Il fallait que je prenne une branche poussée près d'ici. Si la racine était atteinte, la blessure serait moins grave qu'avec une pelle ou un autre objet étranger.

– Quelle sorte de bâton avez-vous pris ?

– Une branche quelconque de *paloverde* aurait fait l'affaire. Si l'on ne trouve pas de branche sèche, on peut en couper une vivante.

– On pourrait utiliser une branche d'une autre variété d'arbre ?

– Je viens de vous dire qu'on ne peut utiliser que le paloverde.

– Et pourquoi cela, don Juan ?

– Parce que l'herbe du diable n'a que peu d'amis, et le paloverde est le seul arbre avec lequel elle s'entende – la seule chose qui s'y attache (*lo unico que prende*). Si l'on endommage la racine avec une pelle, elle ne reprendra pas après avoir été replantée, alors que si elle est blessée par un bâton, il y a de fortes chances que la plante ne le sente même pas.

– Et qu'allez-vous faire de cette racine, maintenant ?

– Je vais la couper. Mais vous devez vous éloigner. Allez chercher une autre plante et attendez que je vous appelle.

– Vous ne voulez pas que je vous aide ?

– Vous ne m'aiderez que si je vous le demande.

Je me suis éloigné, à la recherche d'une autre plante, tout en refoulant mon désir d'observer ce que faisait don Juan. Il m'a rejoint au bout d'un moment.

– Maintenant, a-t-il dit, nous allons chercher la femelle.

– Comment faites-vous la différence ?

– La femelle est plus haute et prend au-dessus du sol la forme d'un petit arbre. Le mâle s'étale près du sol et ressemble davantage à un buisson épais. Quand nous aurons déterré une femelle, vous verrez qu'elle présente une racine unique sur une certaine longueur avant de former une fourche. Le mâle a cette fourche au ras de la tige.

Nous avons cherché ensemble dans le champ de datura. Il m'a montré une plante, en disant : « Voilà une femelle. » Il a entrepris de la déraciner comme il l'avait fait pour l'autre. La racine une fois dégagée, j'ai vu qu'elle était bien comme il l'avait décrite. Je me suis à nouveau écarté pendant qu'il la déterrait.

– En arrivant chez lui, il a ouvert le paquet où se trouvaient les daturas. Il a pris le plus gros, le mâle, et il l'a lavé dans un grand plat de fer. Il a soigneusement détaché la terre qui se trouvait sur la racine, la tige et les feuilles. Après ce nettoyage méticuleux, il a séparé la tige de la racine en incisant tout autour de la jointure avec un petit couteau-scie, et en cassant d'un coup sec. Il a pris la tige et il a détaché, pour en faire des tas distincts, les feuilles, les fleurs, et les gousses épineuses des graines. Il a jeté tout ce qui était sec ou attaqué par les vers, et il n'a conservé que les parties intactes. Il a attaché les deux fourches de la racine ensemble avec deux morceaux de ficelle, il les a cassées en deux après avoir fait une incision superficielle à la jointure, et il a obtenu ainsi deux morceaux de racine de même taille.

Il a pris ensuite un morceau de toile à sac. Il a d'abord posé dessus les deux morceaux de racine liés ensemble ; il a posé dessus les feuilles en un petit tas bien net, les fleurs, les graines, et la tige. Puis il a fait un paquet avec la toile, dont il a noué les coins.

Il a répété exactement la même opération avec la plante femelle, sauf qu'au lieu de couper la racine, il a laissé la fourche intacte, en forme de Y à l'envers. Et il a fait un autre paquet avec tous les éléments. Quand il a eu fini, il faisait déjà nuit.

Mercredi 6 septembre 1961

En fin d'après-midi, la conversation a porté à nouveau sur l'herbe du diable.

– Il va falloir que nous nous occupions de cette plante, a dit soudain don Juan.

– Et qu'allez-vous en faire, lui ai-je demandé après un silence poli.

– Ces plantes que j'ai déterrées et coupées sont à moi ; c'est comme si elles étaient moi ; et je vais m'en servir pour vous enseigner la façon de dompter l'herbe du diable.

– Comment allez-vous faire ?

– L'herbe du diable est composée de parties (*partes*). Chacune de ces parties est différente ; chacune a son but et son emploi.

Il a écarté les doigts de sa main gauche, et il a marqué sur le sol la distance entre son pouce et l'annulaire.

– Voilà ma portion. Vous mesurerez la vôtre de votre propre main. Pour marquer votre pouvoir sur l'herbe, il faut commencer par prendre la première portion de racine. Mais comme c'est moi qui vous ai amené à elle, vous devez prendre la première portion de racine de *ma* plante. Je l'ai mesurée pour vous, si bien que c'est en fait *ma* portion que vous devez prendre pour commencer.

Il est allé dans la maison chercher un des paquets en toile à sac. Il s'est assis et il l'a couvert. C'était la plante mâle. J'ai remarqué aussi qu'il n'y avait qu'un seul morceau de racine. Il l'a pris et il l'a tenu à la hauteur de mon visage.

– Voici votre première portion. Je vous la donne. Je l'ai coupée pour vous. Je l'ai mesurée comme pour moi. Et maintenant, je vous la donne.

J'ai eu un instant la crainte de devoir la ronger comme une carotte, mais il l'a mise dans un petit sac en coton blanc.

Il est allé au fond de la maison s'asseoir les jambes en tailleur, et à l'aide d'un *mano* rond, il a commencé à écraser la racine à l'intérieur du sac. Il s'appuyait sur une pierre plate qui lui servait de mortier. De temps en temps, il lavait les deux pierres, et il conservait l'eau dans une petite cuvette en bois.

Tout en se livrant à cette occupation, il chantait quelque chose d'inintelligible, d'une voix douce et monotone. Après avoir réduit la racine en pulpe, il l'a mise dans la cuvette. Il a mis également son mortier et son pilon dans la cuvette qu'il a remplie d'eau, et il a emporté le tout jusqu'à une sorte d'auge rectangulaire qui se trouvait le long de la clôture derrière la maison.

Il fallait, a-t-il dit, que la racine trempe ainsi toute la nuit, dehors, pour qu'elle profite de l'air nocturne (*el sereno*).

« S'il fait demain une journée chaude et ensoleillée, ce serait un signe excellent », a-t-il dit.

Dimanche 10 septembre 1961

Le jeudi 7 septembre a été une journée ensoleillée et chaude. Don Juan a semblé très satisfait de ce signe favorable, et il a répété plusieurs fois que j'avais sans doute plu à l'herbe du diable. La racine avait trempé toute la nuit et vers dix heures nous sommes allés derrière la maison. Il a pris la cuvette dans l'auge, il l'a posée sur le sol et il s'est assis à côté. Il a pris le sac et il l'a frotté contre le fond de la cuvette. Il l'a tenu à quelques centimètres au-dessus de l'eau et il l'a pressé, puis il a laissé tomber le sac dans l'eau. Il a recommencé trois fois, puis il a jeté le sac dans l'auge, et il a laissé la cuvette au soleil.

Nous sommes revenus deux heures plus tard. Il avait apporté une bouilloire de taille moyenne, pleine d'une eau bouillante jaunâtre. Il a soigneusement incliné la cuvette, et il a vidé le dessus de l'eau, conservant le dépôt épais qui s'était accumulé dans le fond. Il a versé l'eau bouillante sur ce dépôt et il a reposé la cuvette au soleil.

Il a recommencé trois fois à plus d'une heure d'intervalle. Finalement, il a jeté presque toute l'eau de la cuvette. Cette cuvette, il l'a posée légèrement inclinée pour qu'elle recueille le soleil de cette fin d'après-midi, et il est parti.

Quand nous sommes revenus plusieurs heures plus tard, il faisait nuit. Il restait au fond de la cuvette une substance gluante. On aurait dit de l'amidon, d'un blanc grisâtre. Il pouvait y en avoir une cuillerée à thé. Il a emporté la cuvette dans la maison, et après avoir mis de l'eau à bouillir, il a ôté un peu de terre que le vent avait fait tomber dans le dépôt. Il m'a regardé en riant.

« Ce n'est pas un peu de terre qui ferait du mal à quelqu'un. »

L'eau a commencé à bouillir, il en a versé environ une tasse dans la cuvette. C'était la même eau jaunâtre dont il s'était servi auparavant. Cela a dissous le dépôt, pour former une substance laiteuse.

– Quelle sorte d'eau est-ce, don Juan ?

– L'eau des fleurs et des fruits du canyon.

Il a vidé le contenu de la cuvette dans une vieille chope en grès qui ressemblait à un pot de fleurs. C'était encore brûlant, et il a soufflé dessus pour faire refroidir. Il a goûté et il m'a tendu la chope.

– « Maintenant, buvez », a-t-il dit.

– J'ai pris la chope sans réfléchir, et j'ai bu le tout. Cela avait un goût vaguement amer, mais très peu prononcé. Ce qui était le plus remarquable, c'était l'âcre odeur de cafard que dégageait cette eau.

Je me suis presque immédiatement mis à transpirer. J'avais très chaud, le sang me montait aux oreilles. J'ai vu un rond rouge devant mes yeux, et les muscles de mon estomac ont été l'objet de contractions douloureuses. Au bout d'un moment, la douleur s'étant apaisée, je me suis mis à frissonner, et j'ai été inondé de sueur.

Don Juan m'a demandé si je voyais du noir ou des points noirs devant mes yeux. Je lui ai répondu que je voyais tout en rouge.

Mes dents s'entrechoquaient, des vagues nerveuses incontrôlables me submergeaient, comme irradiées du milieu de ma poitrine.

Il m'a demandé ensuite si j'avais peur. Ses questions me semblaient vides de toute signification. Il était bien évident que j'avais peur, lui ai-je répondu, mais il a insisté pour savoir si c'était d'elle que j'avais peur. Je n'ai pas compris ce qu'il voulait dire, et j'ai répondu oui. Il a ri en prétendant que je n'avais pas vraiment peur. Voyais-je toujours tout en rouge ? Tout ce que je voyais devant mes yeux, c'était un énorme rond rouge.

Je me suis senti mieux. Les spasmes nerveux disparaissaient, il ne restait qu'une fatigue avec un engourdissement somme toute agréable. Je tombais de sommeil, je ne parvenais plus à tenir mes yeux ouverts, encore que j'entendisse parfaitement la voix de don Juan. Je me suis endormi. Mais la sensation d'être submergé dans une masse rouge devait durer toute la nuit. Même mes rêves étaient en rouge.

Je me suis réveillé le dimanche vers trois heures de l'après-midi. J'avais dormi près de deux jours. J'avais l'estomac tout barbouillé et un léger mal de tête, avec de temps en temps des crampes aiguës dans les intestins. A part cela, c'était comme n'importe quel réveil. J'ai trouvé don Juan en train de somnoler devant sa maison. Il m'a souri.

– Tout s'est très bien déroulé la nuit dernière, a-t-il dit. Vous avez tout vu en rouge, et c'est cela qui était important.

– Et que ce serait-il passé si je n'avais pas tout vu en rouge ?

– Vous auriez tout vu en noir, et cela aurait été de mauvais présage.

– Et pourquoi cela ?

– Lorsqu'on voit du noir, cela prouve qu'on n'est pas fait pour l'herbe du diable, on se met à vomir ses entrailles, tout vert et noir.

– On en meurt ?

– Je ne pense pas qu'on en meurt, mais on reste longtemps malade.

– Et lorsqu'on voit tout en rouge ?

– On ne vomit pas, la racine donne une sensation de plaisir, cela signifie qu'on est d'une nature violente et forte – c'est ce qu'aime l'herbe. C'est sa façon de séduire. L'ennui, c'est que l'on devient l'esclave de l'herbe, en contrepartie du pouvoir qu'elle donne. Et cela, nous ne le contrôlons pas. L'homme vit pour apprendre. Et s'il apprend, c'est sa destinée, bonne ou mauvaise.

– Que vais-je faire maintenant, don Juan ?

– Vous devez planter une bouture (*brote*) que j'ai coupée sur l'autre moitié de la première portion de racine. Vous en avez pris la moitié l'autre nuit, et il faut maintenant planter l'autre moitié. Il faut qu'elle grandisse et porte des graines avant que vous puissiez entreprendre la domestication de la plante.

– Et comment m'y prendrai-je ?

– C'est par la racine qu'on y parvient. Pas à pas, il vous faudra apprendre les secrets de chaque partie de la racine. Et cela afin d'acquérir la puissance.

– Chaque portion est-elle préparée de la même façon que la première ?

– Non, chaque portion est différente.

– Quels sont les effets spécifiques de chaque portion ?

– Comme je l'ai déjà dit, chacune enseigne une forme différente de pouvoir. Ce que vous avez pris l'autre nuit n'est rien encore. C'est à la portée de n'importe qui. Seuls les *brujos* vont plus loin. Et je ne peux pas vous en dire davantage, car j'ignore encore si elle voudra de vous. Il faut attendre.

– Et quand pourrez-vous me le dire ?

– Quand la plante aura grandi et produit des graines.

– Si cette première partie est à la portée de n'importe qui, à quoi sert-elle ?

– Dilué, c'est bon pour toutes sortes de choses concernant la virilité, pour les vieillards devenus impuissants, les jeunes gens en quête d'aventures, ou les femmes avides de passion.

– Vous m'avez dit qu'on utilisait cette racine pour la puissance, mais je vois que ses usages sont divers, n'est-ce pas ?

Il m'a longtemps regardé, et j'avais de la peine à soutenir ce regard. Je sentais que ma question l'avait irrité, mais j'ignorais pourquoi.

– On n'utilise l'herbe que pour la puissance, dit-il finalement d'un ton sec. L'homme qui veut retrouver sa vigueur, le jeune homme qui veut pouvoir supporter la fatigue et la faim, l'homme qui veut en tuer un autre, la femme qui se veut en chaleur – tous souhaitent la puissance. Et cela, l'herbe peut leur donner. Croyez-vous l'aimer ?

– Je ressens une étrange vigueur.

C'était la vérité. Je l'avais remarqué en me réveillant, et cela durait encore. C'était une bizarre sensation, une sorte de malaise, ou plutôt de frustration. Tout mon corps semblait se tendre sous l'effet d'une force qui me rendait tout léger. Les bras, les jambes me démangeaient, mes épaules semblaient se gonfler, j'avais dans le dos et dans la nuque quelque chose qui me donnait envie de me frotter aux arbres, de soulever des choses. Il me semble que j'aurais pu défoncer un arbre en fonçant dedans tête baissée.

Nous n'avons plus rien dit, et nous sommes restés assis sous la véranda. Don Juan s'endormait. Il dodelinait de la tête. Puis il a allongé les jambes, et il s'est étendu sur le sol les mains sous la nuque. Il s'est endormi. Je me suis levé et je suis allé derrière la maison. Là, j'ai dépensé mon surcroît d'énergie à nettoyer l'enclos de tout ce qui s'y était accumulé. Je me souvenais qu'un jour il m'avait dit qu'il aimerait bien que je l'aide à le faire.

Quand il s'est réveillé et qu'il est venu me voir, j'étais déjà beaucoup plus détendu.

Nous nous sommes assis pour manger, et au cours du repas, il m'a demandé trois fois comment je me sentais. C'était très exceptionnel chez lui, si bien que je lui ai demandé : « Et pourquoi cela vous inquiète-t-il, don Juan ? Vous attendiez-vous à ce que j'aie une mauvaise réaction après avoir bu ce jus ? »

Il a ri. Il se conduisait, me semblait-il, comme un enfant taquin qui a monté une bonne farce et qui vient de temps en temps voir comment cela marche. Toujours en riant, il a dit :

– Vous n'avez pas l'air malade. Et tout à l'heure, vous m'avez même parlé sèchement.

– Certainement pas, don Juan. Je ne me rappelle pas du tout vous avoir parlé de la sorte.

J'ai dit cela très sérieusement, car de fait je ne me souvenais pas d'avoir éprouvé de l'agacement à son égard.

– Vous vous êtes emporté pour sa défense, a-t-il ajouté.

– La défense de qui ?

– De l'herbe du diable. On aurait déjà dit un amant.

J'allais vigoureusement protester, mais je me suis dominé.

– Je ne m'étais pas rendu compte que je l'avais défendue.

– Évidemment. Vous ne vous rappelez pas ce que vous avez dit, naturellement ?

– Non, je dois l'admettre.

– Vous voyez bien. L'herbe du diable est comme ça. Elle s'insinue comme une femme. On ne s'en rend même pas compte. On se sent bien, fort, c'est tout ce qui semble compter. On sent ses muscles se gonfler, les poings vous démangent, on a la plante des pieds qui brûle, on voudrait renverser quelqu'un. Quand on la connaît bien, on est plein d'appétits insatiables. Mon bienfaiteur disait que l'herbe du diable conserve ceux qui veulent la puissance et qu'elle se débarrasse de ceux qui ne savent pas la dominer. Mais c'était plus fréquent en ce temps-là ; on recherchait la puissance davantage. Mon bienfaiteur était un homme très puissant, et d'après ce qu'il me racontait, son bienfaiteur à lui avait été encore plus avide de pouvoir. Mais en ce temps-là, cela se justifiait.

– Et plus de nos jours ?

– Pour vous, si. Vous êtes jeune. Vous n'êtes pas indien. L'herbe du diable vous serait peut-être utile. Elle a semblé vous plaire. Vous vous êtes senti fort. J'ai éprouvé tout cela moi aussi, mais ça ne m'a pas plu.

– Pouvez-vous me dire pourquoi, don Juan ?

– Je n'aime pas son pouvoir. On n'en a plus besoin. Naguère, à l'époque dont me parlait mon bienfaiteur, il existait des raisons de rechercher la puissance. Certains accomplissaient des exploits incroyables, on les admirait pour leur force, on les craignait et on les respectait pour leur savoir. Il m'a raconté des choses phénoménales d'il y a bien bien longtemps. Mais aujourd'hui, nous autres Indiens, nous ne recherchons plus la puissance. Maintenant, les Indiens se frottent avec cette herbe. Ils se servent des feuilles et des fleurs pour d'autres choses. Ils prétendent même que cela guérit les furoncles. Mais ils ne recherchent pas sa puissance, qui agit comme un aimant, de plus en plus forte et dangereuse à mesure que l'on s'enfonce plus profondément dans le sol. Lorsqu'on arrive à près de quatre mètres – on prétend que certains l'ont fait – on trouve le siège d'une puissance permanente, illimitée. Peu d'hommes y sont arrivés dans le passé, et personne de nos jours. Je vous le répète, nous autres Indiens, nous n'avons plus besoin de cette puissance. Je crois que cela a peu à peu cessé de nous intéresser, et cela n'a plus d'importance. En tout cas, je ne la recherche pas et cependant, quand j'avais votre âge, j'ai moi aussi ressenti cette énergie en moi. Cette impression que vous avez aujourd'hui, je l'ai eue, cinq cents fois plus forte. J'ai tué un homme d'un seul coup du bras, j'ai soulevé pour les lancer au loin d'énormes pierres que vingt hommes n'avaient pas réussi à déplacer. Un jour, j'ai sauté si haut que j'ai arraché des feuilles au sommet des arbres les plus hauts. En pure perte ! Simplement pour effrayer des Indiens – rien que des Indiens. Ceux qui ignoraient tout de cela n'y ont pas cru. Ils n'ont vu qu'un Indien fou, ou bien quelque chose qui s'agitait à la cime des arbres.

Nous sommes restés longtemps sans rien dire. Puis j'ai eu envie de parler.

– C'était différent, a-t-il commencé, quand il y avait sur la terre des gens qui savaient que l'homme peut devenir comme le lion de la montagne, ou comme l'oiseau, qu'on pouvait voler. Alors, je ne me sers plus de l'herbe du diable. A quoi bon ? Pour faire peur aux Indiens ? (*Para que ? Para asustar a los indios ?*)

Jeudi 23 novembre 1961

En arrivant, je n'ai pas vu don Juan assis sous sa véranda. Cela m'a étonné. Je l'ai appelé et sa bru est sorti de la maison « Il est à l'intérieur », m'a-t-elle dit.

J'ai découvert qu'il s'était foulé la cheville plusieurs semaines auparavant. Il s'était confectionné un plâtre en trempant des bandes d'étoffe dans un mélange fait de cactus et d'os en poudre. En séchant cela avait formé comme un plâtre léger et profilé, aussi dur, mais beaucoup plus léger.

– Comment est-ce arrivé ? lui ai-je demandé.

Sa bru une Mexicaine du Yucatan qui s'occupe de lui, m'a répondu. « C'est un accident. Il est tombé et il a failli se casser le pied. »

Don Juan a ri et il a attendu que la femme s'en aille.

– Un accident, vous pensez ! J'ai une ennemie dans les environs. Une femme, « la Catalina ». Elle m'a poussé pendant un moment de faiblesse et je suis tombé.

– Pourquoi a-t-elle fait cela ?

– Elle voulait me tuer, voilà tout.

– Elle était ici avec vous ?

– Oui.

– Mais pourquoi l'avez vous laissée entrer ?

– Mais non, elle est entrée en volant.

– Je vous demande pardon ?

– C'est un merle (*chanate*). Elle s'y prend très bien. J'ai été surpris. Il y a longtemps qu'elle essaie de se débarrasser de moi. Elle a bien failli réussir cette fois-ci.

– Vous avez dit que c'était un merle ? Alors, c'est un *oiseau* ?

– Vous voilà encore avec vos questions. Bien sûr que c'est un merle. Comme je suis un corbeau. Suis-je un homme ou un oiseau ? Je suis un homme qui sait comment devenir un oiseau. Mais pour en revenir à La Catalina, c'est vraiment une sale sorcière. Son envie de me tuer est si forte que j'arrive tout juste à la repousser. Le merle est entré jusque dans ma maison et je n'ai pas pu l'arrêter.

– Vous pouvez devenir un oiseau, don Juan ?

– Oui. Mais nous en parlerons plus tard.

– Pourquoi veut-elle vous tuer ?

– Oh, c'est une vieille histoire. C'en est au point qu'il faudra que je me débarrasse d'elle avant qu'elle ne me fasse mon affaire.

– Utiliserez-vous la sorcellerie ?

Je lui ai demandé cela plein d'espoir.

– Ne soyez pas stupide. Cela ne marcherait pas avec elle. J'ai d'autres plans, dont je vous parlerai un jour.

– Votre allié peut-il vous protéger contre elle ?

– Non. La petite fumée me dit seulement ce que je dois faire. C'est à moi ensuite de me protéger.

– Et le Mescalito ? Peut-il vous protéger contre elle ?

– Non. Le Mescalito est un professeur, pas une puissance que l'on puisse utiliser à des fins personnelles.

– Et l'herbe du diable ?

– Je vous ai dit que je devais me protéger moi-même, en suivant les directives de mon alliée la petite fumée. Autant que je sache, la fumée peut tout. Que vous vouliez savoir quoi que ce soit, la fumée vous le dira. Elle vous donnera non seulement le savoir, mais aussi la façon. C'est le plus merveilleux allié qu'on puisse trouver.

– Est-ce vrai pour tout le monde ?

– Ce n'est pas la même chose pour n'importe qui. Beaucoup en ont peur et ils n'y toucheraient pour rien au monde ; la fumée, c'est comme tout, elle n'a pas été faite pour tous.

– Quelle genre de fumée est-ce, don Juan ?

– La fumée des devins.

J'ai remarqué dans sa voix un respect particulier, une nuance que je n'avais jamais entendue jusque-là.

– Je commencerai par vous raconter exactement ce que mon bienfaiteur m'a dit lorsqu'il a commencé à m'enseigner ce sujet. Mais à cette époque, j'étais comme vous, je ne pouvais pas comprendre. « L'herbe du diable est pour ceux qui recherchent la puissance. La fumée est pour ceux qui observent. » A mon avis, rien ne l'égale. Lorsqu'on pénètre dans son domaine, on dispose de tous les pouvoirs, c'est extraordinaire. Bien sûr, cela prend toute une vie. Il faut des années pour connaître ses deux parties essentielles, la pipe et ce qu'on fume. Cette pipe m'a été offerte par mon bienfaiteur, et elle est devenue à moi après des années de maniement. Elle s'est faite à moi. Par exemple, si je vous la donnais, ce serait pour moi une tâche très difficile, et pour vous une épreuve très délicate, si toutefois vous y parveniez. La pipe souffrirait d'être maniée par un autre, et si nous faisions l'un ou l'autre une erreur, rien ne pourrait empêcher cette pipe d'éclater d'elle-même, ou d'échapper à nos mains pour aller se fracasser, même sur une botte de paille. Si cela arrivait, ce serait pour nous deux la fin. Surtout pour moi. La fumée se retournerait contre moi de façon imprévisible.

– Comment pourrait-elle se retourner contre vous puisque vous êtes son allié ?

Ma question avait dû contrarier le fil de ses pensées, car il est longtemps resté silencieux.

– La difficulté, reprit-il soudain, c'est que le mélange qu'on y fume est composé des substances les plus dangereuses que je connaisse. On ne saurait le préparer sans avoir été instruit auparavant. Cela constituerait un poison motel pour tout autre que son protégé. Il convient de traiter la pipe et ce qu'on y fume avec les soins les plus délicats. Et celui qui décide d'apprendre cela doit s'y préparer par une vie tranquille et exigeante. Ses effets sont tels que la plus petite bouffée exige énormément de force. D'abord, tout semble terrifiant et incompréhensible, puis tout s'éclaircit au fur et à mesure des bouffées. Soudain le voile se déchire. Extraordinaire. A ce stade, la fumée est devenue une alliée, elle pourra résoudre tous les problèmes, car elle permet de pénétrer dans des mondes inimaginables. C'est la plus remarquable propriété de la petite fumée, et son plus grand don. Et cela sans provoquer le moindre mal. A mon avis, la fumée est la véritable alliée.

Nous étions assis comme d'habitude devant sa maison, sur le sol de terre battue toujours bien balayé. Il s'est levé et il est entré dans la maison. Il est revenu au bout de quelques instants avec un paquet étroit et il s'est assis.

– Voici ma pipe.

Il s'est penché en avant et il m'a montré la pipe qu'il venait de tirer de son étui de toile verte. Elle faisait près de vingt-cinq centimètres de long. Le tuyau était taillé dans un bois rougeâtre. Il était lisse et sans ornements. Le foyer semblait lui aussi être en bois, massif par rapport à la minceur du tuyau, poli et gris sombre, presque la couleur du charbon de bois.

Il tenait cette pipe à la hauteur de mon visage, comme s'il me l'offrait. J'ai tendu la main, mais il a vite écarté cette pipe.

« Cette pipe m'a été donnée par mon bienfaiteur, a-t-il dit. Je vous la léguerai à mon tour. Mais il faut d'abord appendre à la connaître. Je vous la prêterai à chaque fois que vous viendrez. Il faut commencer par la toucher. Peu de temps d'abord, il faut que la pipe et vous, vous vous accoutumiez l'un à l'autre. Puis vous la mettrez dans votre poche, ou peut-être sous votre chemise. Et finalement à votre bouche. Il faudra faire tout cela très progressivement. Il faut que des relations s'établissent (*la amistad esta hecha*) puis vous pourrez la fumer. Si vous suivez mes conseils sans vous hâter, peut-être la petite fumée deviendra-t-elle également votre alliée préférée ».

Il m'a tendu la pipe mais sans me la laisser toucher. J'ai tendu la main droite.

« Les deux mains », a-t-il dit.

J'ai touché la pipe à deux mains pendant un bref instant. Il la tendait juste assez pour que je puisse l'atteindre... Puis il l'a éloignée.

– D'abord, on allume la pipe. Il y faut du temps.

– Et si je ne plais pas à la pipe ?

– Ce n'est pas possible, mais vous devez apprendre à l'aimer pour que, lorsque le moment sera venu pour vous de la fumer, elle vous aide à ne pas avoir peur.

– Que fumez-vous, don Juan ?

– Ceci.

Il a ouvert son col et il m'a montré un petit sachet qu'il conservait sous sa chemise, accroché au cou comme un médaillon. Il l'a sorti, il l'a détaché, et il a soigneusement versé un peu de son contenu dans sa paume.

On aurait vaguement dit du thé très finement haché. La couleur variait du brun foncé au vert clair, avec quelques fragments d'un jaune vif.

Il a reversé le mélange dans le sachet qu'il a refermé, lié avec un lacet de cuir et remis sous sa chemise.

– De quoi est-ce fait ?

– Beaucoup de choses qu'il est très difficile de rassembler. Il faut aller loin. Ces petits champignons (*los honguitos*) nécessaires pour préparer le mélange ne poussent qu'en un certain lieu à un certain moment de l'année.

– Existe-t-il un seul mélange pour les différentes aides dont vous pourriez avoir besoin ?

– Oui. Il n'existe qu'une seule petite fumée, et rien d'autre.

Il a montré du doigt le sac sur sa poitrine, et il a soulevé la pipe qu'il avait posée sur ses genoux.

– Et ces deux-là ne font qu'un, l'un ne va pas sans l'autre. Cette pipe et le secret de ce mélange ont appartenu à mon bienfaiteur. Et ils lui avaient été remis comme lui me les a remis. Ce mélange est difficile à préparer, mais c'est possible. Son secret réside dans ses composants, et à la façon dont on prépare le mélange. Pour la pipe, c'est l'affaire de toute une vie. Il faut y veiller avec un soin infini. Elle est solide, mais il ne faut ni la frapper ni la cogner. On doit la tenir avec des mains sèches, jamais quand elles sont en sueur, et on ne doit s'en servir que lorsqu'on est seul. Et personne, absolument personne, ne doit la voir, à moins qu'on ait le dessein de la lui donner un jour. Voilà ce que m'a appris mon bienfaiteur, et c'est ainsi que j'ai agi toute ma vie.

– Et qu'arriverait-il si vous perdiez ou si vous cassiez cette pipe?

Il hocha lentement la tête.

– Je mourrais.

– Les pipes de tous les sorciers sont-elles comme la vôtre?

– Ils n'ont pas tous des pipes comme la mienne. Mais je connais certaines personnes qui en possèdent.

– Pourriez-vous en fabriquer une, don Juan? Imaginons

que vous n'en ayez pas, comment feriez-vous pour pouvoir m'en donner une?

– Si je ne possédais pas de pipe, il me serait impossible de vous en donner une, et l'idée ne m'en viendrait même pas. Je vous donnerais alors autre chose.

Je semblais l'avoir irrité. Il replaça soigneusement la pipe dans son étui, qui devait être doublé d'un tissu très doux, car la pipe glissait parfaitement. Ensuite, il est retourné dans la maison ranger la pipe.

– Vous ai-je irrité, don Juan?

Ma question a semblé le surprendre.

– Non, je ne m'irrite jamais contre quelqu'un. Personne ne peut faire quelque chose d'assez grave pour cela. On s'emporte contre les gens quand on considère leurs actes comme importants. Et pour moi, ce n'est plus le cas depuis longtemps.

Mardi 26 décembre 1961

La date pour replanter la bouture n'avait pas été fixée de façon précise. C'était cependant la seconde étape dans la domestication de la plante.

Je suis arrivé chez Don Juan le samedi 23 décembre en début d'après-midi. Comme d'habitude, nous sommes restés silencieux un certain temps. La journée était chaude et nuageuse. Cela faisait des mois qu'il m'avait donné la première portion. Soudain, il a dit:

– Il est temps de replanter cette herbe. Mais il faut d'abord que je vous prépare un charme, que vous conserverez et qui vous protégera, et que vous devez être seul à voir. Je l'aurai vu également, puisque c'est moi qui vais le préparer. Mais cela n'a pas d'importance car, comme je vous l'ai dit, je ne tiens guère à cette herbe du diable, personnellement. Nous ne faisons pas qu'un. Et je ne m'en souviendrai pas longtemps. Je suis trop vieux. Cependant, il ne faudra le montrer à personne d'autre, car aussi longtemps que durerait leur souvenir de l'avoir vu, cela diminuerait le pouvoir du charme.

Il est entré dans la maison et il en a rapporté trois paquets enveloppés de toile à sac qu'il avait dissimulés sous une vieille natte de paille. Et puis il est revenu s'asseoir sous la véranda.

Il est resté longtemps silencieux, puis il a ouvert un des

paquets. C'était le *datura* femelle que nous avions ramassé ensemble. Les feuilles, les fleurs et les graines étaient toutes sèches : Il a pris la longue racine en forme de Y puis il a refermé le paquet.

La racine s'était desséchée, elle était toute ratatinée et tordue. Il l'a posée sur ses genoux, et il a sorti son couteau de sa bourse. Il m'a montré la racine sèche.

« Cette partie est pour la tête », m'a-t-il dit en faisant une première incision sur la queue du Y placée vers le haut. On aurait dit ainsi un homme les jambes écartées.

« Voici pour le cœur », et il a taillé près de la jointure du Y. Il a ensuite coupé les extrémités de la racine, laissant environ huit centimètres à chaque barre du Y. Et il a entrepris soigneusement de lui donner une silhouette humaine

La racine était sèche et fibreuse. Pour la sculpter, don Juan a fait deux incisions et il a pelé les fibres à la profondeur des entailles. Pour les détails il a attaqué le cœur du bois, ainsi pour les bras et les mains. Cela devait donner un petit personnage noueux, les bras contre la poitrine et les mains serrées l'une contre l'autre.

Don Juan s'est levé et il est allé jusqu'au grand agave bleu qui se dresse devant la maison. Il a choisi un piquant sur une des feuilles centrales, il l'a fléchi et fait tourner sur lui-même trois ou quatre fois, ce qui l'a détaché de la feuille. Il l'a alors pris entre ses dents et il a tiré. Le piquant s'est arraché à la chair de l'agave, et il en est sorti une sorte d'écheveau fibreux et qui pouvait bien faire soixante centimètres de long. Toujours avec le piquant entre ses dents, don Juan a tordu les fibres sur elles-mêmes entre ses paumes pour en faire une sorte de ficelle qu'il a entortillée autour des jambes serrées du petit personnage. Puis il a enroulé ce qui restait autour du corps. Ensuite, il a adroitement glissé le piquant comme une alêne sous les bras repliés pour que la pointe surgisse entre les mains jointes. Il a tiré doucement avec ses dents, et il a fait ressortir presque toute la longueur du piquant, qui ressemblait ainsi à un épieu. Puis sans regarder la petite statue, don Juan l'a glissé dans sa bourse de cuir. Là-dessus, semblant épuisé par ce travail, il s'est couché et il s'est endormi.

Quand il s'est réveillé, il faisait déjà nuit. Nous avons mangé les provisions que j'avais apportées et nous sommes restés assis sous la véranda. Puis don Juan a pris les trois paquets et il est allé derrière la maison allumer un feu de brindilles et de bois mort. Nous nous sommes installés confortablement puis il a ouvert les paquets. Il y avait celui qui contenait les morceaux secs de la plante femelle, un autre avec ce qui restait de la plante mâle et un troisième, assez volumineux, qui contenait des morceaux verts fraîchement coupés de *datura*.

Don Juan est allé à l'auge et il en est revenu avec un mortier de pierre très profond en forme de marmite et dont le fond était doucement incurvé. Il a creusé dans le sol un trou peu profond et il y a installé le mortier. Il a ajouté d'autres branches sur le feu, il a pris les deux paquets contenant les fragments secs et il les a vidés en même temps dans le mortier. Il a bien secoué la toile à sac pour être sûr que tous les débris étaient bien tombés dans le mortier. Puis dans le troisième paquet, il a pris deux morceaux de racine de *datura* fraîche.

– Je vais les préparer pour vous, a-t-il dit.

– De quel genre de préparation s'agit-il, don Juan ?

– Un morceau provient d'une plante mâle, l'autre d'une plante femelle. C'est le seul moment où l'on doive les réunir. Elles viennent d'une profondeur d'un mètre.

Il a écrasé les deux morceaux dans son mortier, à coups de pilon réguliers. Tout en faisant cela, il chantait une sorte de mélopée inarticulée et monotone, tout à fait inintelligible pour moi. Sa tâche semblait beaucoup l'absorber.

Lorsque les racines ont été complètement écrasées, il a pris dans le paquet quelques feuilles fraîches de *datura*. Elles étaient bien propres et l'on venait de les cueillir. Elles ne présentaient ni meurtrissures ni trous de vers. Il les a mises une à une dans le mortier. Puis il a pris une poignée de fleurs de *datura* et il les a mises dans le mortier de la même façon délibérée. J'en ai compté quatorze à chaque fois. Ensuite, il a pris une poignée de capsules de graines avec tous leurs piquants. Ces capsules n'étaient pas encore ouvertes. Je n'ai pas pu les compter parce qu'il les a jetées directement dans le mortier, mais j'imagine qu'il y en avait également quatorze. Il a ajouté trois tiges de *datura* sans leurs feuilles. Elles étaient d'un rouge sombre, propres, et elles semblaient avoir appartenu à une très grande plante, à en juger par leurs multiples ramifications.

Lorsque tout a été mis dans le mortier, il s'est mis à écraser le contenu d'un geste régulier. A un certain moment, il a incliné le mortier, il a pris ce qui restait dedans avec ses mains et il l'a vidé dans une vieille marmite. Il a tendu les mains vers moi. J'ai cru qu'il voulait que je les essuie. Au lieu de cela, il s'est emparé de ma main gauche et d'un mouvement rapide, il a écarté autant que possible le médius et l'annulaire. Il m'a alors frappé entre ces deux doigts avec la pointe de son couteau, en dérapant sur l'annulaire. Il avait fait cela avec beaucoup d'adresse. J'ai vivement écarté ma main. La coupure était profonde, le sang coulait en abondance. Il m'a empoigné la main, il l'a mise au-dessus de la marmite, et il l'a serrée pour faire couler davantage de sang.

J'avais le bras engourdi, j'étais atterré, étrangement glacé et endolori, la poitrine oppressée et les oreilles bourdonnantes. Je sentais que je glissais, j'allais m'évanouir. Il m'a lâché la main et il s'est mis à tourner le contenu de sa marmite. Quand je me suis senti mieux, j'ai vraiment éprouvé de la colère à son égard. Il m'a fallu un bon moment pour retrouver mon calme.

Il a posé trois pierres autour du feu et installé la marmite dessus. Aux divers ingrédients, il a ajouté ce qui m'a semblé être une bonne quantité de colle de menuisier, une cruche d'eau et il a laissé bouillir. Le *datura* a déjà une odeur bizarre, avec en plus de la colle de menuisier, qui a dégagé une forte odeur quand tout cela a commencé à bouillir, la vapeur était si nauséabonde que j'ai cru vomir.

Il a laissé le mélange bouillir longtemps. Nous étions restés assis devant le feu, immobiles. Parfois, quand l'odeur soufflait dans ma direction et m'enveloppait, je retenais mon souffle pour résister aux nausées.

Don Juan a ouvert sa bourse de cuir et il en a sorti le petit personnage. Il me l'a tendu avec précaution en me disant de le mettre dans la marmite sans me brûler les mains. Je l'ai laissé glisser doucement dans la bouillie en ébullition. Don Juan a sorti son couteau, et j'ai cru qu'il allait encore m'en donner un coup. Mais il s'en est servi pour enfoncer la statuette dans la préparation.

Il a regardé tout cela bouillir pendant encore un certain temps, puis il a entrepris de nettoyer le mortier. Je l'ai aidé. Ensuite il a rangé le mortier et le pilon le long de la clôture.

Nous sommes rentrés dans la maison et la marmite est restée sur ses trois pierres toute la nuit.

Le lendemain à l'aube, don Juan m'a dit de sortir la statuette de cette colle et de l'accrocher au toit en direction de l'est, pour la faire sécher au soleil. A midi, elle était raide comme du fil de fer. La chaleur avait solidifié la colle à laquelle s'était mélangé le vert des feuilles. Le petit personnage avait acquis un étrange éclat.

Don Juan m'a demandé de le décrocher. Il m'a alors tendu une bourse de cuir qu'il avait taillée dans une vieille veste de daim que je lui avais apportée. Cette bourse ressemblait tout à fait à la sienne, sauf qu'elle était en daim marron.

– Mettez votre « image » dans cette bourse et refermez-la.

Il ne me regardait pas, et gardait volontairement la tête détournée. Lorsque le petit personnage a été dans la bourse, il m'a donné un filet, et il m'a dit d'y mettre le pot de terre.

Il est allé avec moi jusqu'à la voiture, il m'a pris le filet des mains, et il l'a attaché au couvercle ouvert de la boîte à gants.

– Venez avec moi, a-t-il dit.

Je l'ai suivi. Nous avons fait tout le tour de la maison dans le sens des aiguilles d'une montre. Il s'est arrêté sous la véranda, puis nous avons recommencé la même chose, en sens inverse. Il est resté alors immobile un instant, puis il s'est assis.

J'étais habitué à ce que tout ce qu'il faisait eût un sens, mais je me demandais ce que signifiaient ces tours de maison, lorsqu'il s'est exclamé : « Diable ! Je ne sais plus où je l'ai mis. »

Je lui ai demandé ce qu'il cherchait. Il a répondu qu'il ne savait plus où il avait mis la racine que je devais replanter. Nous avons fait le tour de la maison une fois de plus avant que cela ne lui revienne.

Il m'a montré un petit bocal de verre posé sur une planchette clouée au mur sous le toit. Il contenait l'autre moitié de la première portion de la racine de *datura*. Une petite couronne de feuilles avait poussé à son sommet. Le bocal contenait un peu d'eau, mais pas de terre.

– Pourquoi n'y a-t-il pas de terre ? ai-je demandé.

– Toutes les terres ne sont pas les mêmes, et l'herbe du diable ne doit connaître que celle où elle vivra et grandira.

Le moment est venu de la replanter avant que des vers ne s'y attaquent.

– Peut-on la planter ici près de la maison ?

– Oh non. Pas par ici. Il faut la mettre dans un endroit qui vous plaise.

– Où vais-je le trouver ?

– Cela, je l'ignore. Où vous voudrez. Mais il faudra s'occuper d'elle soigneusement, car il faut qu'elle vive pour que vous possédiez la puissance. Si elle meurt, cela voudra dire qu'elle ne veut pas de vous, et qu'il faut la laisser tranquille : elle ne vous apportera pas le pouvoir. Il faudra donc bien la soigner, pour qu'elle grandisse, sans pourtant la gâter.

– Pourquoi cela ?

– Parce que si elle ne veut pas grandir, il est inutile de l'y inciter. D'un autre côté, vous devez montrer votre attachement, éloigner les vers et l'arroser quand vous venez la voir. Il faudra le faire régulièrement jusqu'à ce qu'elle donne des graines. Quand elles apparaîtront, nous serons sûrs qu'elle veut bien de vous.

– Mais, don Juan, je ne pourrai pas m'occuper de cette plante comme vous le voulez.

– Il le faudra bien pourtant, si vous voulez sa puissance. Il n'existe pas d'autre moyen.

– Vous ne pouvez pas vous en occuper pour moi quand je ne suis pas là, don Juan ?

– Non, certainement pas. Chacun doit s'occuper de sa propre plante. J'avais la mienne. Vous devez maintenant avoir la vôtre. Et ce n'est qu'après les graines, comme je viens de vous le dire, que vous pourrez vous considérer comme prêt à apprendre.

– A votre avis, où devrais-je la replanter ?

– Ce n'est pas à moi d'en décider. Et vous devez être le seul à en connaître l'endroit. Il ne faudra même pas me le dire à moi. Si un étranger vous suit ou vous voit, il faudra vous sauver ailleurs avec votre plante, car on pourrait vous faire énormément de mal par l'intermédiaire de cette plante. Vous estropier, ou vous tuer. C'est pour cela que même moi je devrai ignorer où elle est.

Il m'a tendu le petit bocal.

– Prenez-la maintenant.

Je l'ai prise. Puis il m'a presque traîné jusqu'à ma voiture.

– Il faut partir maintenant. Partez à la recherche d'un endroit convenable. Creusez un trou profond, près d'un point d'eau. N'oubliez pas qu'il faut qu'elle soit à proximité de l'eau pour grandir. Vous creuserez le trou avec vos mains nues, même si cela doit les mettre en sang. Vous mettrez le plant au milieu du trou, puis vous ferez une petite butte (*pilon*) autour. Vous la recouvrirez d'eau. Quand toute l'eau aura disparu, vous remplirez le trou de terre meuble. Vous repérerez alors un endroit à deux pas du plant vers le sud-ouest. Vous creuserez un second trou, toujours avec les mains, et vous y verserez ce qu'il y a dans le pot. Cassez ensuite ce pot et enterrez-le ailleurs, loin de l'endroit où se trouve le plant. Le pot une fois enterré, vous reviendrez à votre plant l'arroser une fois de plus. Vous prendrez ensuite votre image avec les deux doigts entre lesquels se trouve la blessure et, debout à l'endroit où se trouve la colle, vous toucherez légèrement la plante avec l'épine. Vous ferez quatre fois le tour de la plante, en vous arrêtant à chaque fois au même endroit pour la toucher.

– Faudra-t-il le faire dans un certain sens?

– N'importe lequel. Mais il ne faudra surtout pas oublier dans quelle direction est enterrée la colle, et dans quel sens vous avez tourné autour de la plante. Touchez la plante légèrement, sauf la dernière fois, où là il faudra enfoncer profondément. Mais faites cela très soigneusement, mettez-vous à genoux pour avoir la main plus sûre. Il ne faut pas que l'épine se casse. Autrement, c'est fini. La racine ne vous serait d'aucun usage.

– Faudra-t-il prononcer certaines paroles en décrivant ces cercles?

– Je le ferai pour vous.

Samedi 27 janvier 1962

Comme j'arrivais ce matin-là à sa maison, don Juan m'a tout de suite dit qu'il allait me montrer comment préparer le mélange à fumer. Nous sommes partis pour les collines et nous avons pénétré assez profondément dans l'un des canyons. Il s'est arrêté à côté d'un grand arbuste élancé dont la couleur contrastait fortement avec la végétation des environs. Tout autour, le chaparral était jaunâtre, alors que l'arbuste était d'un vert vif.

« Sur cet arbre, dit-il, on prend des feuilles et des fleurs. Le bon moment, c'est le jour de la Fête des morts (*el dia de las animas*). »

Il sortit son couteau et il coupa l'extrémité d'une branche mince. Puis il a recommencé avec une autre branche, et ainsi de suite, jusqu'à avoir une poignée de ces rameaux. Puis il s'est assis sur le sol.

« Regardez, dit-il. J'ai coupé toutes ces branches au-dessus de la fourche formée par une ou deux feuilles et la branche. Vous voyez ? Elles sont toutes pareilles. Je n'ai pris que l'extrémité de chaque branche, là où les feuilles sont fraîches et bien tendres. Cherchons maintenant un coin à l'ombre. »

Nous avons marché et il a fini par trouver ce qu'il cherchait. Il a sorti une longue ficelle de sa poche , il l'a tendue entre deux buissons, faisant ainsi une sorte de corde à linge sur laquelle il a placé les petites branches à cheval, bien régulièrement. Ainsi suspendues par la fourche que formait la tige et les feuilles, on aurait dit une rangée de petits cavaliers verts.

« On dit que les feuilles doivent sécher à l'ombre, dit-il. Il faut choisir un endroit écarté et d'accès difficile. De cette façon, les feuilles seront protégées. On les laissera donc sécher dans un endroit presque impossible à découvrir. Une fois sèches, on en fera un paquet scellé. »

Là-desus, il a pris les petites branches sur la ficelle, et il les a jetées dans les buissons. Il avait donc simplement voulu me montrer comment il fallait s'y prendre.

Nous avons repris notre marche et nous avons ramassé trois variétés de fleurs. Il a précisé qu'il fallait toujours les cueillir au même moment. Mais on les mettait ensuite dans des pots de terre différents, à sécher dans l'obscurité. On mettait des couvercles sur ces pots pour que les fleurs moisissent à l'intérieur. Le rôle des feuilles et des fleurs était d'adoucir le mélange.

Nous sommes sortis du canyon, et nous avons marché vers la rivière. Puis nous sommes revenus chez lui après un long détour. Tard ce soir-là, nous sommes allés nous asseoir dans sa chambre, ce qu'il m'autorisait rarement à faire, et il m'a parlé du dernier ingrédient du mélange, les champignons.

« Le secret du mélange réside dans les champignons, dit-il. Et c'est ce qu'il y a de plus difficile à trouver. Le voyage jusqu'à l'endroit où ils poussent est long et dangereux, et le choix est encore plus périlleux. Ils poussent aux alentours d'autres variétés de champignons tout à fait inutiles. Ils gâcheraient l'effet des bons si on les mettait à sécher ensemble. Il faut beaucoup de temps pour apprendre à les distinguer sans risque d'erreur. Si l'on se trompait, il pourrait en résulter de graves dangers – pour le fumeur et pour sa pipe. On peut tomber raide mort, à fumer la mauvaise fumée. J'en connais à qui cela est arrivé.

« Dès que les champignons sont ramassés, on les met dans une gourde, si bien qu'il est impossible de vérifier après. Vous comprenez, il faut les émietter pour pouvoir les faire passer par le petit goulot de la gourde.

– Comment éviter une erreur ?

– En faisant très attention et en sachant choisir. Je vous ai dit que c'était très délicat. Dompter la fumée, ce n'est pas à la portée de tout le monde. La plupart n'essaient même pas.

– Combien de temps garde-t-on les champignons dans la gourde ?

– Un an. On garde tous ces ingrédients scellés pendant un an. On pèse des quantités égales de chacun et on les réduit séparément en poudre très fine. Ce n'est pas la peine pour les petits champignons, car ils tomberont d'eux-mêmes en poussière. Il n'y a qu'à écraser quelques morceaux plus gros. On met quatre parts de champignons pour une de tout le reste mélangé. Puis quand tout est mélangé, on le met dans un sac comme le mien. »

Il a montré le petit sac pendu sous sa chemise.

« Puis tous les ingrédients sont rassemblés à nouveau et une fois secs, le mélange est prêt à être fumer. Dans votre cas, vous le fumerez l'an prochain. L'année suivante, le mélange sera vraiment le vôtre, car vous l'aurez ramassé vous-même. La première fois que vous le fumerez, j'allumerai moi-même votre pipe. Vous fumerez le mélange dans le fourneau puis vous attendrez. La fumée viendra. Vous la sentirez. Elle vous permettra de voir tout ce que vous souhaiterez voir. A vrai dire, c'est une alliée sans égal. Mais celui qui la recherche doit le faire avec une intention et souhaiter son retour avec une volonté sans faille, ou bien la fumée ne le laissera pas revenir. Ensuite, il faut avoir la volonté de se rappeler ce que la fumée lui aura permis de voir. Autrement, ce ne serait qu'un brouillard dans son esprit. »

Samedi 8 avril 1962

Dans nos conversations, don Juan utilisait constamment l'expression « homme de savoir », sans jamais expliquer ce qu'il entendait par là. Je le lui ai demandé.

– Un homme de savoir, c'est quelqu'un qui a suivi fidèlement les épreuves de l'étude. Un homme qui, sans hâte et sans hésitations, est allé aussi loin qu'il l'a pu dans la recherche des secrets de la puissance et du savoir.

– N'importe qui peut-il devenir un homme de savoir ?

– Non, pas n'importe qui.

– Alors que faut-il faire pour devenir un homme de savoir ?

– Il faut affronter et vaincre quatre ennemis naturels.

– On sera un homme de savoir après avoir vaincu ces quatre ennemis ?

– Oui. On ne saurait prétendre être un homme de savoir sans être capable de les vaincre tous les quatre.

– Alors, tous ceux qui ont vaincu ces quatre ennemis sont des hommes de savoir ?

– Celui qui les a vaincus devient un homme de savoir.

– Mais existe-t-il des conditions particulières à remplir avant d'affronter ces ennemis ?

– Non. Tout le monde peut essayer de devenir un homme de savoir. Peu y parviennent, ce qui est bien naturel. Les ennemis que l'on rencontre en chemin sur la route du savoir sont véritablement formidables. La plupart y succombent.

– De quels ennemis s'agit-il, don Juan ?

Il a refusé de me nommer ces ennemis. Il a dit que ce serait très long avant que le sujet ait un sens pour moi. J'ai insisté et je lui ai demandé si à son avis j'avais personnellement une chance de devenir un homme de savoir. Il m'a répondu que personne ne pouvait en être sûr. J'ai à nouveau insisté pour savoir s'il existait des indications permettant de déterminer si j'avais une chance de devenir un homme de savoir. Cela dépendrait de ma lutte contre les quatre ennemis – saurais-je les vaincre ou serais-je vaincu par eux ? – mais il était impossible de prévoir l'issue du combat.

Je lui ai alors demandé si grâce à la sorcellerie ou à la divination, il pourrait prévoir les résultats de cette lutte. Il a sèchement répondu qu'il était impossible de prévoir cela, car être un homme de savoir, ce n'est qu'un état temporaire. Quand je lui ai demandé d'expliquer cela, il m'a répondu :

– Etre un homme de savoir, cela n'a pas de permanence. On n'est jamais un homme de savoir, vraiment. On ne le devient que pour un bref instant, après avoir vaincu les quatre ennemis naturels.

– Vous devez me dire, don Juan, qui ils sont.

Il ne m'a pas répondu. J'ai encore insisté, mais il a abandonné ce sujet et il a commencé à parler d'autre chose.

Dimanche 15 avril 1962

Je m'apprêtais à partir, et j'ai décidé de lui demander encore une fois de me parler des ennemis d'un homme de savoir. Mon argument, c'était que je ne pourrais pas revenir le voir avant pas mal de temps, et que ce serait peut-être une bonne idée de noter ce qu'il avait à me dire à ce sujet pour pouvoir y réfléchir tout le temps de mon absence.

Il a hésité un moment, puis il s'est mis à parler.

– Lorsqu'un homme commence à apprendre, ses objectifs ne sont jamais clairs. Son dessein est vague, ses intentions imparfaites. Il espère en tirer un bénéfice qui ne se matérialisera jamais, dans son ignorance des difficultés de l'étude.

Il commence ensuite lentement à apprendre – par petits fragments d'abord, puis par vastes pans. Bientôt ses pensées se heurtent, ce qu'il apprend n'est pas ce qu'il avait imaginé, cela n'a pas l'aspect qu'il attendait, il prend peur. Le savoir est toujours inattendu. Chaque étape soulève une nouvelle difficulté, et la peur commence à envahir l'homme, impitoyable, opiniâtre. Il devient comme un champ de bataille.

Il vient ainsi de buter contre le premier de ses ennemis naturel : la peur. C'est un ennemi terrible – traître, difficile à surmonter, toujours caché au détour du chemin, à vous guetter. Et si, terrifié par sa présence, il se sauve, son ennemi aura mis un terme à sa recherche.

– Et qu'arrive-t-il à l'homme qui s'enfuit sous l'effet de la peur ?

– Rien d'autre, sauf de ne plus jamais rien apprendre. Jamais il ne deviendra un homme de savoir. Ce sera peut-être un bravache, ou un couard inoffensif ; de toute façon, un vaincu. Son premier ennemi aura mis un terme à ses ambitions.

– Et que peut-on faire pour surmonter cette peur ?

– La réponse est simple. Ne pas se sauver. Défier sa peur, et malgré elle, avancer dans le savoir, pas à pas. On peut être profondément effrayé, sans pour autant s'arrêter. Voilà la règle. Puis le moment viendra quand le premier ennemi reculera. L'homme commencera à se sentir sûr de lui. Son dessein deviendra plus délibéré. L'étude ne sera plus pour lui une tâche insurmontable. A ce moment, on peut prétendre à juste titre avoir vaincu le premier ennemi naturel.

– Mais, don Juan, cela arrive-t-il d'un seul coup, ou petit à petit ?

– Petit à petit, cependant la peur est vaincue d'un seul coup, vite.

– L'homme n'aura-t-il pas peur à nouveau, si quelque chose d'autre lui arrive ?

– Non. Lorsqu'un homme a vaincu la peur, il en est quitte pour le reste de ses jours, car la clarté a remplacée la peur – une clarté de l'esprit qui efface la peur. Mais alors un homme connaît ses désirs, il sait comment les satisfaire. Il peut s'imaginer les nouvelles étapes du savoir, tout se trouve baigné d'une clarté violente. Il sent que plus rien n'est caché.

Il vient de rencontrer son deuxième ennemi, la clarté. Cette clarté d'esprit, si difficile à atteindre, si elle dissipe la peur, aveugle également.

Elle pousse l'homme à ne jamais douter de lui-même. Elle lui donne l'assurance de pouvoir faire tout ce qu'il veut, car il semble voir clairement au fond des choses. Il est courageux parce qu'il est clair, rien ne l'arrête pour la même raison. Or tout cela n'est qu'une erreur. C'est comme une chose incomplète. Si l'on cède à cette puissance apparente, on est devenu le jouet du deuxième ennemi, et l'apprentissage s'en trouvera tout faussé. La précipitation remplacera la patience, ou le contraire. Et conséquence de ces erreurs, il lui deviendra impossible de rien apprendre.

– Que devient l'homme ainsi vaincu, don Juan ? Est-ce la mort le résultat ?

– Non, il ne meurt pas. Son deuxième ennemi l'a brutalement empêché de devenir un homme de savoir. Au lieu de cela, il deviendra peut-être un guerrier plein de vaillance, à moins que ce ne soit un pitre. Mais cette clarté qu'il a chèrement acquise ne se changera jamais en peur ou en obscurité à nouveau. Et cela pendant toute sa vie, mais il n'apprendra plus jamais rien. Il n'en aurait d'ailleurs nulle envie.

– Et que convient-il de faire pour éviter une telle défaite ?

– Faire comme lorsqu'on était en proie à la peur. Défier cette clarté, et ne l'utiliser que pour voir, attendre avec patience avant de faire un autre pas que l'on aura soigneusement préparé. Surtout, ne pas oublier que la clarté constitue presque une erreur. Le moment viendra où l'on comprendra que cette clarté n'était en somme qu'un point devant le regard. C'est ainsi que le deuxième ennemi aura été surmonté, et que l'on parviendra à l'endroit où plus rien de mal ne peut arriver. Il ne s'agira plus d'une erreur, ni d'un simple point devant les yeux. Ce sera la vraie puissance.

L'homme saura alors que la puissance qu'il poursuit depuis si longtemps lui appartient enfin. Il en fera ce qu'il voudra. Il a son allié à ses ordres. Ses désirs font loi. Il voit tout ce qui l'entoure. C'est ici qu'il rencontre son troisième ennemi, le pouvoir.

C'est le plus puissant de tous ses ennemis. Le plus facile, naturellement, est d'y céder. Après tout, l'homme est vraiment invincible. Il commande. Il commence par prendre des risques calculés, il finit par dicter les règles, puisqu'il est le maître.

A ce stade, on remarque à peine le troisième ennemi qui s'approche. Et soudain, sans qu'on s'en aperçoive, la bataille est perdue. L'ennemi a fait de lui un homme capricieux et cruel.

– Perdra-t-il sa puissance ?

– Non, il ne perdra ni sa clarté ni son pouvoir.

– Qu'est-ce qui le distinguera alors d'un homme de savoir ?

– L'homme vaincu par sa puissance meurt sans avoir vraiment appris à s'en servir. Cela n'aura été qu'un fardeau pesant sur sa destinée. Cet homme n'aura pas su se dominer, il ignore quand et comment se servir de cette puissance.

– La défaite aux mains de ces ennemis est-elle définitive ?

– Naturellement. Si l'un de ces ennemis maîtrise l'homme, il ne lui reste rien à faire.

– Est-ce possible, par exemple, que vaincu par sa puissance, l'homme s'en rende compte et s'amende ?

– Non. Une fois que l'on a succombé, c'est fini.

– Et s'il n'est que temporairement aveuglé ?

– Cela signifie alors que le combat continue, et qu'il s'efforce encore de devenir un homme de savoir. L'homme n'est vaincu que lorsqu'il ne fait plus d'efforts, et qu'il s'y abandonne.

– Alors, don Juan, un homme peut-il se laisser aller à la peur pendant des années, avant de finalement la conquérir ?

– Non. S'il s'est abandonné à la peur, jamais plus il ne la vaincra. Il n'osera plus jamais apprendre. Mais si pendant des années, en proie à la peur, il a continué à apprendre, il en viendra finalement à bout, parce qu'en fait il ne s'y est jamais abandonné

– Comment peut-il vaincre son troisième ennemi, don Juan ?

– Il lui faut le défier délibérément. Il doit comprendre que cette puissance qu'il lui a semblé conquérir ne sera en fait jamais à lui. Il doit se dominer à chaque instant, manier avec précaution et fidélité tout ce qu'il a appris. S'il voit que la clarté et la puissance, sans la raison, sont encore pires que l'erreur, alors il atteindra le point où tout est sous son contrôle. Il saura alors où et comment exercer ce pouvoir, et c'est alors qu'il aura vaincu son troisième ennemi.

« L'homme sera alors au terme de ce voyage à travers le savoir, quand presque sans prévenir surgira le dernier de ses ennemis, la vieillesse. C'est le plus cruel de tous, le seul qu'il ne pourra pas vaincre complètement, mais seulement tenir en respect.

« On n'éprouve plus alors de peur, la clarté d'esprit ne provoque plus d'impatience – la puissance est maîtisée, mais on est pris aussi du désir opiniâtre de se reposer. Si l'on s'y abandonne totalement, si l'on se couche et qu'on oublie, la fatigue venant comme un apaisement, la dernière bataille sera perdue, son ennemi l'abattra comme une créature âgée et sans défense. Son désir de retraite obscurcira clarté, puissance et savoir.

« Si l'homme cependant surmonte sa fatigue et accomplit son destin, on pourra vraiment l'appeler homme de savoir, même s'il n'a pu qu'un bref moment repousser son dernier ennemi invincible. Ce moment de clarté, de puissance et de savoir aura suffi. »

4

Il était rare que don Juan parlât librement du Mescalito. Chaque fois que je questionnais à ce sujet, il refusait de me répondre, mais il en disait toujours assez pour créer une impression du Mescalito, et cette impression était toujours anthropomorphique. Le Mescalito était mâle, non seulement à cause d'une nécessité grammaticale qui en avait fait un nom masculin, mais également à cause de son rôle traditionnel de protecteur et de professeur. Et don Juan affirmait à nouveau ces caractères à chaque fois que nous en parlions.

Dimanche 24 décembre 1961

– L'herbe du diable n'a jamais protégé qui que ce soit. Elle ne sert qu'à donner la puissance. Le Mescalito au contraire est plein de douceur, comme un bébé.

– Mais n'avez-vous pas dit que, parfois, le Mescalito peut se montrer terrifiant ?

– Certainement, mais lorsqu'on le connaît, il est doux et bienveillant.

– Et comment se manisfeste cette bienveillance ?

– C'est un protecteur et un professeur.

– Et comment protège-t-il ?

– Vous pouvez le conserver tout le temps avec vous et il veillera à ce que rien de fâcheux ne vous arrive.

– Et comment peut-on le garder tout le temps près de soi ?

– Dans un sachet, attaché au bras, ou porté autour du cou à l'aide d'un cordon.

– L'avez-vous avec vous ?

– Non, parce que j'ai un allié. Mais c'est le cas pour d'autres.
– Qu'enseigne-t-il ?
– Il enseigne comment vivre comme il convient.
– Et comment l'enseigne-t-il ?
– Il montre les choses et dit ce qu'elles sont (*enzena las cosas y te dice lo que son*).
– Comment ?
– Vous le verrez par vous-même.

Mardi 30 janvier 1962

– Que voyez-vous quand le Mescalito vous emporte, don Juan ?
– Des choses qui ne relèvent pas de la conversation ordinaire. Je ne peux pas vous en parler.
– Vous arriverait-il quelque chose si vous en parliez ?
– Le Mescalito est un protecteur, doux et généreux. Cela ne veut pas dire que l'on puisse se moquer de lui. Parce qu'il peut être bienveillant, il peut également se montrer épouvantable pour ceux qu'il n'aime pas.
– Je n'ai pas l'intention de me moquer de lui. Je veux seulement savoir ce qu'il permet aux autres de faire ou de voir. Don Juan, je vous ai raconté tout ce que le Mescalito m'avait fait voir.
– Avec vous c'est différent, vous ne connaissez pas ses habitudes. Il faudra qu'on vous les enseigne, comme on apprend à un enfant à marcher.
– Et combien cela durera-t-il de temps ?
– Jusqu'à ce qu'il signifie quelque chose pour vous.
– Et ensuite ?
– Ensuite, vous comprendrez tout seul. Vous n'aurez plus besoin de rien me raconter.
– Pouvez-vous simplement me dire où le Mescalito vous emporte ?
– Je ne peux pas en parler.
– Tout ce que je voudrais savoir, c'est s'il vous emporte dans un autre monde.
– Oui.
– Le paradis ? (le mot espagnol est *cielo*, qui signifie également « le ciel »).

– Il vous emporte à travers le ciel (*cielo*).

– Le paradis (*cielo*) où Dieu se trouve ?

– Ne soyez pas sot, maintenant. J'ignore où Dieu se trouve.

– Le Mescalito est-il Dieu – le Dieu unique ? Ou bien est-ce l'un des dieux ?

– C'est seulement un protecteur et un professeur. Et une puissance.

– Est-ce une puissance en nous ?

– Non. Le Mescalito n'a rien à voir avec nous. Il est en dehors de nous.

– Alors tous ceux qui prennent du Mescalito doivent le voir sous le même aspect.

– Non, pas du tout. Il n'est pas le même avec tout le monde.

Jeudi 12 avril 1962

– Pourquoi ne me dites-vous rien sur le Mescalito, don Juan ?

– Il n'y a rien à dire.

– Il doit y avoir des milliers de choses que je devrais savoir avant de le rencontrer à nouveau.

– Non. Peut-être que pour vous il n'y a rien que vous deviez savoir. Comme je vous l'ai déjà dit, il n'est pas le même avec tout le monde.

– Je le sais, n'empêche que je voudrais bien savoir ce que les autres ressentent à son égard.

– L'opinion de ceux qui veulent bien en parler ne vaut pas grand-chose. Vous verrez. Vous en parlerez jusqu'à un certain point, ensuite vous n'en discuterez plus.

– Pouvez-vous me parler de vos premières expériences ?

– Et pourquoi cela ?

– Pour que je sache comment me comporter en face du Mescalito.

– Vous en savez déjà plus que moi, puisque vous avez joué avec lui. Vous verrez un jour quel protecteur il sera pour vous. Je suis sûr que dès cette première fois, il vous a raconté des quantités de choses, mais vous étiez sourd et aveugle.

Samedi 14 avril 1962

– Quand il se montre, le Mescalito peut-il prendre vraiment n'importe quelle forme ?

– Oui, n'importe laquelle.

– Quelles sont les plus communes que vous connaissez ?

– Il n'y a pas de formes communes.

– Voulez-vous dire, don Juan, qu'il prendra n'importe quelle forme, même avec ceux qui le connaissent bien ?

– Non. Il apparaît sous n'importe quelle forme seulement à ceux qui ne le connaissent qu'un petit peu, mais avec ceux qui le connaissent bien, il est constant.

– Comment est-il constant ?

– Il leur apparaît soit comme un homme à notre image, ou comme une lumière. Rien qu'une lumière.

– Le Mescalito échange-t-il parfois sa forme permanente avec ceux qui le connaissent bien ?

– Non, pas à ma connaissance.

Vendredi 6 juillet 1962

Nous avons entrepris cette expédition le samedi après-midi, le 23 juin. Il m'a dit que nous allions aller chercher des *honguitos* – des champignons – dans l'Etat de Chihuahua. Il m'a dit que ce ne serait pas un voyage facile, et c'était vrai. Nous sommes arrivés dans une petite ville minière au nord de Chihuahua le mercredi 27 juin à dix heures du soir. De l'endroit où j'avais garé la voiture à la sortie de la ville, nous sommes allés à pied jusque chez des amis à lui, un Indien Tarahumara et sa femme. C'est là que nous avons dormi.

Le lendemain matin, l'homme est venu nous réveiller vers cinq heures. Il nous a apporté du gruau et des haricots. Il s'est assis et il a parlé à don Juan pendant que nous mangions, mais il n'a rien dit de notre voyage.

Après ce petit déjeuner, l'homme a rempli d'eau mon bidon, et il a mis deux pains dans mon sac à dos. Don Juan m'a tendu le bidon, et il s'est mis le sac sur le dos. Il a remercié l'homme pour sa courtoisie puis, se tournant vers moi, il m'a dit : « Il est temps de partir. »

Nous avons suivi un chemin de terre pendant près de deux kilomètres. De là, nous avons pris à travers champs, et au bout de deux heures nous avions atteint les contreforts des collines au sud de la ville. Nous avons commencé à escalader la pente en direction du sud-ouest. Puis la montée s'est faite plus rude. Don Juan a alors changé de direction, et nous avons suivi une vallée en altitude qui se dirigeait vers l'est. Malgré son âge avancé, don Juan marchait avec une incroyable rapidité si bien qu'à midi, j'étais complètement épuisé. Nous nous sommes assis, et il a ouvert le sac où se trouvait le pain.

– Vous pouvez tout manger si vous le voulez, m'a dit don Juan.

– Mais, et vous ?

– Je n'ai pas faim, et plus tard, nous n'en aurons pas besoin.

J'étais affamé, à bout de forces, et j'ai profité de son offre. Il m'a semblé que le moment était bien choisi pour parler du but de notre expédition, et sans avoir l'air de rien, je lui ai demandé : « Pensez-vous que nous allons rester longtemps ici ?

– Nous sommes ici pour ramasser du Mescalito, et nous resterons jusqu'à demain.

– Où se trouve le Mescalito ?

– Tout autour de nous. »

De nombreuses espèces de cactus poussaient à profusion tout autour de nous, parmi lesquels je ne distinguais pas le peyotl.

Nous avons repris notre marche, et vers trois heures, nous avons pénétré dans une longue et étroite vallée qui s'enfonçait entre des flancs abrupts. Je me sentais tout ému à l'idée de trouver le peyotl, car je n'en avais jamais vu dans le cadre naturel. Peut-être cent-vingt mètres plus loin, j'ai soudain aperçu trois pieds de peyotl dont la nature ne faisait aucun doute. On aurait dit de grosses roses charnues et vertes. Je me suis mis à courir dans leur direction, en les montrant du doigt à don Juan.

Il a ostensiblement refusé de me prêter la moindre attention et, me tournant le dos, il poursuivit son chemin. J'ai compris que j'avais fait exactement ce qu'il convenait de ne pas faire. Tout le reste de l'après-midi, nous avons cheminé en silence, progressant lentement sur le fond plat de la vallée, couvert de petites pierres pointues. Nous avancions entre les cactus, en dérangeant des quantités de lézards et, parfois, un oiseau solitaire. Les pieds de peyotl se comptaient par dizaines, mais nous passions à côté sans rien dire.

A six heures, nous avions atteint l'extrémité de cette vallée que barrait la montagne. Nous avons grimpé jusqu'à une corniche. Don Juan a posé son sac et s'est assis.

J'avais de nouveau faim, mais il ne nous restait rien à manger. J'ai suggéré que nous ramassions tout de suite le Mescalito et que nous retournions en ville. Don Juan a eu l'air agacé et il a fait un bruit avec ses lèvres. Il a dit que nous allions passer la nuit là.

Nous nous sommes assis là tranquillement. Il y avait à gauche une muraille rocheuse, à droite la vallée que nous venions juste de parcourir. Elle s'étendait assez loin et semblait plus large et moins plate que je ne l'avais imaginée. De l'endroit où nous étions assis, elle semblait pleine de bosses et de petits talus.

« Demain, nous reprendrons notre marche », m'a dit don Juan sans me regarder et en désignant la vallée. « En rentrant, nous le ramasserons en traversant le champ. Enfin, nous ne prendrons que celui qui se trouvera sur notre chemin. C'est lui qui doit nous trouver, et non pas le contraire. Et il nous trouvera seulement s'il le souhaite. »

Don Juan s'est appuyé le dos au dossier et, la tête tournée sur le côté, comme si quelqu'un d'autre s'était trouvé là avec nous. « Ceci encore. C'est moi qui devrai le ramasser. Peut-être pourrez-vous porter le sac, ou marcher devant moi – je ne sais pas encore. Mais demain, il ne faudra pas le montrer du doigt comme vous l'avez fait aujourd'hui.

– Je suis désolé, don Juan.

– Cela ne fait rien. Vous ne saviez pas.

– Est-ce votre bienfaiteur qui vous a appris tout cela sur le Mescalito ?

– Non. Personne ne m'a rien appris sur lui. Le protecteur lui-même a été mon professeur.

– Ainsi, le Mescalito est comme une personne à qui l'on peut parler ?

– Non.

– Comment enseigne-t-il, alors ?

Don Juan est resté silencieux un moment.

– Vous rappelez-vous la fois où vous avez joué avec lui ? Vous avez bien compris ce qu'il vous disait ?

– Certainement.

– Eh bien voici la façon dont il enseigne. Vous ignoriez

tout à cette époque, mais si vous aviez fait attention, il vous aurait parlé.

– Quand ?

– Quand vous l'avez vu pour la première fois. »

Je semblais vraiment l'avoir irrité avec mes questions. Je lui ai dit que si j'avais posé tant de questions, c'était dans le but d'apprendre tout ce que je pourrais. Il eut un sourire malicieux.

– Mais ce n'est pas à moi qu'il faut demander cela. C'est à lui. La prochaine fois que vous le verrez, il faudra lui demander tout ce que vous voulez savoir.

– Donc, le Mescalito, c'est comme une personne à qui l'on peut parler...

Il ne m'a pas laissé finir. Il s'est détourné, il a pris le bidon, et après être descendu de la corniche, il a disparu derrière le rocher. Je ne voulais pas rester tout seul, et encore qu'il ne m'eût pas invité, j'ai entrepris de le suivre

Nous avons parcouru environ 150 mètres, jusqu'à un petit ruisseau. Il s'est lavé le visage et les mains et il a rempli le bidon. Il s'est rincé la bouche, mais sans boire. J'ai pris de l'eau dans le creux de ma main et j'ai bu, mais il m'a arrêté en me disant qu'il n'était pas nécessaire de boire.

Il m'a tendu le bidon et nous sommes revenus à notre corniche. Une fois arrivés, nous nous sommes assis face à la vallée, le dos à la muraille rocheuse. J'ai demandé si nous pouvions allumer un feu. Sa réaction m'a montré à quel point la chose lui semblait inconcevable. Il a dit que pour cette nuit, nous étions les hôtes du Mescalito, et que c'était lui qui nous réchaufferait

Il faisait déjà presque nuit. Don Juan a tiré de son sac deux minces couvertures de coton, il m'en a jeté une sur les genoux. Il s'est assis en tailleur, l'autre couverture sur les épaules. Plus bas que nous, la vallée était complètement obscure, et les bords se perdaient dans la brume du soir.

Don Juan était assis, immobile devant le champ de peyotl. Un vent régulier me soufflait au visage.

« Le crépuscule est une cassure entre deux mondes », dit-il d'une voix douce, sans se tourner vers moi.

Je ne lui ai pas demandé ce que cela signifiait. Mes yeux se fermaient, puis un étrange bonheur m'a envahi. Et en même temps l'étrange envie, extraordinairement puissante, de pleurer.

J'étais allongé sur le ventre. Le sol était dur et peu agréable, je devais tout le temps changer de position. J'ai fini par m'asseoir les jambes croisées, et j'ai mis la couverture sur mes épaules. A ma grande stupéfaction, cette position s'est révélée parfaitement confortable, et je me suis endormi.

Lorsque je me suis réveillé, j'ai entendu don Juan qui me parlait. Il faisait très sombre. Je ne le distinguais pas très bien. Je n'ai pas compris ce qu'il disait, mais je l'ai suivi quand il a entrepris de descendre de la corniche. Nous nous déplacions avec beaucoup de précaution, moi en tout cas, à cause de l'obscurité. Nous nous sommes arrêtés au pied de la muraille rocheuse. Don Juan s'est assis et il m'a fait signe de m'asseoir à sa gauche. Il a ouvert sa chemise et il en a sorti le sachet de cuir, qu'il a ouvert et posé sur le sol devant lui. Il contenait un certain nombre de boutons de peyotl secs.

Au bout d'un long moment, il a pris un de ces boutons. Il le tenait dans sa main droite, il l'a frotté plusieurs fois entre son pouce et son index, et en interprétant une sorte de complainte. Soudain, il a poussé un cri affreux.

« Ahiiii ! »

C'était si bizarre et inattendu que cela me terrifia. Je l'ai vaguement vu mettre le bouton de peyotl dans sa bouche et commencer à le mâcher. Au bout d'un moment, il a ramassé le sachet, il s'est penché vers moi, il m'a murmuré de le prendre, d'y choisir un Mescalito, de reposer le sachet devant nous. J'ai fait exactement comme il avait dit.

J'ai choisi un bouton de peyotl, et je l'ai frotté entre mes doigts comme je l'avais vu faire. Il avait repris sa complainte, tout en se balançant d'avant en arrière. J'ai essayé plusieurs fois de mettre ce bouton de peyotl dans ma bouche, mais c'était ce cri qui m'embarrassait. C'est alors que, comme dans un rêve, j'ai poussé à mon tour un cri incroyable : « Ahiiii ! » J'ai même cru un moment que c'était quelqu'un d'autre qui avait crié. J'ai ressenti un choc nerveux dans l'estomac. Je tombais en arrière, j'étais sur le point de m'évanouir. J'ai mis le bouton de peyotl dans ma bouche et je me suis mis à le mâcher. Don Juan en a ensuite pris un autre dans le sachet. J'ai été soulagé de le voir mettre ce bouton dans sa bouche après une courte incantation. Il m'a tendu le sachet, je l'ai posé devant moi après avoir pris un autre bouton. Nous avons recommencé cinq fois avant que je n'éprouve aucune soif. J'ai pris la gourde pour boire, mais don Juan m'a dit de simplement me rincer la bouche, mais de ne pas boire car cela me ferait vomir.

Je me suis donc rincé la bouche à plusieurs reprises. La tentation de boire devenait extraordinairement forte, et j'ai avalé un petit peu d'eau. Mon estomac s'est immédiatement contracté avec violence. Je m'attendais à voir couler de ma bouche un flot de liquide qui ne provoquerait aucune douleur, comme au cours de ma première expérience avec le peyotl, mais au lieu de cela, j'ai simplement été pris d'une envie de vomir très ordinaire, mais qui n'a pas duré très longtemps.

Don Juan a pris un autre bouton, puis il m'a tendu le sac, et nous avons continué jusqu'à atteindre le chiffre de quatorze boutons. Toutes mes sensations de soif, de froid et de malaise avaient disparu. J'éprouvais à la place une impression nouvelle de chaleur et de surexcitation. J'ai pris le bidon pour me rafraîchir la bouche, mais il était vide.

– Est-ce que nous pouvons aller jusqu'au ruisseau, don Juan ?

Le son de ma voix n'est pas sorti de ma bouche. Il s'est réfléchi sur mon palais, il a rebondi au fond de ma gorge, en se répercutant en multiples échos. Cela faisait un bruit doux et musical, comme quelque chose d'ailé dans mon gosier. Ce contact m'a apaisé. J'ai suivi son va-et-vient jusqu'à ce qu'il finisse par disparaître.

J'ai répété ma question. Ma voix résonnait comme si j'avais parlé dans une caverne.

Don Juan ne m'a pas répondu. Je me suis levé et j'ai marché vers le ruisseau. Je me suis retourné pour voir s'il allait venir, mais il semblait occupé à écouter quelque chose.

Il m'a fait de la main le geste impératif de me taire.

« Abuhtol (?) est déjà ici », m'a-t-il dit.

C'était la première fois que j'entendais ce mot, et j'allais presque lui demander ce que cela signifiait, quand j'ai entendu dans mes oreilles comme une sonnerie, de plus en plus forte, pour atteindre le vacarme qu'aurait fait un énorme moulin à prières. Cela n'a duré que quelques secondes avant de s'éteindre progressivement. La violence soudaine de ce bruit m'avait effrayé et je tremblais tellement que j'avais du mal à me tenir debout, tout en ayant conservé des pensées parfaitement rationnelles. Je m'étais senti somnolent quelques minutes auparavant, mais cela avait complètement disparu, et je me trouvais maintenant dans un état de lucidité extrême. Ce bruit me faisait songer à un film de science fiction où une gigantesque abeille bourdonnerait en s'échappant d'une zone contaminée par des radiations atomiques. Cette idée m'a fait rire. Don Juan semblait s'être affaissé sur lui-même. Soudain, l'image de l'abeille gigantesque m'est revenue, plus réelle que mes pensées habituelles. Je la voyais là, entourée d'une clarté extraordinaire. Tout le reste est sorti de mon esprit. Cette clairvoyance anormale, que je n'avais jamais éprouvée de ma vie, a produit chez moi un autre mouvement de panique.

J'ai commencé à transpirer abondamment. Je me suis penché vers don Juan pour lui dire que j'avais peur. Son visage n'était plus qu'à quelques centimètres du mien. Il me regardait, mais il avait les yeux d'une abeille. On aurait dit des lunettes rondes qui, dans le noir, brillaient d'une lumière à elles. Les lèvres protubérantes, il semblait bredouiller quelque chose comme « Pehtuh-peh-tuh-pet-tuh. » J'ai bondi en arrière et j'ai failli me heurter au rocher. Pendant une éternité, j'ai été la proie d'une frayeur indicible. Je haletais en gémissant. La sueur me glaçait la peau, je me sentais tout engourdi. J'ai entendu la voix de don Juan qui me disait : « Levez-vous, marchez. Levez-vous. »

L'image a disparu et je l'ai revu avec son visage habituel.

A bout d'un temps interminable, j'ai dit : « Je vais aller chercher de l'eau. » La voix brisée, j'avais de la peine à articuler les mots. Don Juan m'a fait oui de la tête. Je me suis mis en route et je me suis aperçu que ma peur avait disparu aussi vite et aussi mystérieusement qu'elle était venue.

En approchant du ruisseau, j'ai remarqué que je distinguais parfaitement tout ce qui se trouvait sur mon chemin. Je me suis souvenu que j'avais vu don Juan très nettement, alors qu'un peu avant je n'avais distingué que sa silhouette. Je me suis arrêté et j'ai regardé au loin. Je voyais même de l'autre côté de la vallée. Les gros rochers au fond étaient parfaitement visibles. J'ai pensé que ce devait être l'aube, mais j'avais dû perdre le compte exact du temps. J'ai regardé ma montre : il était minuit dix. J'ai vérifié que ma montre n'était pas arrêtée. Il ne pouvait être midi, il fallait donc bien qu'il fût minuit. J'ai décidé de courir jusqu'au ruisseau puis de revenir aux rochers, lorsque j'ai vu don Juan qui s'approchait. Je l'ai donc attendu et je lui ai dit que je pouvais voir dans l'obscurité.

Il m'a regardé longtemps sans parler. Ou alors s'il a parlé, je ne l'ai pas entendu, car j'étais tout occupé par cette faculté nouvelle qui me permettait de voir dans l'obscurité. Je distinguais même les petits cailloux dans le sable. Tout était parfois si net qu'on aurait dit l'aube, ou le crépuscule. Parfois ma vision s'obscurcissait, puis tout s'éclairait à nouveau. J'ai bientôt compris que les périodes brillantes correspondaient à la diastole de mon cœur, tandis que les périodes sombres correspondaient à la contraction de la systole. Ainsi, l'univers passait du brillant au sombre avec chaque mouvement de mon cœur.

J'étais absorbé par cette découverte, quand j'ai entendu soudain le même bruit étrange qu'auparavant. Mes muscles se sont raidis.

« Anuhctal (c'est le mot que j'ai entendu) est ici », a dit don Juan. Le vacarme était si prodigieux que plus rien d'autre n'avait d'importance. Cela s'est apaisé, et j'ai vu le volume de l'eau s'accroître soudain. Une minute avant, le ruisseau n'avait pas trente centimètres de large, le voilà qui devenait un énorme lac. La lumière qui semblait jaillir au-dessus miroitait à sa surface comme à travers un épais feuillage. Parfois, l'eau scintillait d'un éclat doré et noir. Puis il s'obscurcissait pour disparaître presque complètement, tout en restant étrangement présent.

Je ne sais plus combien de temps je suis resté ainsi accroupi à contempler le lac obscur. Le rugissement s'était sans doute estompé, car j'ai été brutalement réveillé (ramené à la réalité ?) par un nouveau coup de cette terrifiante sonnerie. Je me suis retourné pour chercher don Juan. Je l'ai vu escalader la corniche et disparaître derrière elle. Mais la solitude ne m'effrayait plus. J'étais accroupi là, détendu et confiant. J'ai à nouveau entendu ce rugissement. On aurait dit le vacarme d'un ouragan. J'écoutais avec beaucoup d'attention et j'ai cru distinguer comme une mélodie, composée de sons aigus – on aurait dit des voix humaines – qu'accompagnait une grosse caisse. J'ai remarqué encore que la systole et la diastole de mon cœur coïncidaient avec le bruit de la grosse caisse, et suivaient le rythme de cette musique.

Je me suis levé et cette mélodie s'est interrompue. J'ai essayé d'écouter les battements de mon cœur, mais je ne les distinguais plus. Je me suis accroupi à nouveau, en me disant que ces sons étaient peut-être liés à la position de mon corps. Mais il ne s'est rien passé. Pas le moindre son, pas même celui de mon cœur. J'en avais assez, mais comme je me levais pour m'en aller, la terre s'est mise à frémir. Le sol vibrait sous mes pieds. Je suis tombé en arrière et je suis resté allongé sur le dos tandis que la terre tremblait violemment. J'ai essayé de m'accrocher à un rocher, à une plante, mais quelque chose glissait sous moi. Je me suis relevé d'un bond, mais je suis retombé. Le sol bougeait, il glissait en direction de l'eau à la façon d'un radeau. Immobile, frappé de terreur, je me sentais entraîné dans un gouffre.

Je traversais l'eau du lac noir accroché à mon morceau de terre comme à un madrier. Le courant semblait m'entraîner vers le sud. L'eau tourbillonnait autour de moi. Elle était froide, et semblait étrangement vivante.

On ne distinguait pas le rivage, et je ne me souviens d'aucune de mes pensées ou de mes sensations pendant cette traversée. Après avoir ainsi dérivé pendant ce qui me sembla être des heures, mon radeau a viré de 90° à gauche, en direction de l'est. Nous avons ainsi glissé encore un peu avant d'aborder violemment quelque chose. Projeté en avant, je fermais les yeux. Je sentais une forte douleur aux genoux, et mes bras tendus ont rencontré la terre ferme. Au bout d'un moment, j'ai levé les yeux. J'étais allongé sur le sol, avec lequel mon radeau s'était confondu. Je me suis assis, j'ai regardé autour de moi : l'eau reculait, comme une vague pendant le ressac, et elle a disparu.

Je suis longtemps resté assis, à essayer de retrouver le fil de mes pensées, pour arriver à quelque chose de cohérent. Je me sentais tout courbatu, je sentais à la gorge comme une plaie ouverte. Je m'étais mordu les lèvres en abordant le « rivage ». Je me suis levé. Le vent m'a glacé. Mes vêtements étaient trempés. Mes mains, mes mâchoires, mes genoux tremblaient violemment : j'ai dû m'allonger à nouveau. La sueur me coulait dans les yeux. J'ai hurlé de douleur sous l'effet de la brûlure.

Ayant à peu près retrouvé mon calme, je me suis levé. Dans le demi-jour, on distinguait tout très clairement. J'ai fait quelques pas. Des voix humaines me parvenaient. On semblait parler à voix haute. Je me suis dirigé vers ces bruits. J'avais peut-être parcouru une cinquantaine de mètres, lorsque je me suis arrêté court. C'était un cul-de-sac, formé par d'énormes rochers, en rangs successifs qui montaient ainsi jusqu'en haut de la colline. Il s'en élevait la plus délicieuse musique, un flot continu de sons étrangement mélodieux.

Un homme était assis au pied d'un de ces rochers, le visage presque de profil. Je me suis approché jusqu'à environ dix mètres. Il a tourné la tête et il m'a regardé. Je me suis arrêté – ses yeux, c'était l'eau que je venais de voir. Ils représentaient la même masse énorme, étoilée d'or et de noir. Il avait une tête en forme de fraise, la peau verte, et parsemée de nombreuses verrues. A part sa forme pointue, cette tête ressemblait énormément à la surface d'un plant de peyotl. Je suis resté planté là, je n'arrivais pas à en détacher mes yeux. Il appuyait sur ma poitrine tout le poids de son regard. J'ai perdu l'équilibre et je suis tombé sur le sol. Il a détourné son regard, et je l'ai entendu qui me parlait. Sa voix a d'abord ressemblé au murmure d'une brise légère. Puis c'est devenu une musique – comme cette mélodie de voix – et j'ai su que cette voix me disait : « Que voulez-vous ? »

Je me suis agenouillé devant lui, j'ai parlé de ma vie, puis je me suis mis à pleurer. Il m'a regardé à nouveau. Son regard m'emportait, je me croyais venu à l'instant de ma mort. Il m'a fait signe de m'approcher. Vacillant, j'ai fait un pas en avant. Comme je m'approchais de lui, il a détourné la tête, me montrant en même temps sa main. La mélodie disait : « Regardez ! » Il avait un trou rond au milieu de la main. « Regardez ! » a répété la mélodie. J'ai regardé dans ce trou et je m'y suis vu. J'étais vieux, épuisé, je courais plié en deux, tout entouré d'éclairs flamboyants. Trois étincelles m'ont frappé, deux à la tête et une à l'épaule gauche. Ma silhouette, dans le trou, s'est redressée à la verticale, avant de disparaître en même temps que le trou.

A nouveau, le Mescalito a tourné les yeux vers moi. Si près de moi que je les ai *entendus* rouler doucement avec ce bruit bizarre que je devais entendre plusieurs fois au cours de cette nuit. Ils se sont progressivement apaisés, pour devenir enfin un étang paisible aux rides d'or et de noir.

Une fois de plus, il a détourné son regard et à la façon d'un grillon, il a sautillé sur une cinquantaine de mètres. Et tout en sautillant, il a disparu.

Je me souviens ensuite de m'être mis à marcher. D'une manière très rationnelle, j'ai essayé de prendre des repères, les montagnes au loin par exemple, afin de pouvoir m'orienter. Pendant toute cette expérience, j'avais été obsédé par les points cardinaux, et il me semblait que le nord devait se trouver à ma gauche. J'ai marché un moment dans cette direction avant de comprendre que le jour était venu, et que je ne me servais plus de ma « vision nocturne. » Je me suis rappelé que j'avais une montre et j'ai regardé l'heure. Il était huit heures.

Vers dix heures, j'ai atteint la corniche où j'étais la veille au soir. Don Juan dormait, allongé sur le sol.

« Où êtes-vous allé ? » m'a-t-il demandé.

Je me suis assis pour reprendre mon souffle.

Après un long silence, il m'a demandé : « Vous l'avez vu ? »

J'ai commencé à lui raconter depuis le début les différentes expériences qui s'étaient suivies, mais il m'a interrompu pour me dire que ce qui importait, c'était de savoir si je l'avais vu ou non. Il m'a demandé à quelle distance de moi le Mescalito s'était tenu. Je lui ai dit qu'il m'avait presque touché.

Cette partie de mon récit l'a beaucoup intéressé. Il a écouté attentivement tous les détails sans faire aucun commentaire, m'interrompant seulement pour me demander quelle forme avait prise l'entité que j'avais vue, son humeur, ainsi que d'autres détails. Il devait être midi quand finalement don Juan a semblé en avoir assez comme cela, il s'est levé et il m'a attaché le sac de toile à la poitrine. Il m'a dit alors de le suivre : nous allions couper du Mescalito, il fallait que je le prenne entre mes mains et que je le dépose doucement dans le sac.

Nous avons bu un peu d'eau et nous nous sommes mis en route. Lorsque nous avons atteint l'extrémité de la vallée, il a semblé hésiter un peu avant de choisir une direction. Une fois ce choix fait, nous avons marché tout droit.

Chaque fois qu'il arrivait à un pied de peyotl, il s'accroupissait devant et il en coupait prudemment le sommet avec son petit couteau-scie. Il faisait d'abord une incision parallèle au sol puis il saupoudrait la « plaie », selon son expression de poudre de soufre qu'il avait dans un petit sac. Il prenait le bouton de la main gauche et mettait la poudre avec la droite. Il se relevait alors et il me tendait le bouton, que je recevais dans mes mains jointes comme il me l'avait recommandé, et je le déposais dans le sac. « Tenez-vous droit et ne laissez surtout pas le sac toucher le sol, les buissons ou quoi que ce soit. » Il ne cessait de me répéter cela, de crainte sans doute que je ne l'oublie.

Nous avons ramassé ainsi soixante-cinq boutons. Quand le sac a été plein, il me l'a mis sur le dos, et il m'a attaché un autre sac sur la poitrine. Nous avons ainsi traversé tout le plateau jusqu'à avoir nos deux sacs pleins. Ils contenaient alors cent-dix boutons de peyotl. Ces sacs étaient si lourds et si volumineux que j'avais de la peine à marcher à cause de leur poids et de leur volume.

Don Juan m'a murmuré que si les sacs étaient si lourds, c'était que le Mescalito ne voulait pas quitter ce sol : il était triste de s'en aller et c'était ce qui le rendait si lourd. Il ne fallait surtout pas que je laisse le Mescalito toucher le sol, ou bien il ne me laisserait jamais l'emporter.

A un certain moment, les bretelles se sont faites si lourdes à mes épaules que cela en devenait presque insupportable. Une force extraordinaire s'exerçait dans l'autre sens. Cela m'a fait peur. J'ai remarqué que je m'étais mis à marcher plus vite, je courais presque. On aurait dit que je trottais derrière don Juan.

Puis soudain, le poids sur mon dos et mes épaules a diminué, il s'allégeait et devenait comme spongieux. J'ai pu rattraper don Juan sans effort. Je lui ai dit que je ne sentais plus du tout le poids. Il m'a expliqué que c'était parce que nous avions déjà quitté le séjour du Mescalito.

Mardi 3 juillet 1962

– Je crois que le Mescalito vous a presque accepté, m'a dit don Juan.

– Pourquoi dites-vous *presque*, don Juan ?

– Il ne vous a pas tué, il ne vous a pas fait de mal. Il vous a seulement fait une belle peur, mais rien de grave. S'il n'avait pas voulu de vous, il aurait alors pris une apparence monstrueuse et il aurait manifesté sa colère. C'est en le rencontrant et en étant refusés par lui que certains découvrent la signification de la terreur.

– S'il peut être si terrible, pourquoi ne me l'avez-vous pas dit avant de m'emmener ?

– Vous n'avez pas la force de partir délibérément à sa recherche. Je me suis dit qu'il valait mieux que vous ne sachiez pas.

– Mais, don Juan, j'aurais pu en mourir.

– Eh oui. Mais j'étais sûr que tout allait bien se passer. N'avait-il pas joué avec vous ? Il ne vous a fait aucun mal. Je me suis dit que cette fois-ci, il aurait pitié de vous.

Je lui ai demandé si vraiment il avait pensé que le Mescalito aurait pitié de moi. J'avais trouvé cette expérience terrifiante : j'aurais pu mourir de peur.

Il a prétendu que le Mescalito s'était montré particulièrement bienveillant : il m'avait montré une scène qui était en fait une réponse à une question. Don Juan pensait que le Mescalito m'avait donné une leçon. Quelle leçon, et que signifiait-elle ? Il était impossible de répondre à ma question, car j'avais trop peur pour savoir ce que j'avais *exactement* demandé au Mescalito.

Don Juan a voulu sonder ma mémoire, et savoir ce que moi j'avais dit au Mescalito, avant qu'il ne me fasse voir cette scène dans sa main. Mais je ne m'en souvenais plus. Simplement, j'étais tombé à genoux et je lui avais « confessé mes péchés. »

Mais cela ne semblait plus l'intéresser. Je lui ai demandé : « Vous pouvez m'apprendre les paroles de la mélopée que vous chantiez ? »

– Non, c'est impossible. Ces paroles m'appartiennent, c'est mon protecteur qui me les a apprises. Ces chansons sont à moi. Impossible de vous en parler.

– Pourquoi ne voulez-vous pas me le dire, don Juan ?

– Ces chansons constituent un lien entre mon protecteur et moi. Il vous enseignera certainement un jour votre chanson à vous. Il faut attendre, et ne jamais copier ou demander en quoi consiste la chanson d'un autre.

– Pouvez-vous me dire le nom que vous évoquiez ? Pouvez-vous me dire cela, don Juan ?

– Non. Il ne faut jamais prononcer son nom, sauf pour l'appeler.

– Et si je veux l'appeler ?

– Si un jour il vous accepte, il vous dira son nom. Ce nom sera pour vous tout seul, pour l'appeler à haute voix ou pour vous le répéter doucement. Il prétendra peut-être s'appeler José, tout simplement. Qui peut savoir ?

– Et pourquoi ne faut-il pas utiliser son nom pour parler de lui ?

– Vous avez vu ses yeux, n'est-ce pas ? On ne plaisante pas avec le protecteur. C'est pourquoi je suis si surpris qu'il ait joué avec vous.

– Comment peut-il être protecteur et faire du mal à certains ?

– La réponse est très simple. Le Mescalito est un protecteur parce qu'il est disponible pour ceux qui le recherchent.

– Mais n'est-il pas vrai que tout ce qui existe au monde est à la disposition de ceux qui cherchent ?

– Non. Les puissances alliées sont pour les *brujos*, mais tout le monde peut partager le Mescalito.

– Alors, pourquoi va-t-il en blesser certains ?

– Ce n'est pas tout le monde qui aime le Mescalito. Et tous malgré cela le poursuivent pour profiter de lui sans s'en donner la peine. Leur rencontre avec lui est naturellement toujours épouvantable.

– Et qu'arrive-t-il lorsqu'il accepte complètement quelqu'un ?

– Il lui apparaît sous forme humaine, ou sous celle d'une lumière. Ensuite, le Mescalito se montrera loyal. Il ne changera plus. La prochaine fois, peut-être sera-t-il pour vous une lumière. Un jour vous vous envolerez peut-être avec lui, et il vous révélera tous ses secrets.

– Mais, don Juan, que faudra-t-il que je fasse pour en arriver là ?

– Être fort, et mener une vie sincère.

– Qu'appelez-vous une vie sincère ?

– Une vie vécue de façon délibérée, bonne et forte.

5

De temps en temps, don Juan me demandait ce que devenait mon plant de *datura*. Un an s'était écoulé depuis que j'avais replanté la racine, et la plante était devenue maintenant un gros buisson, qui avait porté ses graines, et les gousses avaient séché. Alors don Juan a jugé que le moment était venu pour moi d'en apprendre davantage sur l'herbe du diable.

Dimanche 27 janvier 1963

Information préliminaire, don Juan m'a dit aujourd'hui que la « seconde portion » de la racine de *datura* constituait la seconde étape dans l'apprentissage de la tradition. C'était la véritable étude qui commençait, et par rapport à cela, la première étape n'avait été qu'un jeu d'enfant. Cette seconde partie, il allait falloir la dompter. L'absorber au moins vingt fois, affirmait-il, avant d'atteindre la troisième étape.

– Que fait la seconde portion ? lui ai-je demandé.

– La seconde portion de l'herbe du diable est utilisée pour voir. Grâce à elle, on peut s'élever dans les airs pour voir ce qui se passe là où on veut.

– On peut vraiment voler dans les airs, don Juan ?

– Et pourquoi pas ? Comme je vous l'ai déjà dit, l'herbe du diable est pour ceux qui sont à la recherche de la puissance. Celui qui domine cette seconde portion peut utiliser l'herbe du diable pour accomplir les choses les plus inimaginables à la poursuite de la puissance.

– Quoi par exemple, don Juan ?

– Je ne saurais vous le dire. Chaque homme est différent.

Lundi 28 janvier 1963

Don Juan m'a dit : « Si vous franchissez cette seconde étape avec succès, je ne pourrai vous montrer qu'une autre étape. Alors que j'étudiais l'herbe du diable, j'ai compris qu'elle n'était pas pour moi, et je ne suis pas allé plus loin sur son chemin.

– Et pourquoi avez-vous décidé cela, don Juan ?

– Chaque fois que j'ai essayé de l'utiliser, l'herbe du diable a failli me tuer. Une fois, j'ai bien cru y passer. J'aurais pu cependant éviter tous ces tourments.

– Et comment cela ? Existe-t-il une façon d'éviter la douleur ?

– Oui.

– C'est une formule, une méthode, quoi ?

– C'est une façon de s'accrocher aux choses. Par exemple, quand j'étudiais l'herbe du diable, j'y mettais trop de fougue. Je m'accrochais aux choses comme un enfant à des bonbons. Or l'herbe du diable n'est qu'un chemin parmi un million d'autres. N'importe quoi n'est qu'un chemin parmi des quantités de chemins (*un camino entre cantidades de caminos*). Il convient donc de ne pas perdre de vue qu'un chemin n'est après tout qu'un chemin ; si l'on a l'impression de ne pas devoir le suivre, inutile d'insister. Mais pour parvenir à une telle clarté il faut mener une vie bien réglée. Ce n'est qu'alors que l'on comprend qu'un chemin n'est qu'un chemin, et qu'il n'y a rien de mal ni pour soi ni pour les autres à le quitter, si c'est ce que votre cœur vous dit de faire. Mais cette décision de rester sur le chemin ou de le quitter doit être libre de toute peur ou de toute ambition. Je vous en avertis. Vous devrez regarder chaque chemin très soigneusement et avec mûre réflexion. Faites autant de tentatives que cela sera nécessaire. Vous vous poserez alors une question, et une seule. Cette question, seul un vieillard se la pose. Quand j'étais jeune, une seule fois, mon bienfaiteur m'en a parlé, mais mon sang en ce temps-là était trop vif pour que je comprenne. Mais maintenant, je comprends. Je vais vous dire de quoi il s'agit : Ce chemin a-t-il un cœur ? Tous les chemins sont pareils, ils ne mènent nulle part. Il y en a qui traversent le buisson, ou qui s'y enfoncent. Au cours de ma vie, je peux dire que j'ai suivi de très longs chemins, et je ne suis nulle part. C'est maintenant que la question de mon bienfaiteur a trouvé son sens. Ce chemin possède-t-il un cœur ? S'il en a un, le chemin est bon. Sinon, à quoi bon ? Les chemins ne conduisent nulle part, mais celui-ci a un cœur, et celui-là n'en a pas. Sur celui-ci, le voyage sera joyeux, et tout au long du voyage, vous ne formerez qu'un. L'autre vous fera maudire l'existence. Le premier vous rendra fort, l'autre faible.

Dimanche 21 avril 1963

Le mardi 16 avril dans l'après-midi, nous sommes allés, don Juan et moi, dans les collines où se trouvaient ses plants de *datura.* Il m'a demandé ensuite de le laisser seul, et de l'attendre dans la voiture. Il est revenu près de trois heures plus tard. Il portait un paquet enveloppé dans un tissu rouge. Nous avons repris le chemin de sa maison et il m'a dit que ce qu'il y avait dans le paquet c'était son dernier cadeau pour moi.

Je lui ai demandé si cela signifiait qu'il allait interrompre son enseignement. Il m'a expliqué qu'il voulait dire que maintenant, j'avais ma plante à moi, qu'elle était adulte et que par conséquent je n'aurais plus besoin des siennes.

Dans la soirée, nous sommes allés nous asseoir dans sa chambre. Il a apporté un mortier et un pilon soigneusement polis. La partie creuse du mortier pouvait faire quinze centimètres de diamètre. Il a ouvert un grand paquet plein de sachets plus petits, il en a choisi deux, et il les a posés sur une natte de paille à côté de moi. Puis il a ajouté quatre autres sachets de la même taille et qu'il avait pris dans le paquet qu'il venait de rapporter. Il m'a dit que c'étaient des graines, et qu'il fallait que je les réduise en poudre fine. Il a ouvert le premier sachet et il en a vidé le contenu dans le mortier. C'étaient des graines sèches, rondes et d'un jaune caramel.

Je me suis mis au travail, mais il m'a arrêté. Il m'a dit de pousser le pilon d'abord d'un côté, puis de le faire glisser contre le fond jusqu'au point diamétralement opposé. Comme je lui demandais ce qu'il allait faire de cette poudre, il a refusé d'en parler.

J'ai eu beaucoup de mal à écraser ce premier sachet de graines. Il m'a fallu quatre heures pour en venir à bout. J'avais mal dans le dos à cause de la position que j'avais prise. Je me suis allongé, j'avais envie de dormir tout de suite. Don Juan a alors ouvert le second sachet, dont il a versé le contenu en partie dans le mortier. Ces graines-là étaient un peu plus foncées que les précédentes, et collaient ensemble. Il y avait également dans ce sachet une sorte de poudre faite de minuscules grains ronds très foncés.

J'avais faim, mais don Juan m'a dit que si je voulais apprendre, il fallait suivre les règles, et que la règle, c'était que je pouvais seulement boire un peu d'eau tandis que j'apprenais les secrets de la seconde portion.

Dans le troisième sachet, il y avait une poignée de charançons vivants, les noirs que l'on trouve dans le grain. Dans le dernier sac se trouvaient des graines fraîches, blanches, presque blettes, mais fibreuses et dont il devait être difficile de faire une pâte fine, ce qui était le but qu'il m'avait fixé. Quand j'ai eu fini d'écraser le contenu des quatre sachets, don Juan a mesuré deux tasses d'une eau verdâtre qu'il a versée dans un pot de terre, et il l'a placé sur le feu. Au moment de l'ébullition, il a ajouté la première partie de la poudre de graines, et il a tourné avec une longue spatule de bois ou d'os qu'il avait sortie de son sac de cuir. L'eau a recommencé à bouillir, c'est alors qu'il a succes- sivement ajouté tout le reste, de la même manière. Puis il a complété avec une autre tasse de la même eau, et il a laissé le tout frémir à petit feu.

Il m'a dit qu'il était temps d'écraser la racine. Il a soigneusement sorti une longue racine de *datura* du paquet. Cette racine faisait bien quarante centimètres de long et quatre centimètres de diamètre. C'était la seconde portion, a-t-il précisé, qu'il avait mesurée lui-même, car c'était encore sa racine. Il a dit que la prochaine fois que j'affronterais l'herbe du diable, il me faudrait mesurer ma propre racine.

Il a poussé le gros mortier vers moi, et je me suis mis à écraser cette racine exactement comme je l'avais fait pour la première partie. Il m'a bien montré comment m'y prendre. Nous avons laissé la racine écrasée s'imprégner d'eau, exposée à l'air de la nuit. Le mélange en ébullition s'était solidifié dans le pot de terre. Don Juan a ôté le pot du feu, et il l'a mis dans un filet suspendu à une poutre au milieu du plafond.

Le 17 avril vers huit heures du matin, don Juan et moi nous avons commencé à filtrer le jus de la racine. C'était une journée claire et ensoleillée, et don Juan a vu dans ce beau temps un signe favorable : je devais plaire à la racine du diable. Quant à lui, elle ne lui avait laissé que de mauvais souvenirs.

Le filtrage s'est effectué de la même façon que pour la première portion. En fin d'après-midi, à la huitième opération, il restait une cuillerée d'une substance jaunâtre au fond du pot.

Nous sommes allés dans sa chambre où il restait encore deux petits sacs auxquels nous n'avions pas encore touché. Il en a ouvert un, il a glissé sa main dedans, en serrant l'ouverture autour de son poignet avec son autre main. Il devait tenir quelque chose, à en juger par la façon dont sa main s'agitait dans le sac. Soudain, d'un mouvement vif, il s'est débarrassé du sac comme d'un gant, en le retournant, et il a vivement approché sa main de mon visage. Il tenait un lézard. La tête n'était qu'à quelques centimètres de mes yeux. La bouche de ce lézard avait quelque chose de curieux. J'ai reculé involontairement. On lui avait cousu la bouche à gros points. Don Juan m'a ordonné de prendre ce lézard dans ma main gauche. Je l'ai empoigné. Il se débattait dans ma paume. J'ai eu comme une nausée. Mes mains étaient moites.

Il a pris le dernier sac, il a répété les mêmes gestes, et il en a sorti un autre lézard. Il me l'a fourré sous le nez. Celui-là avait les paupières cousues. Il m'a ordonné de le prendre dans ma main droite.

Un lézard dans chaque main, j'ai bien cru que j'allais vomir. J'avais bien envie de les lâcher tous les deux et de me sauver.

« Ne les écrasez pas », m'a-t-il dit. Le son de sa voix m'a rassuré. Il m'a demandé ce qui m'arrivait. Il voulait rester sérieux, mais il ne pouvait pas s'empêcher de rire. J'ai essayé de serrer moins fort, mais j'avais les mains tellement moites que j'ai senti les lézards qui m'échappaient. Leurs petites griffes aiguës me labouraient les mains, ma nausée se doublait de dégoût. J'ai fermé les yeux et j'ai serré les dents. Il y avait déjà un des lézards qui me grimpait le long du poignet. Il n'avait plus qu'à libérer sa tête de mes doigts pour se sauver. J'éprouvais une sensation de malaise physique extraordinairement forte. J'ai grommelé à don Juan de me débarrasser de ces foutus machines. Mon cou se raidissait. Il m'a regardé avec curiosité. J'avais tout d'un ours, et j'étais tout secoué de convulsions. Il a pris les lézards, il les a remis dans leurs sacs, et il s'est mis à rire. J'aurais voulu rire aussi, mais j'avais l'estomac tout retourné. Je me suis allongé sur le sol.

Je lui ai expliqué que cet effet sur moi était dû au contact de leurs griffes. Il a répondu que bien des choses pouvaient faire perdre son sang-froid à quelqu'un, surtout s'il manquait de fermeté, et de la résolution nécessaire pour apprendre. Car celui dont les intentions sont claires n'est pas gêné par ses sensations, puisqu'il sait les contrôler.

Don Juan attendit un peu puis, refaisant les mêmes gestes, me tendit à nouveau les lézards.

Il m'a dit de les tenir la tête en l'air en les frottant doucement contre mes tempes, en leur demandant ce que je voulais savoir.

D'abord, je n'ai pas compris ce qu'il voulait de moi. Il m'a alors répété de demander aux lézards ce que je n'avais pas été capable de trouver tout seul. Il m'a donné toute une série d'exemples, des gens que je voyais rarement, des objets égarés, des endroits inconnus. C'est alors que j'ai compris qu'il parlait de *divination*. Cela m'a beaucoup intéressé. Mon cœur s'est mis à battre plus vite, mon souffle s'est fait plus court.

Il m'a dit de ne pas commencer par des questions personnelles. Il valait mieux essayer avec quelque chose ne me concernant pas personnellement. Il fallait penser vite et clair, car il n'y aurait pas moyen de revenir en arrière.

Je me suis mis fébrilement à chercher quelque chose. Don Juan me pressait, et voilà que je ne trouvais rien à « demander » aux lézards.

Au bout d'un moment pénible, j'ai trouvé quelque chose. Peu de temps auparavant, une grande quantité de livres avaient été volés dans la salle de lecture de la bibliothèque. Cela n'avait rien de personnel, tout en m'intéressant. Je n'avais aucune idée préconçue sur l'identité de celui, ou de ceux, qui avaient pu voler ces livres. J'ai frotté les lézards contre mes tempes, en leur demandant qui était le voleur.

Là-dessus, don Juan a remis les lézards dans leurs sacs.

Il m'a dit que la racine et cette pâte n'avaient rien de très secret. La pâte donnait une direction, et la racine rendait les idées claires, le vrai mystère était dans les lézards. C'étaient eux toute la sorcellerie de la seconde portion. J'ai demandé s'ils appartenaient à une espèce particulière. Oui. Il fallait qu'ils proviennent de la même région que la plante, et que ce soient des amis. Pour s'en faire des amis, cela prenait fort longtemps. Et cette amitié se développait en les nourrissant et en leur parlant avec gentillesse.

Je lui ai demandé si cette amitié était essentielle. Il a répondu que les lézards ne se laisseraient attraper que s'ils connaissaient l'homme; et si l'on prenait l'herbe du diable au sérieux, il était indispensable d'en faire autant à propos des lézards. En règle générale, il convenait de capturer ces lézards *après* avoir préparé la pâte et la racine. Et de préférence en fin d'après-midi. Sans intimité avec ces lézards, on risquait de passer des jours et des jours à essayer en vain de les attraper. Or la pâte n'est efficace qu'un seul jour. Il m'a alors donné des instructions détaillées sur la procédure à suivre après la capture des lézards.

« Les lézards une fois attrapés, on les met dans des sacs différents. Puis on prend le premier et on lui parle. On s'excuse de devoir lui faire du mal et on lui demande son aide. On coud la bouche à l'aide d'une aiguille de bois et de fibres d'agave. L'aiguille est en fait une épine de *choya.* Il faut bien tirer sur chaque point. On dit la même chose à l'autre lézard et l'on coud les paupières. Quand on aura fini tout cela, la nuit sera tombée. Vous prenez alors le lézard à la bouche cousue pour lui dire ce que vous voulez savoir. Vous lui demandez d'aller voir pour vous, et vous lui dites que si vous lui avez cousu la bouche, c'est pour qu'il se dépêche de revenir sans bavarder en route. Vous le laissez barboter dans la pâte après lui en avoir frotté la tête. Vous le posez alors sur le sol. S'il part dans la direction de votre bonne fortune, la sorcellerie se révélera heureuse et facile. S'il part dans la direction opposée, ce sera un échec. Si le lézard s'avance vers vous, en direction du sud, vous pouvez vous attendre à beaucoup de chance. S'il s'éloigne, vers le nord, la sorcellerie se révélera extrêmement difficile. Vous risquez même d'en mourir. Par conséquent, s'il s'écarte, mieux vaut en rester là. Car c'est encore possible. Vous perdrez du même coup le pouvoir de commander aux lézards mais cela vaut mieux que de perdre la vie. D'un autre côté vous pouvez également décider de continuer malgré l'avertis sement. Il faudra alors amener l'autre lézard et lui dir d'écouter l'histoire de son compagnon, pour vous l raconter. »

« Mais comment le lézard avec sa bouche cousu pourra-t-il me dire ce qu'il voit ? Ne lui a-t-on pas fermé l bouche pour l'empêcher de parler ? »

« C'est pour l'empêcher de raconter son histoire au étrangers. On prétend que les lézards sont très bavards. Il s'arrêteraient n'importe où pour tout raconter. Enfin, bref il faut ensuite lui étaler la pâte sur le dos de la tête, et lu frotter ensuite la tête contre votre tempe droite, en gardan la pâte éloignée du centre de votre front. Au commencemen de votre apprentissage, ce ne serait pas une mauvaise idé d'attacher à l'aide d'une ficelle le lézard par le milieu du corp à votre épaule droite. Vous ne risquez pas ainsi de le perdr ou de lui faire mal. Par la suite, quand vous serez plu familiarisé avec l'herbe du diable, les lézards sauront vou obéir et rester perchés sur votre épaule. Après avoir étal la pâte sur votre tempe droite avec le lézard, trempez le doigts de vos deux mains dans le gruau ; frottez-vous d'abor les deux tempes, puis complètement de chaque côté de la tête Cette pâte sèche très vite, et on peut l'appliquer aussi souven qu'il est nécessaire. Commencez toujours par vous servir d la tête du lézard puis de vos doigts. Tôt ou tard, le lézar qui est parti voir revient raconter à son compagnon tout c qu'il a vu dans son voyage, et le lézard aveugle vous l racontera, comme si vous apparteniez à leur espèce. L sorcellerie achevée, on pose le lézard et on le laisse partir mais il ne faut pas regarder où il va. On creuse enfin un gran trou uniquement avec les mains, où l'on enterre tout ce don on s'est servi. »

Vers six heures du soir, don Juan a sorti avec ses main l'extrait de racine qui se trouvait dans le bol, et il l'a étal sur un morceau de schiste plat. Il restait moins d'une cuilleré à thé de ce qui ressemblait à de l'amidon jaunâtre. Il en mis la moitié dans une tasse en ajoutant un peu d'ea également jaunâtre. Il a fait tourner la tasse entre ses main pour hâter la dissolution. Il m'a ensuite tendu la tasse er me disant de boire ce qu'il y avait dedans. Cela n'avait aucun goût, laissant cependant une vague amertume dans la bouche. L'eau était brûlante, ce qui ne m'a pas trop plu. J'avais le cœur qui battait à grands coups, mais je n'ai pas tardé à me détendre.

Don Juan a été chercher l'autre bol qui contenait la pâte ; elle semblait solide, avec une surface brillante. J'ai essayé de crever la croûte avec mon doigt, mais don Juan a bondi et il a violemment repoussé ma main... Il avait l'air furieux ; il m'a dit que j'étais tout à fait insensé de vouloir faire cela, et si j'avais vraiment l'intention d'apprendre quelque chose, il faudrait peut-être que je fasse attention. En me montrant la pâte il a dit que c'était là que se trouvait la puissance, et que personne en fait ne pouvait dire exactement de quoi il s'agissait. Il suffisait que nous soyons appelés à nous en occuper pour servir nos propres desseins – mais nous n'étions que des hommes, après tout – au moins fallait-il le faire avec le respect voulu. Le mélange ressemblait à de la bouillie d'avoine, et elle devait contenir assez d'amidon pour avoir cette consistance. Il m'a demandé d'aller chercher les sacs qui contenaient les lézards. Il a pris celui qui avait la bouche cousue et il me l'a prudemment tendu. Il m'a fallu le pendre de la main gauche. Il m'a dit ensuite de prendre un peu de cette pâte sur le bout de mon doigt et d'en frotter la tête du lézard, avant de mettre le lézard lui-même dans le pot pour que la pâte recouvre tout son corps.

J'ai ensuite ôté le lézard du pot. Don Juan a pris le pot et il m'a emmené vers un endroit rocheux à peu de distance de sa maison. Il m'a montré un gros rocher et il m'a dit de m'asseoir devant, comme si c'était mon pied de *datura,* et de tenir le lézard devant mon visage, en lui expliquant à nouveau ce que je voulais savoir, en le priant d'aller chercher la réponse pour moi. Il me conseillait également de demander pardon au lézard de lui causer tous ces désagréments en lui promettant, en revanche, d'être gentil avec tous les autres lézards. J'ai dû ensuite le prendre entre le majeur et l'annulaire de la main gauche, là où don Juan m'avait fait cette coupure, puis de danser autour du rocher exactement comme lorsque j'avais replanté la racine de l'herbe du diable. Il m'a demandé si je me rappelais ce que j'avais fait à cette occasion. J'ai dit que oui. Tout devait être exactement pareil, il a bien insisté là-dessus, et si je ne me rappelais plus, il faudrait attendre que tout fût bien clair dans mon esprit. Il a bien insisté sur le fait que si j'allais trop vite, ou que je montrais de l'hésitation, j'aurais à m'en repentir. Enfin, il fallait poser sur le sol le lézard à la bouche cousue et regarder dans quelle direction il allait, pour en tirer les conclusions. Je ne devais pas quitter le lézard des yeux un seul instant, car c'était chez le lézard une ruse fréquente de distraire l'attention avant de se sauver.

Il ne faisait pas encore tout à fait nuit. Don Juan a regardé le ciel. « Bien, dit-il, je vais vous laisser seul », et il est parti.

J'ai suivi toutes ses instructions, et j'ai posé le lézard sur le sol. Le lézard est resté immobile là où je l'avais placé. Ensuite, il m'a regardé et il est parti en courant vers l'est et il a disparu parmi les rochers.

Je me suis assis sur le sol devant le rocher, comme si j'avais été devant ma plante. J'étais en proie à une profonde tristesse. Je songeais à ce lézard avec sa bouche cousue, à son étrange voyage et à la façon dont il m'avait regardé avant de s'enfuir. C'était une réflexion bizarre, et vaguement contrariante. Moi aussi à ma façon j'étais un lézard en train de faire un bien curieux voyage. Peut-être mon destin n'était-il que de voir. Il m'a semblé que jamais je ne pourrais dire ce que j'avais vu. Il faisait maintenant très sombre, et je pouvais à peine distinguer les rochers devant moi. Je me suis souvenu des paroles de don Juan : le crépuscule – la cassure entre les mondes.

Après avoir longtemps hésité, j'ai suivi la marche qu'il m'avait indiquée. La pâte, encore qu'elle ressemblât à une bouillie d'avoine, n'en avait guère la consistance. Elle était très fine et glacée, avec une curieuse odeur âcre. Elle provoquait sur la peau une sensation de froid et séchait très vite. Je me suis frotté les tempes onze fois de suite sans rien remarquer d'autre. J'essayais de distinguer des changements dans mes perceptions ou mon humeur, car j'ignorais complètement à quoi m'attendre. Je voyais d'ailleurs très mal quelle pouvait être la nature de cette expérience et j'en cherchais les indications.

La pâte avait séché et elle s'écaillait sur mes tempes. J'allais en remettre lorsque j'ai constaté que j'étais assis sur mes talons à la mode japonaise. Or je m'étais d'abord assis les jambes en tailleur et je ne me souvenais pas d'avoir changé de position. Il m'a fallu un certain temps pour bien comprendre que j'étais assis sur le sol d'une sorte de cloître avec de hautes arcades. J'ai d'abord cru qu'elles étaient en brique, avant de découvrir qu'elles étaient en fait en pierre.

La transition a été très pénible. Cela est venu si vite que je n'y étais pas préparé. Ma vision était devenue diffuse, comme dans un rêve, mais les éléments étaient les mêmes. Ils se tenaient parfaitement immobiles et je pouvais les observer à loisir. Cependant, la vision était moins claire et plus irréelle que celle produite par le peyotl, avec quelque chose de brumeux mais d'extrêmement plaisant, comme un dessin au pastel.

J'ignorais si j'allais pouvoir me lever. C'est alors que j'ai constaté que je m'étais dépassé. Je me tenais en haut d'un escalier et H., une amie à moi, était debout en bas. Elle avait les yeux fiévreux. On y distinguait une lueur insensée. Elle a éclaté de rire, avec une intensité horrible, puis elle a commencé de gravir l'escalier. Je voulais me sauver ou me cacher, parce que je savais que déjà une fois « elle avait un peu perdu la boule ». C'est ainsi que la chose s'est présentée à mon esprit. Je me suis dissimulé derrière une colonne, et H. est passée à côté de moi sans me voir. « La voilà partie pour un long voyage », me suis-je dit ; et finalement j'ai pensé : « Elle rit comme cela à chaque fois qu'elle va faire une dépression. »

La scène est soudain devenue très claire, plus du tout comme dans un rêve. On aurait dit une scène ordinaire que j'aurais regardée par une fenêtre. J'ai voulu toucher une colonne mais j'étais incapable de bouger. Cependant, je savais que je pouvais rester aussi longtemps que je le voulais à regarder cette scène. J'y étais sans cependant en faire partie.

La pensée rationnelle et son argumentation me semblaient bloquées. Je me sentais cependant dans un état de bon sens absolu, et les éléments autour de moi semblaient parfaitement ordonnés, alors que je me savais dans un état normal.

La scène avait changé brutalement. C'était la nuit. J'étais dans le vestibule d'un bâtiment. L'intérieur sombre m'a soudain fait remarquer qu'au début le soleil rayonnait. Mais j'avais trouvé cela tout à fait naturel. J'ai vu alors un jeune homme sortir d'une pièce avec un gros sac sur le dos.

J'ignorais qui c'était, mais j'avais déjà dû le voir une fois ou deux. Il m'a croisé et il a descendu l'escalier. J'avais oublié mes craintes et les dilemmes de ma raison. Je me suis demandé de qui il s'agissait et pourquoi je le voyais.

La scène a changé à nouveau. J'étais en train de regarder le jeune homme mutiler les livres. Il collait des pages ensemble, il effaçait des marques etc. Puis je l'ai vu ranger des livres dans une caisse. Il y en avait toute une pile. Elles n'étaient pas chez lui mais dans une sorte d'entrepôt. D'autres images me sont venues à l'esprit, mais elle n'étaient pas très claires. Puis tout est devenu brumeux et j'ai eu la sensation de tournoyer sur moi-même.

Don Juan m'a secoué par l'épaule et je me suis réveillé. Il m'a aidé à me relever et nous avons marché jusqu'à sa maison. Trois heures et demie s'étaient écoulées depuis que j'avais commencé à frotter la pâte sur mes tempes, mais la vision ne pouvait pas avoir duré plus de dix minutes. Je ne ressentais aucun malaise, j'avais seulement faim et très envie de dormir.

Jeudi 18 avril 1963

Hier soir, don Juan m'a demandé de lui décrire mon expérience récente, mais j'avais trop sommeil pour cela, et je n'arrivais pas à me concentrer. Il m'a redemandé cela aujourd'hui, sitôt mon réveil.

– Qui vous a dit que cette nommée H. avait perdu la boule ? m'a-t-il demandé à la fin de mon récit.

– Personne, c'est simplement une des idées qui me sont venues.

– Vous pensez que ce sont des idées à vous ?

Je lui ai dit que oui, encore que je n'aie aucune raison de croire que H. avait été malade. C'étaient d'étranges idées, qui semblaient jaillir dans ma tête de nulle part. Il m'a regardé d'un air interrogateur. Je lui ai demandé s'il ne me croyait pas. Il a ri et il m'a répondu qu'il était conforme à mes habitudes d'être insouciant de mes actes.

– Qu'ai-je fait de mal, don Juan ?

– Vous auriez dû écouter les lézards.

– Comment aurais-je dû écouter ?

– Le petit lézard sur votre épaule vous décrivait tout ce

que voyait son compagnon. Il vous parlait. Il vous racontait tout, mais vous n'avez pas fait attention, et vous avez cru que ce que disait le lézard, c'étaient vos propres pensées.

– Mais, don Juan, c'étaient vraiment mes propres pensées.

– Bien sûr que non. C'est l'essence même de la sorcellerie. En fait, cette vision, il faut l'écouter, plutôt que la regarder. La même chose m'est arrivée. J'ai failli vous prévenir, et puis je me suis souvenu que mon bienfaiteur ne l'avait pas fait pour moi.

– Avez-vous eu une expérience comme la mienne, don Juan ?

– Non, la mienne, cela a été un voyage infernal. J'ai même failli en mourir.

– Et pourquoi était-ce infernal ?

– Peut-être parce que l'herbe du diable ne m'aimait pas, ou bien parce que ce que je voulais demander n'était pas assez clair. Comme vous hier. Vous deviez avoir cette fille en tête, lorsque vous avez posé la question à propos des livres.

– Je ne m'en souviens plus.

– Les lézards ne se trompent jamais ; ils prennent toutes les pensées comme autant de questions. Le lézard est revenu et il vous a dit sur H. des choses que personne ne comprendra jamais, parce que vous ignorez vous-même ce qu'étaient vos pensées.

– Et l'autre vision que j'ai eue ?

– Vos pensées devaient être suivies au moment où vous avez posé la question. C'est comme cela que cette sorcellerie doit être conduite, avec clarté.

– Vous voulez dire que la vision de la fille ne doit pas être prise au sérieux ?

– Comment pourrait-on la prendre au sérieux alors que vous ignorez à quelles questions les petits lézards répondaient ?

– Serait-ce plus clair pour le lézard si on ne lui posait qu'une seule question ?

– Oui, surtout si vous pouviez montrer un peu de suite dans vos idées.

– Et qu'arriverait-il, don Juan, si cette question n'était pas simple ?

– Du moment qu'elle est suivie et ne dérive pas vers autre

chose, les petits lézards la verront clairement, et ils y répondront clairement.

– Peut-on, au cours de la vision, poser d'autres questions aux lézards ?

– Non. La vision, c'est de regarder ce que vous disent les lézards. C'est pourquoi j'ai dit que c'est une vision à écouter plutôt qu'à voir. C'est pour cela aussi que je vous ai demandé de ne vous occuper que de choses qui ne vous touchaient pas personnellement. D'habitude, quand la question porte sur des personnes, votre désir de les toucher, ou de leur parler est trop fort, le lézard cesse de parler et la sorcellerie est dissipée. Il faudra que vous en sachiez beaucoup plus que maintenant avant d'essayer de voir des choses vous concernant personnellement. La prochaine fois, il faudra écouter attentivement. Je suis certain que les lézards vous ont raconté des quantités de choses que vous n'avez pas écoutées.

Vendredi 19 avril 1963

– Don Juan, qu'est-ce que c'était, tout ce que j'ai écrasé pour en faire cette pâte?

– Des graines de l'herbe du diable, et les charançons qui s'en nourrissent. Il en faut une poignée de chaque. Et il a mis sa main en coupe pour me montrer ce que cela représentait.

Je lui ai demandé ce que cela donnerait si l'on utilisait qu'un seul élément, sans les autres. « Cela, dit-il produirait un antagonisme entre l'herbe du diable et les lézards. Ce qu'il faut éviter, car le lendemain en fin d'après- midi, il vous faudra retourner près de votre plante. Parlez aux lézards et cherchez les deux qui vous ont aidé. Il faut chercher jusqu'à la nuit tombée. Et si vous ne les avez pas trouvés, il faudra recommencer le lendemain. Si vous êtes fort, vous les trouverez tous les deux. Il faudra alors les manger, sur le champ. Vous aurez alors pour toujours le pouvoir de voir l'inconnu. Vous n'aurez plus jamais besoin d'attraper des lézards pour pratiquer cette sorcellerie. Ils continueront à vivre en vous.

– Et que fait-on si l'on n'en trouve qu'un seul ?

– Il faut alors le laisser s'en aller à la fin de la recherche. Si vous en trouvez un seul le premier jour, ne le gardez pas avec l'espoir de trouver l'autre le lendemain, car cela ne ferait que gâcher votre amitié avec eux.

– Et si l'on en trouve aucun ?

– Ce serait encore le mieux pour vous. Cela voudra dire qu'à chaque fois que vous aurez besoin de leur aide, il faudra attraper deux lézards, mais cela signifiera également que vous êtes libre.

– Que voulez-vous dire, libre ?

– Libre de l'esclavage de l'herbe du diable. Si les lézards vivent en vous, l'herbe du diable ne vous lâchera plus.

– Et c'est dangereux ?

– Bien sûr que c'est dangereux. Elle vous séparera de tout le reste et vous devrez passer le reste de vos jours à la soigner pour qu'elle reste votre alliée. Elle est extrêmement dominatrice. Et il n'y a plus alors qu'une seule voie à suivre, la sienne.

– Et si l'on trouve les lézards morts ?

– Si l'un des deux est mort, ou les deux, il ne faut plus pratiquer cette forme de sorcellerie pendant quelque temps. Il faut attendre. Je crois que c'est tout ce que je dois vous dire. Je viens de vous donner la règle. Si vous pratiquez cette sorcellerie tout seul, il faudra suivre pas à pas ce que je viens de vous décrire, et le faire devant votre plante. Ceci, encore : il ne faut ni manger ni boire avant que cela soit fini. »

6

L'étape suivante dans l'enseignement de don Juan a été un nouvel aspect dans la maîtrise de la seconde partie de cette racine de *datura*. Entre ces deux étapes, don Juan s'était seulement inquiété du développement de ma plante.

Jeudi 27 juin 1963

– C'est un bon entraînement d'essayer l'herbe du diable, avant de s'embarquer complètement dans cette voie, m'a dit don Juan.

– Et comment s'y prend-on, don Juan ?

– Il faut essayer une autre sorcellerie avec les lézards. Vous disposez de tous les éléments nécessaires pour poser une autre question aux lézards, mais cette fois-ci sans mon aide.

– Est-il nécessaire que je pratique cette sorcellerie, don Juan ?

– C'est la meilleure façon de connaître les intentions de l'herbe du diable à votre égard. Elle vous essaie tout le temps, il est bien naturel que vous le fassiez à votre tour, et si en chemin vous n'avez pas envie de continuer, alors il faudra tout simplement vous arrêter.

Samedi 29 juin 1963

J'ai orienté la conversation vers l'herbe du diable. Je voulais que don Juan m'en dise davantage sur ce sujet, sans être pour autant obligé de me lancer dans cette voie.

– La seconde portion est utilisée seulement pour la divination, n'est-ce pas, don Juan ?

J'avais demandé cela pour lancer la conversation.

– Pas seulement la divination. On apprend la sorcellerie des lézards avec l'aide de la seconde portion, et en même temps, on essaie l'herbe du diable. Mais en réalité, la seconde portion sert à d'autres fins. La sorcellerie des lézards n'est que le commencement.

– Alors, à quoi sert-elle, don Juan ?

Il n'a pas répondu, et il a brutalement changé de sujet, en me demandant la taille des pieds de *datura* qui poussaient autour de ma propre plante. Je lui ai montré la taille avec mes mains écartées.

Don Juan a dit : « Je vous ai montré comment distinguer un mâle d'une femelle. Vous allez maintenant m'en rapporter une de chaque. D'abord, vous irez jusqu'à votre vieille plante et vous observerez soigneusement les traces laissées par l'écoulement de la pluie. La pluie a déjà dû emporter les graines au loin. Observez bien les rigoles (*zanjitas*) pour pouvoir déterminer la direction suivie par l'eau. Repérez la plante la plus éloignée de la vôtre dans cette direction. Tous les pieds d'herbe du diable entre les deux sont à vous. Plus tard, quand elles feront des graines, vous pourrez agrandir votre territoire en suivant les lignes d'écoulement de l'eau à partir de chaque pied. »

Il m'a donné des instructions extrêmement précises sur la façon de me procurer un instrument tranchant. La section de la racine devait se faire de la façon suivante : d'abord je devrais choisir le pied que je voulais couper, et soigneusement nettoyer la terre à l'endroit où la racine est jointe à la tige. Ensuite il faudrait que j'éxécute exactement la même danse que lorsque j'avais replanté la racine. Troisièmement, je couperais la tige, en laissant la racine dans le sol. La phase finale consisterait à en extraire 40 centimètres. Il m'a bien recommandé de ne rien dire et de ne trahir aucun sentiment pendant cette opération.

« Il faudra emporter deux morceaux d'étoffe, dit-il. Vous les étalerez sur le sol, et vous placerez les plantes dessus. Puis vous couperez ces plantes en morceaux que vous empilerez. Cela dans l'ordre que vous voudrez, mais il ne faudra pas l'oublier, car il faudra toujours reprendre le même. Ensuite, vous m'apporterez les plantes aussi vite que possible. »

Samedi 6 juillet 1963

Le lundi 1er juillet, j'ai coupé le pied de *datura* que don Juan m'avait demandé. J'ai attendu qu'il fasse presque nuit pour exécuter ma danse parce que je n'avais pas envie qu'on me voit. J'éprouvais une certaine appréhension. J'étais sûr qu'on allait m'épier dans ces bizarres agissements. J'avais déjà choisi les deux plantes que je pensais être mâle et femelle. J'ai coupé 40 centimètres de racine pour chacune, et creusé jusqu'à cette profondeur avec un bâton, ce qui n'était pas facile : cela m'a pris des heures. J'ai fini dans la nuit complète, et quand j'ai été prêt pour les couper, j'ai dû me servir d'une lampe de poche. Ma peur d'être vu n'était rien à côté de celle qu'on repérât cette lumière dans les buissons.

J'ai apporté ces plantes à don Juan chez lui le mardi 2 juillet. Il a ouvert les paquets et il en a examiné le contenu. Il fallait encore qu'il me donne les graines de ses plantes à lui, a-t-il dit. Il a poussé un mortier devant moi. Puis il a pris un bocal en verre et il en a versé le contenu – des graines sèches agglutinées ensemble – dans ce mortier.

Je lui ai demandé ce que c'était, et il a répondu qu'il s'agissait de graines mangées par des charançons. C'étaient d'après lui des bestioles très spéciales, qu'il convenait de mettre dans un bocal à part. Il m'a tendu un autre bocal, plein au tiers de la même variété de charançons. On a enfoncé un morceau de papier dans ce bocal pour empêcher les charançons de se sauver.

« La prochaine fois, il faudra vous servir de charançons provenant de vos propres plantes », m'a dit don Juan.

« Ce qu'il faut faire, c'est couper les gousses qui présentent de petits trous : elles sont pleines de ces insectes. On ouvre le sac et l'on gratte le contenu que l'on met dans un bocal. On prend une poignée d'insectes que l'on place dans un autre bocal. Avec eux, il ne faut pas y aller de main morte. On prend une poignée des graines agglutinées que les charançons ont mangées et un autre de poudre de charançons, et l'on enterre le reste n'importe où dans cette direction (le sud-est) à partir de la plante. On prend alors de bonnes graines sèches que l'on conserve à part. Vous pouvez en récolter tant que vous en voulez. On peut toujours s'en servir. C'est une bonne idée de sortir les graines des gousses pour pouvoir tout enterrer tout de suite. »

Le lendemain, don Juan m'a dit de commencer par écraser les graines agglutinées, puis les œufs de charançons, puis les insectes et enfin les bonnes graines sèches.

Quand tout cela a été réduit en poudre fine, don Juan a pris les morceaux de *datura* que j'avais coupés et empilés. Il a mis à part la racine mâle et il l'a soigneusement enveloppée dans un morceau d'étoffe. Il m'a tendu le reste, et il m'a dit de couper tout cela en petits morceaux, de bien l'écraser, et de bien verser tout le jus dans un pot. Il a bien précisé que je devais tout écraser dans l'ordre où j'avais empilé les différents éléments.

Quant j'ai eu fini, il m'a dit de mesurer une tasse d'eau bouillante et de la mêler soigneusement avec le contenu du pot, puis d'ajouter ensuite deux autres tasses d'eau. Il m'a tendu une spatule en os poli. J'ai bien tourné le mélange, puis j'ai placé le pot sur le feu. Il m'a alors dit qu'il fallait préparer la racine, et nous avons pris le gros mortier, car il était impossible de couper la grosse racine. Nous sommes allés derrière la maison. J'ai commencé à écraser la racine comme je l'avais fait auparavant. Nous avons laissé la racine tremper dans l'eau, exposée à l'air de la nuit, et nous sommes allés dans la maison.

Il m'a dit de surveiller le mélange dans le pot. Je devais le laisser bouillir jusqu'à ce qu'il prenne de la consistance et devienne difficile à tourner. Là-dessus, il s'est allongé sur sa natte et il s'est endormi. Le mélange est resté à bouillir pendant plus d'une heure et c'est alors que j'ai remarqué qu'il épaississait et qu'il devenait difficile à tourner. Je me suis dit que ça devait être prêt, et je l'ai ôté de sur le feu. Je l'ai mis dans un filet sous le rebord du toit, et je me suis endormi.

Je me suis réveillé quand don Juan s'est levé. Le soleil brillait dans un ciel clair. La journée était chaude et sèche. Don Juan a répété qu'à n'en pas douter, l'herbe du diable devait m'aimer.

Nous avons entrepris la préparation de la racine, et le soir venu, nous avions une petite quantité d'une matière jaunâtre au fond d'un bol. Don Juan a fait couler l'eau qui se trouvait à la surface. J'ai cru que nous en avions fini, mais il a rempli à nouveau le bol avec de l'eau bouillante.

Il a décroché le pot avec la bouillie qui était suspendu sous le toit. Le contenu était presque sec. Il a emporté le pot dans la maison, il l'a soigneusement posé par terre, puis il s'est assis. Il s'est mis ensuite à parler.

« Mon bienfaiteur m'a appris que l'on pouvait mélanger la plante avec du saindoux. Et c'est ce que vous allez faire. Mon bienfaiteur l'avait fait pour moi, mais comme je vous l'ai déjà dit, je n'ai jamais beaucoup aimé cette plante et je n'ai jamais essayé de ne faire qu'un avec elle. Mon bienfaiteur disait que pour obtenir les meilleurs résultats, pour ceux qui voulaient vraiment s'assurer sa puissance, il fallait faire le mélange avec de la graisse de sanglier. La graisse de l'intestin est la meilleure. Mais c'est à vous de choisir. La roue du destin décidera peut-être que vous choisirez l'herbe du diable comme alliée, et dans ce cas je vous montrerai, comme l'a fait pour moi mon bienfaiteur, comment chasser un sanglier pour se procurer cette graisse des intestins (*sebo de tripa*). Jadis, quand l'herbe du diable était à la mode, les *brujos* organisaient des parties de chasse pour se procurer cette graisse de sanglier. Ils choisissaient les mâles les plus grands et les plus vigoureux. Ils avaient une magie spéciale. Ils leur prenaient un pouvoir particulier, si particulier que c'est à peine croyable, même pour l'époque. Ce pouvoir est aujourd'hui perdu, et j'en ignore tout. Et je ne pense pas que quelqu'un sache encore quelque chose à ce sujet. Mais peut-être l'herbe vous l'apprendra-t-elle. »

Don Juan a mesuré une poignée de saindoux, il l'a jetée dans le bol qui contenait le gruau sec, il a essuyé le saindoux qui restait sur sa main contre le bord du pot. Il m'a dit de mélanger le tout jusqu'à ce que j'obtienne une pâte bien homogène.

Cela m'a pris trois heures. Don Juan regardait de temps en temps, mais cela ne lui semblait jamais suffisant. L'air qui s'était mêlé à cette pâte lui avait donné une couleur grisâtre, et la consistance d'une gelée. Il a accroché le bol à côté de l'autre sous le rebord du toit. Il a dit que cela resterait ainsi jusqu'au lendemain, car il fallait deux jours pour préparer cette seconde portion. Je n'avais pas le droit de manger quelque chose entre-temps, je pouvais seulement boire de l'eau.

Le lendemain, le jeudi 4 juillet, don Juan m'a montré comment filtrer la racine quatre fois de suite. Quand cela a été fini, il faisait noir. Nous nous sommes assis sous la véranda. Il a posé les deux bols devant lui. L'extrait de racine représentait une cuillerée d'un mélange blanchâtre qui ressemblait à de l'amidon. Il l'a versé dans une tasse et il y a ajouté de l'eau. Il a fait tourner la tasse dans sa main pour bien dissoudre le tout, puis il me l'a tendue, en me disant de tout boire. Je l'ai vidée, je l'ai posée sur le sol, et je me suis tassé sur moi-même. J'avais le cœur qui battait fort, et le souffle coupé. Comme si cela allait de soi, don Juan m'a dit d'ôter tous mes vêtements. Je lui ai demandé pourquoi, et il m'a répondu que c'était pour me frotter avec cette pâte. J'ai hésité. Je ne savais pas si je devais vraiment me déshabiller. Don Juan m'a dit de me dépêcher, car nous n'avions pas de temps à perdre. J'ai donc ôté tous mes vêtements.

Il a pris une spatule d'os et il a tracé deux lignes horizontales sur la surface de la pâte, divisant ainsi le contenu en trois parties égales. Ensuite, partant du centre de la ligne supérieure, il a tracé une ligne verticale perpendiculaire, divisant ainsi la pâte en cinq parties. Il a désigné la partie inférieure droite, en disant que c'était pour mon pied gauche, la partie au-dessus était pour ma jambe gauche. La partie supérieure, la plus grande, c'était pour mes organes génitaux, ensuite, pour ma jambe droite, puis finalement pour mon pied droit. Je devais appliquer la pâte destinée au pied gauche très soigneusement sur la plante du pied et faire pénétrer en frottant. Il m'a montré ensuite comment étaler la pâte sur l'intérieur de la jambe gauche, mes organes génitaux, avant de redescendre par l'intérieur de la jambe droite, pour finir par la plante du pied droit.

J'ai suivi ses indications. Cette pâte était froide et elle dégageait une odeur particulièrement forte. Cela me suffoquait. Je perdais le souffle. C'était comme un gaz. J'ai essayé de respirer par la bouche et de parler à don Juan, mais je n'y suis pas parvenu.

Don Juan ne me quittait pas des yeux. J'ai voulu faire un pas vers lui. J'avais les jambes molles et l'impression qu'elles étaient devenues démesurément longues. Je sentais mes genoux fléchir comme une perche de saut en hauteur : ils tremblaient et semblaient avoir une consistance élastique. Je me suis avancé, les mouvements de mon corps étaient lents et hésitants, une sorte de frémissement me parcourait. J'ai baissé les yeux et j'ai vu soudain don Juan assis par terre, là, très loin en-dessous de moi. J'ai fait un autre pas, qui m'a semblé encore plus long et plus élastique que le précédent. Et là, j'ai pris mon essor. Je me rappelle être redescendu une fois ; j'ai poussé des deux pieds et je suis parti en arrière, en vol sur le dos. Je voyais le ciel sombre au-dessus de moi, je passais à côté des nuages. J'ai fait une contorsion pour pouvoir regarder vers le bas, et j'ai vu la masse sombre des montagnes. J'allais à une vitesse extraordinaire, les bras le long du corps. La tête me servait à me diriger : rejetée en arrière, je décrivais des cercles verticaux. Et je pouvais changer de direction en l'inclinant sur le côté. Jamais je n'avais éprouvé un tel sentiment de liberté et de vitesse. Cette obscurité merveilleuse me donnait bien une impression de tristesse, comme si j'avais désiré quelque chose, comme si j'avais découvert le véritable lieu qui me convenait – et c'était l'obscurité de la nuit. J'ai essayé de regarder autour de moi, j'ai simplement constaté que la nuit était sereine, tout en recèlant une immense puissance.

J'ai vu soudain qu'il était temps de redescendre. C'était comme si j'en avais reçu l'ordre. J'ai commencé à voltiger comme une plume. Les mouvements latéraux me donnaient la nausée, je descendais lentement avec des soubresauts, comme si l'on m'avait tiré avec des poulies. Je sentais ma tête éclater sous l'effet d'une violente douleur. L'obscurité m'enveloppait. J'avais l'impression d'être suspendu dedans.

Ensuite, j'ai eu la sensation de me réveiller. J'étais dans mon lit, dans ma propre chambre. Je me suis assis. Alors l'image de ma chambre a disparu lentement. Je me suis levé. J'étais tout nu ! Le fait de me lever m'a rendu malade à nouveau.

J'ai retrouvé un certain nombre de repères. Je me trouvais à environ huit cents mètres de la maison de don Juan, près de ses plants de *datura*. Les éléments épars se sont soudain assemblés : j'allais devoir, tout nu, retourner jusque chez lui. Se promener ainsi met naturellement dans un état d'infériorité, mais je n'y pouvais rien. J'ai songé à me faire un pagne avec des branches, mais je me suis rendu compte du ridicule de la chose. Et puis, l'aube n'allait plus tarder, le ciel s'éclaircissait déjà. J'ai oublié mes malaises et je me suis mis en route. Je guettais l'apparition de gens ou de chiens. Je me suis mis à courir, mais je me faisais mal aux pieds sur les petits cailloux pointus. J'ai poursuivi ma marche. Il faisait jour. J'ai vu quelqu'un s'approcher sur la route. Je me suis caché dans les fourrés. Je me sentais dans une position tout à fait ridicule. Je venais juste de connaître l'incroyable plaisir de voler, et je me retrouvais ici, tout gêné d'être nu comme un ver. J'ai eu envie de bondir sur la route et de passer en courant de toutes mes forces devant ce promeneur. Il serait sans doute si surpris qu'avant qu'il ait compris, je serais déjà loin. N'empêche que je n'osais pas bouger.

Il était arrivé à ma hauteur. Il s'est arrêté. Il m'a appelé par mon nom. C'était don Juan, avec mes vêtements sur le bras. Je me suis rhabillé, je l'ai regardé et il a éclaté de rire. Et il riait tellement que je me suis mis à rire à mon tour.

Le même jour, ce vendredi 5 juillet en fin d'après-midi, don Juan m'a demandé de lui raconter mon expérience par le menu. Et j'ai entrepris ce récit, avec autant de précision que possible. Quand j'ai eu fini, il m'a dit :

– La seconde portion de l'herbe du diable est utilisée pour voler. L'onguent ne suffit pas. Mon bienfaiteur disait que c'est la racine qui donne la sagesse et qui fait voler. Au fur et à mesure que l'on apprend et que l'on reprend de cette racine pour voler, on voit les choses avec une clarté de plus en plus grande. On peut parcourir dans les airs des centaines de kilomètres pour aller voir ce qui se passe en un endroit quelconque, ou pour porter un coup fatal à des ennemis éloignés. Et comme l'on devient un familier de l'herbe du diable, elle enseigne comment s'y prendre. Par exemple, elle vous a déjà montré comment changer de direction. Elle vous montrera ainsi des choses incroyables.

– Quoi, par exemple, don Juan ?

– Je ne peux vous le dire. Chaque homme est différent. Mon bienfaiteur ne m'a jamais révélé ce qu'il avait appris. Il m'a dit comment s'y prendre, mais jamais ce qu'il avait vu. On doit garder cela pour soi.

– Mais moi je vous raconte tout ce que je vois, don Juan.

– Pour le moment. Plus tard, vous ne le ferez plus. La prochaine fois que vous prendrez de l'herbe du diable, ce sera tout seul, près de vos propres plants, car c'est là que vous reprendrez contact avec le sol, près de vos plants, ne l'oubliez pas. C'est pourquoi je suis venu vous chercher ici près de mes plants.

Il n'a rien ajouté, et je me suis endormi. Lorsque je me suis réveillé, c'était le soir, et je me sentais tout ragaillardi. J'éprouvais, en effet, une sorte de grande béatitude physique. Un sentiment de bonheur et d'assouvissement. Don Juan m'a alors demandé :

– Avez-vous aimé cette nuit, ou bien avez-vous eu peur ?

Je lui ai répondu que cela avait vraiment été magnifique.

– Et votre mal de tête ? Était-ce vraiment affreux ?

– Ce mal de tête était aussi puissant que mes autres sensations. Le pire que j'ai jamais eu.

– Cela vous empêcherait-il de vouloir goûter le pouvoir de l'herbe du diable une autre fois ?

– Je l'ignore. Je ne sais pas encore. Peut-être, plus tard. Pour le moment, je ne sais pas, don Juan.

Il y avait une question que je voulais lui poser. Je savais qu'il éviterait de me répondre, et j'ai donc attendu qu'il aborde de lui-même le sujet. J'ai d'ailleurs attendu toute la journée. Finalement ce soir-là, avant de m'en aller, j'ai dû lui demander : « Ai-je vraiment volé, don Juan ?

– C'est bien ce que vous m'avez dit, n'est-ce pas ?

– Je le sais, don Juan. Mais ce que je veux dire, est-ce que mon corps a volé ? Ai-je quitté terre comme un oiseau ?

– Vous posez tout le temps des questions auxquelles je ne peux répondre. Vous avez volé. C'est à cela que sert la seconde portion de l'herbe du diable. Plus vous en prendrez, mieux vous apprendrez à voler. Mais ce n'est pas si simple. Certes, un homme *vole* grâce à la seconde portion de l'herbe du diable. Je ne peux vous en dire plus. Ce que vous demandez n'a aucun sens. Les oiseaux volent à la manière des oiseaux et un homme qui a pris de l'herbe du diable vole ainsi (*el enyerbado vuela asi*).

– Comme les oiseaux ? (*Asi como los pajaros ?*)

– Non. Il vole comme un homme qui a pris de cette herbe. (*No, asi como los enyerbados.*)

– Alors, je n'ai pas vraiment volé, don Juan. J'ai volé en imagination, en esprit. Où était mon corps ?

– Dans les buissons. « Il a dit cela d'un ton sec, mais il a tout de suite éclaté de rire. » L'ennui avec vous, c'est que vous ne comprenez les choses que dans un sens. Vous ne croyez pas qu'un homme puisse voler. Et cependant un *brujo* peut faire quinze cents kilomètres en une seconde simplement pour voir ce qui se passe. Il peut porter un coup à ses ennemis à d'énormes distances. Alors, il vole ou il ne vole pas ?

– Vous comprenez, don Juan, nous ne sommes pas orientés de la même façon. Imaginons, à titre d'exemple, qu'un étudiant de mes amis ait été ici avec moi quand j'ai pris de l'herbe du diable. M'aurait-il vu voler ?

– Voilà encore une de vos questions sur ce qui arriverait si... Il est inutile de parler ainsi. Si votre ami, ou un autre, prend la seconde portion de l'herbe, il ne peut que voler. Et s'il vous avait simplement regardé, il vous aurait vu voler, ou non. Cela dépend de la personne.

– Ce que je veux dire, don Juan, c'est que si vous et moi nous regardons un oiseau et que nous le voyons voler, nous sommes d'accord pour dire qu'il vole. Mais si deux de mes amis m'avaient vu voler comme je l'ai fait hier soir, auraient-ils été d'accord pour dire que j'avais volé ?

– Peut-être. Vous êtes d'accord pour dire que les oiseaux volent, parce que vous les avez vus. Voler, c'est pour les oiseaux une chose ordinaire. Mais vous ne serez pas d'accord pour reconnaître que les oiseaux sont capables d'autres choses, parce que jamais vous n'avez vu d'oiseaux le faire. Si vos amis connaissaient la façon dont on peut voler grâce à l'herbe du diable, ils seraient d'accord.

– Mettons cela différemment, don Juan. Ce que je veux dire, c'est que si je m'étais attaché à un rocher avec une grosse chaîne, j'aurais volé tout pareil, parce que mon corps n'avait rien à voir avec le vol.

Don Juan m'a regardé avec incrédulité. « Si vous vous attachez à un rocher, dit-il, je crains bien que vous ne soyez obligé de voler en tirant votre rocher par sa chaîne. »

7

La cueillette et la préparation des ingrédients du mélange à fumer constituaient un cycle qui s'écoulait sur toute une année. La première année, don Juan m'a enseigné la marche à suivre. En décembre 1962, la deuxième année, avec le début d'un nouveau cycle, don Juan s'est contenté de me diriger. J'ai réuni moi-même les ingrédients, je les ai préparés, et je les ai mis de côté pour l'année suivante.

Au cours de cette année, don Juan a rarement parlé de la « petite fumée », entre les deux cueillettes. Chaque fois que j'allais le voir, cependant, il me donnait sa pipe à tenir, afin de me familiariser avec elle, comme il avait eu l'intention de le faire. Il faisait cela très progressivement. Il exigeait de ma part une concentration absolue et le plus grand soin, et il me donnait des indications très précises. Il prétendait que toute maladresse dans le maniement de cette pipe provoquerait inévitablement sa mort ou la mienne.

Sitôt la troisième cueillette, et comme un nouveau cycle commençait, don Juan s'est mis à parler de la fumée comme d'une alliée : c'était la première fois depuis plus d'un an.

Lundi 23 décembre 1963

Nous retournions chez don Juan en voiture après avoir cueilli des fleurs jaunes pour le mélange. Elles faisaient partie des ingrédients nécessaires. Je lui ai fait remarquer que nous ne suivions pas le même ordre dans la cueillette que l'année précédente. Il a répondu en riant que la petite fumée n'avait pas le même sale caractère que la racine du diable. Pour la fumée, l'ordre de la cueillette était sans importance. Il fallait seulement utiliser ce mélange avec beaucoup de précision et de soin.

J'ai demandé à don Juan ce que nous allions faire du mélange qu'il avait préparé et qu'il m'avait donné à garder. Il m'a répondu que c'était à moi, et qu'il convenait de l'utiliser dès que possible. Et combien en faut-il à chaque fois, lui ai-je demandé. Le petit sac qu'il m'avait donné contenait approximativement la valeur de trois blagues à tabac normales. Il m'a répondu qu'il faudrait tout utiliser dans l'espace d'un an. Quant à savoir la quantité à prendre à chaque fois, c'était une affaire personnelle.

Je voulais savoir ce qui arriverait si je ne finissais pas le contenu du sac. Rien, a dit don Juan. Il n'avait plus personnellement besoin de fumer, ce qui ne l'empêchait pas de préparer tous les ans une nouvelle provision du mélange. Puis il s'est repris pour préciser qu'il n'avait que *rarement* besoin de fumer. Je lui ai demandé ce qu'il faisait du mélange inutilisé, mais il ne m'a pas répondu. Il a seulement dit qu'au bout d'un an, on ne pouvait plus se servir du mélange.

A ce moment-là, nous avons eu une discussion. Je formulais mal mes questions, et ses réponses ne me semblaient pas très claires. J'aurais voulu savoir si le mélange perdrait ses propriétés hallucinogènes, ou son pouvoir, au bout d'un an, ce qui expliquerait ce cycle annuel. Mais il a affirmé que le mélange ne perdait jamais son pouvoir. Simplement, prétendait-il, on n'avait plus besoin de ce qui restait, puisqu'on avait fait une nouvelle provision. Il existait une façon particulière de se débarrasser du mélange ancien, mais don Juan a refusé de me la révéler, pour le moment.

Mardi 24 décembre 1963

– Vous m'avez dit, don Juan, que vous n'aviez plus besoin de fumer.

– Certainement, car la fumée est mon alliée, et je n'ai plus besoin de fumer. Je peux l'appeler quand je veux, n'importe où.

– Vous voulez dire, elle vient sans que vous ayez besoin de fumer ?

– J'y vais librement.
– Pourrai-je faire pareil ?
– Si vous réussissez à vous en faire une alliée.

Mardi 31 décembre 1963

C'est le jeudi 26 décembre que j'ai fait ma première expérience avec l'alliée de don Juan, la petite fumée. Toute la journée, je l'avais promené en voiture et j'avais fait diverses choses pour lui. Nous sommes rentrés chez lui en fin d'après-midi. Je lui ai fait remarquer que nous n'avions rien mangé de la journée. Cela l'a laissé tout à fait indifférent. Il m'a dit alors qu'il était nécessaire que je m'initie à la petite fumée, et que cette expérience était indispensable si je voulais comprendre quelle alliée elle pouvait être.

Sans me donner le temps de répondre, don Juan a ajouté qu'il allait tout de suite m'allumer une pipe. J'ai bien essayé de l'en dissuader, en prétextant que je n'étais pas prêt, et qu'il n'y avait pas suffisamment de temps que je maniais cette pipe. Mais il a dit qu'il ne me restait plus tellement de temps pour apprendre, et qu'il me faudrait bientôt utiliser cette pipe. Là-dessus, il a sorti sa pipe de son étui et il l'a caressé de la main. Je me suis assis à côté de lui sur le sol, avec l'envie folle de me mettre à vomir ou de m'évanouir – tout ce qui pourrait m'empêcher de franchir ce pas inévitable.

Il faisait presque noir dans la pièce. Don Juan avait allumé sa lampe à pétrole et il l'avait placé dans un coin. D'ordinaire, cette lampe laissait la pièce dans une demi-obscurité reposante, et je trouvais sa lumière jaunâtre apaisante. Mais cette fois-ci, la lumière était particulièrement faible et rougeoyante, et cela m'a mis mal à l'aise. Il a ouvert le sachet de mélange sans le détacher du cordon qui le retenait à son cou. Il a tenu la pipe tout contre sa poitrine, sous sa chemise, et il a versé le mélange dans le fourneau, en insistant pour que je regarde bien la façon dont il s'y prenait, et en me faisant remarquer que s'il en laissait tomber, le mélange resterait dans sa chemise.

Don Juan a rempli le foyer aux trois-quarts, puis il a refermé le sachet d'une seule main, tout en gardant la pipe dans l'autre. Il a pris une petite coupe d'argile, il me l'a tendue, et il m'a demandé d'aller chercher des braises dans le feu qui brûlait dehors. Je suis allé derrière la maison ramasser quelques braises dans le foyer de brique crue. Je me suis dépêché de revenir. J'éprouvais une profonde angoisse, comme une prémonition.

Je me suis assis à côté de don Juan et je lui ai tendu la coupe. Il l'a regardée et il m'a dit d'un ton tranquille que les braises étaient trop grosses, il en voulait de plus petites qui puissent tenir dans le fourneau de la pipe. Je suis retourné en chercher. Il a pris la coupe pleine de braises et il l'a posée devant lui. Il était assis en tailleur. Il m'a regardé du coin de l'œil, puis il s'est penché en avant, presque jusqu'à toucher les braises du menton. Il tenait sa pipe dans la main gauche. D'un mouvement extrêmement rapide, il a saisi une braise avec la main droite et il l'a posée dans le fourneau de sa pipe. Il a alors redressé le buste et, prenant la pipe à deux mains, il en a tiré trois bouffées. Il a étendu les bras vers moi et il m'a murmuré d'une voix impérative de prendre à mon tour la pipe entre mes mains et de fumer.

J'ai eu envie de refuser la pipe et de me sauver en courant. Mais don Juan m'a répété de la même voix insistante de prendre la pipe et de fumer. Je l'ai regardé. Il avait les yeux fixés sur moi. Il me regardait avec amitié, d'un air grave. Mon choix était fait depuis longtemps, c'était clair. Je n'avais plus qu'à faire ce qu'il demandait.

J'ai pris la pipe et j'ai bien failli la laisser tomber. Elle était brûlante. Je l'ai portée à mes lèvres prudemment, car je m'attendais à me brûler. Mais je n'ai ressenti aucune chaleur.

Don Juan m'a dit d'aspirer. La fumée me pénétrait dans la bouche, où elle se répandait en volutes, épaisse, comme de la pâte à pain. C'est la comparaison qui m'est venue, alors que je n'avais jamais eu de pâte crue dans la bouche. La fumée avait goût de menthol, et j'ai senti une impression de fraîcheur... « Encore, encore », m'a murmuré don Juan. Je sentais la fumée circuler dans mon corps librement. Et j'ai continué à aspirer la fumée mécaniquement, sans que don Juan ait à m'y inciter.

Soudain, il s'est penché en avant et il m'a pris la pipe des mains. Il en a fait tomber les cendres, en tapant doucement, sur la coupe où il y avait les braises, il a mouillé un de ses doigts de salive, et il a nettoyé l'intérieur du fourneau. Il a soufflé dans le tuyau plusieurs fois. Je l'ai vu remettre la pipe dans son étui. Je suivais ses gestes avec beaucoup d'intérêt.

Sa pipe une fois nettoyée, il l'a rangée, et il est resté à me regarder. C'est alors que j'ai senti que mon corps était tout engourdi, et comme imprégné de ce menthol. J'avais le visage paralysé, et mal dans les mâchoires. Je ne pouvais pas garder ma bouche fermée, sans pour cela le moindre écoulement de salive. La bouche me brûlait et cependant je n'avais pas soif. J'ai ressenti dans toute la tête une chaleur anormale, qui produisait la même impression qu'un froid intense. Ma respiration me mettait les narines à vif et me déchirait la lèvre supérieure à chaque fois que je respirais, sans sensation de brûlure, plutôt comme un morceau de glace.

Don Juan s'était assis à ma droite, et l'on aurait dit qu'il retenait à grand peine l'étui à pipe contre le sol. J'avais les mains lourdes, les bras ballants, et ils tiraient mes épaules en avant. J'avais la goutte au nez. Je me suis essuyé avec le dos de la main, et cela m'a emporté la lèvre. Je me suis essuyé le visage, et toute la chair a été emportée. Je fondais. J'avais vraiment l'impression que ma chair fondait. J'ai sauté sur mes pieds, j'ai essayé de me cramponner à quelque chose – n'importe quoi – pour me retenir. J'éprouvais une terreur inconnue. J'ai essayé de me retenir au poteau que don Juan avait enfoncé au milieu de sa chambre. Je suis resté là un moment, puis je me suis retourné pour le regarder : don Juan était toujours assis au même endroit, la pipe à la main, à me regarder.

J'avais le souffle brûlant (ou glacé ?), j'étouffais. J'ai incliné la tête en avant pour pouvoir l'appuyer au poteau, mais j'ai dû le manquer, et ma tête a continué à partir vers l'avant au-delà de l'endroit où se trouait ce poteau. Je me suis arrêté alors que j'étais presque sur le sol. Je me suis redressé. Le poteau était bien là devant moi. A nouveau, j'ai essayé d'y appuyer ma tête. Je m'efforçais de me contrôler en gardant les yeux ouverts, en m'inclinant vers l'avant jusqu'à toucher le poteau du front. Il était à quelques centimètres de mes yeux, mais en approchant la tête, j'ai eu la bizarre impression que je passais à travers ce poteau.

J'essayais désespérément de trouver une explication rationnelle : étaient-ce mes yeux qui changeaient les distances, et le poteau était-il à trois mètres de moi, alors que je le croyais tout contre mon visage. J'ai imaginé une façon logique de le vérifier. J'ai commencé à me déplacer latéralement autour du poteau. Mon idée, c'est que le cercle que j'allais décrire ne pourrait pas avoir plus d'un mètre cinquante de diamètre ; si le poteau se trouvait réellement à trois mètres de moi, ou hors d'atteinte, je finirais par me retrouver le dos contre lui. Il disparaîtrait alors, car en fait il se trouverait derrière moi.

J'ai donc entrepris de décrire un cercle, mais il restait devant mes yeux comme je me déplaçais. Au comble de l'irritation, j'ai voulu l'empoigner à deux mains, mais elles sont passées au travers. Je n'avais saisi que le vide. J'ai soigneusement calculé la distance qui me séparait du poteau. Je me suis dit qu'il devait y avoir 90 centimètres. Enfin, c'est ce que mes yeux m'indiquaient. Pendant un moment, je me suis amusé à faire varier la profondeur en bougeant la tête de côté et d'autre, en accommodant chaque œil à tour de rôle sur le poteau puis sur le fond. Dans mon système, il ne faisait aucun doute que le poteau se trouvait devant moi, à environ 90 centimètres. Les bras tendus pour me protéger le visage, je suis parti droit devant moi. Même sensation : je passais au travers du poteau. Je me suis redressé. Mais me mettre debout, c'était peut-être la chose la plus curieuse, ce soir-là. Je me suis cru debout. Or, je n'avais absolument pas utilisé mes muscles ni mon squelette de la façon habituelle, car je ne les contrôlais plus. Je m'en suis aperçu en touchant le sol. Mais ce poteau m'intriguait tellement que je me suis relevé à force de volonté, et tout en croyant en être incapable, j'y suis parvenu.

J'ai appelé don Juan à l'aide. A un moment, j'ai dû hurler, mais il n'a pas bougé. Il me regardait de côté, comme s'il évitait de tourner la tête. J'ai fait un pas dans sa direction, mais j'ai trébuché et je suis tombé en arrière contre le mur. Je me suis violemment heurté le dos, mais cela ne m'a pas fait mal : je m'enfonçais complètement dans une matière molle et spongieuse, qui en fait était le mur. J'ai écarté les bras, tout mon corps disparaissait dans le mur. Je voyais la pièce devant moi. Don Juan continuait à m'observer, sans faire le moindre geste pour venir à mon secours. J'ai fait un violent effort pour m'arracher au mur, qui a eu pour effet de m'enfoncer davantage. En proie à une indicible terreur, j'ai senti le mur spongieux se refermer sur mon visage. J'ai essayé de fermer les yeux. Impossible.

Je ne me souviens de rien d'autre. J'ai soudain vu don Juan devant moi, tout près. Nous nous trouvions dans une autre pièce ? J'ai vu la table, le poêle avec le feu qui flambait, et j'ai aperçu la barrière autour de la maison. Tout était parfaitement net. Don Juan avait apporté la lampe à pétrole, et il l'avait accrochée à la poutre centrale. J'ai essayé de regarder dans une autre direction, mais je ne pouvais pas tourner les yeux. Je ne pouvais pas non plus distinguer ou sentir une partie quelconque de mon corps. Ma respiration était imperceptible. Mes pensées, par contre, n'avaient rien perdu de leur lucidité. Je me rendais parfaitement compte de ce qui se passait devant moi. Don Juan s'est approché, et ma lucidité s'est estompée. Quelque chose semblait s'être arrêté en moi. Ma tête était vide. J'ai vu don Juan s'approcher et soudain je me suis mis à le détester. J'aurais pu le mettre en pièces. Le tuer sur-le-champ, mais j'étais incapable de faire un geste. La pression dans ma tête a disparu à son tour. Il ne restait plus que cette haine à l'égard de don Juan. Il n'était plus qu'à quelques centimètres de moi. J'aurais voulu l'attaquer avec mes ongles. Je m'entendais pousser des grognements. J'ai été pris de convulsions, puis j'ai entendu don Juan qui me parlait. Sa voix était douce et apaisante, et elle m'a comme enchanté. Il s'est encore rapproché, et il s'est mis à m'interpréter une berceuse espagnole.

« Senora Santa Ana, pourquoi le bébé pleure-t-il ? A cause d'une pomme qu'il a perdue. Je lui en donnerai une. Je lui en donnerai deux. Une pour le bébé et une pour vous (*Señora Santa Ana, porque llora el niño ? Por una manzana que se le ha perdido. Yo le daré una. Yo le daré dos. Una para el niño y otra para vos*). » Une bouffée de chaleur m'envahissait, une chaleur qui venait du cœur. Les paroles de don Juan étaient comme un lointain écho, elles me rappelaient les souvenirs perdus de l'enfance.

La violence qui m'avait submergé a disparu. La colère s'est changée en affection souriante pour don Juan. Il a dit qu'il ne fallait pas que je m'endorme, que je n'avais plus de corps et que je pouvais me changer en ce qui me plairait. Il s'est reculé. Mes yeux se trouvaient à un niveau normal comme si j'avais été debout devant lui. Il a tendu les bras vers moi et m'a dit de rentrer avec lui.

J'ai fait un pas en avant, ou bien alors il s'est approché. Il avait les mains presque sur mon visage – sur mes yeux, mais je ne les sentais pas. Il m'a dit de m'enfoncer dans sa poitrine. Je me suis senti le submerger, avec la même sensation que tout à l'heure pour le mur.

J'ai alors entendu sa voix qui m'ordonnait de regarder. Je ne le distinguais plus. Je devais cependant avoir les yeux ouverts, car je voyais des éclairs de lumière sur un fond rouge. C'était comme si j'avais regardé une lumière à travers mes paupières fermées. Les pensées me sont revenues. Une succession rapide d'images, de visages, de paysages, des scènes incohérentes qui surgissaient puis disparaissaient aussi vite. C'était comme un rêve dans lequel les images se suivent en se chevauchant parfois. Les pensées ont perdu de leur intensité, elles se sont espacées, puis tout a disparu. Il ne me restait que cette sensation d'affection et de bonheur. Je ne distinguais plus ni les formes ni la lumière. Puis je me suis senti soulevé. J'étais libre, je me déplaçais avec une extraordinaire légèreté, à la vitesse de l'eau ou de l'air. Je nageais comme une anguille, j'ai fait des tours sur moi-même, je pouvais monter ou descendre comme je le voulais. Un vent glacial soufflait tout autour de moi, et je me suis mis à flotter comme une plume, avant de m'enfoncer de plus en plus profondément.

Samedi 28 décembre 1963

Je me suis réveillé hier en fin d'après-midi. Don Juan m'a dit que j'avais dormi paisiblement pendant près de deux jours. J'éprouvais un violent mal de tête. J'ai bu de l'eau et j'ai vomi. Je me sentais extrêmement fatigué, et après avoir mangé, je me suis rendormi.

Aujourd'hui, je me sentais parfaitement détendu. Don Juan et moi, nous avons parlé de mon expérience avec la petite fumée. Pensant qu'il voudrait que je lui raconte toute l'histoire comme d'habitude, j'ai commencé à lui décrire mes impressions, mais il m'a arrêté en me disant que ce n'était pas nécessaire. Il m'a dit qu'en fait il ne m'était rien arrivé, puisque je m'étais endormi immédiatement, si bien qu'il n'y avait vraiment rien à dire.

– Et ce que j'ai ressenti ? Cela n'a donc pas d'importance ?

– Non, pas avec la petite fumée. Plus tard, quand vous saurez voyager, nous en parlerons. Quand vous aurez appris à pénétrer les choses.

– On pénètre vraiment les choses ?

– Vous l'avez donc oublié ? Vous êtes entré dans ce mur et vous êtes passé au travers.

– Il m'avait semblé sortir de mon esprit.

– Non.

– Est-ce qu'il vous est arrivé la même chose qu'à moi, la première fois que vous avez fumé, don Juan ?

– Non, ce n'était pas pareil. Nous avons des natures différentes.

– Comment vous êtes-vous comporté, don Juan ?

Il n'a pas répondu. J'ai posé à nouveau la question sous une autre forme. Il m'a répondu qu'il ne se rappelait pas ses expériences, et que lui demander cela, c'était comme de demander à un pêcheur ce qu'il a éprouvé la première fois qu'il est allé à la pêche.

Puis il a ajouté que la petite fumée constituait une alliée unique, et je lui ai rappelé qu'il avait dit la même chose du Mescalito. Il a précisé que chacun était unique à sa manière.

– Le Mescalito est un protecteur, parce qu'il vous parle et qu'il peut guider vos actions. Le Mescalito enseigne la bonne façon de vivre. Et vous pouvez le voir, parce qu'il est extérieur à vous. La petite fumée, par contre, est une alliée. Elle vous transforme, elle vous donne la puissance sans manifester sa présence. On ne peut pas lui parler. Mais on sait qu'elle existe : elle emporte votre corps et vous laisse léger comme l'air. Et cependant vous ne la verrez jamais. Mais elle vous donnera le pouvoir de faire des choses inimaginable, en emportant votre corps, par exemple.

– J'ai vraiment senti que j'avais perdu mon corps, don Juan.

– C'est un fait.

– Vous voulez dire que je n'avais vraiment plus de corps ?

– Qu'en pensez-vous, personnellement ?

– Eh bien, je n'en sais trop rien. Je ne peux vous raconter que ce que j'ai ressenti.

– C'est cela, la réalité – ce que vous ressentez.

– Mais comment m'avez-vous vu, don Juan ? Comment vous suis-je apparu ?

– Comment je vous ai vu ne présente aucun intérêt. C'est comme lorsque vous vous êtes agrippé au poteau. Vous sentiez qu'il n'était plus là, et cependant vous en avez fait le tour pour vous assurer qu'il y était. Puis quand vous vous êtes jeté dessus, vous avez bien senti qu'il n'y était plus.

– Mais vous m'avez bien vu comme vous me voyez maintenant ?

– Non. Vous n'étiez pas comme vous êtes maintenant.

– C'est vrai, je dois l'admettre. Mais enfin, j'avais bien mon corps, même si je ne le sentais plus ?

– Mais non, bon sang ! Vous n'aviez pas un corps comme celui que vous avez aujourd'hui.

– Alors, que lui était-il arrivé ?

– Je croyais que vous aviez compris. La petite fumée l'avait pris.

– Et où est-il allé ?

– Et comment diable voulez-vous que je le sache ?

Il était inutile d'insister pour essayer de tirer de don Juan une réponse « rationnelle ». Je lui ai dit que je ne voulais ni discuter ni poser des questions idiotes, mais que si j'acceptais l'idée qu'il était possible de perdre son corps, je devais du même coup renoncer à toute pensée rationnelle.

Il m'a dit que j'exagérais, comme de coutume, et que je n'avais rien perdu, et que je perdrais jamais rien, sous l'influence de la petite fumée.

Mardi 28 janvier 1964

J'ai demandé à don Juan s'il pensait qu'il convenait de donner la petite fumée à tous ceux que l'expérience tentait.

D'un air indigné, il a répondu que donner la petite fumée à n'importe qui risquait de provoquer des morts, car qui guiderait ces gens ? Je lui ai demandé de s'expliquer. Si j'étais là et en vie, a-t-il dit, c'est parce que lui m'avait ramené. Il m'avait rendu mon corps. Sans son aide, jamais je ne me serais réveillé.

– Et comment m'avez-vous rendu mon corps, don Juan ?

– Vous apprendrez cela plus tard, mais il faudra aussi

apprendre à le faire tout seul. C'est pour cela que je veux vous apprendre autant de choses que possible tant que je suis ici pour le faire. Vous avez déjà perdu bien trop de temps à demander des choses stupides. Mais peut-être n'est-ce pas votre destin de tout savoir sur la petite fumée.

– Eh bien que dois-je faire, alors ?

– Laissez la petite fumée vous enseigner tout ce que vous êtes capable d'apprendre.

– La petite fumée elle aussi enseigne des choses ?

– Naturellement.

– Comme le fait le Mescalito ?

– Non, car ce n'est pas un professeur comme le Mescalito. Elle ne montre pas les choses.

– Qu'enseigne la fumée, alors ?

– Elle montre comment dominer sa puissance, et pour apprendre cela, il faut l'utiliser aussi souvent que l'on peut.

– Votre alliée est vraiment effrayante, don Juan. Je n'avais jamais rien éprouvé de pareil. J'ai cru avoir perdu l'esprit.

C'était en effet ce qui m'était arrivé de plus angoissant. Je voyais tout cela du point de vue d'un observateur ayant eu d'autres expériences avec les hallucinogènes, dans le but d'en faire la comparaison, et tout ce qui revenait à ce sujet, comme une hantise, c'était que la petite fumée m'avait fait perdre l'esprit.

Don Juan a rejeté ma comparaison, affirmant que ce que j'avais éprouvé, c'était une puissance inimaginable. Pour la dominer, il affirmait qu'il convenait de mener une vie « forte ». Cette notion d'une vie forte ne se limite pas à la période de préparation, elle englobe également l'attitude que l'on aura après l'expérience. La fumée est si puissante, à l'en croire, qu'il faut l'affronter avec une force égale. Autrement, elle est capable de briser votre vie en mille morceaux.

Je lui ai demandé si la petite fumée produisait les mêmes effets sur tout le monde. Cela provoquait un changement, m'a-t-il répondu, mais pas chez tout le monde.

– Alors, pourquoi en a-t-elle produit un chez moi ?

– Voilà vraiment une question sotte. Vous avez suivi pas à pas mes indications. Rien de mystérieux par conséquent à ce que la petite fumée vous ait changé.

Je lui ai encore demandé de me parler de mon apparence. Je voulais savoir à quoi je ressemblais, car cette notion d'un être désincarné qu'il m'avait proposée me semblait naturellement inadmissible.

Il m'a dit qu'en vérité, il avait eu peur de me regarder. Tout comme son bienfaiteur, sans doute, quand il avait vu don Juan fumer pour la première fois.

– Pourquoi aviez-vous peur ? Étais-je si effrayant ?, lui ai-je demandé.

– Je n'avais jamais vu personne fumer.

– Vous n'aviez pas vu votre bienfaiteur fumer ?

– Non.

– Vous ne vous êtes jamais vu vous-même ?

– Comment l'aurais-je pu ?

– Vous auriez pu fumer devant une glace.

Il ne m'a pas répondu, mais il m'a regardé fixement et il a hoché la tête. Je lui ai demandé à nouveau s'il était possible de se regarder dans un miroir. Il a répondu que ce serait sans doute possible, mais que ce serait inutile, car on mourrait probablement de peur, sinon d'autre chose.

– Alors, on doit avoir l'air épouvantable.

– Je me le suis demandé toute ma vie, m'a-t-il dit, et cependant je n'ai jamais posé la question, et je n'ai jamais regardé dans une glace. Cela ne m'est même pas venu à l'idée.

– Comment pourrais-je le savoir ?

– Il faudra que vous attendiez, comme moi, jusqu'à ce que vous communiquiez la petite fumée à un autre – si jamais vous réussissez à la maîtriser, bien entendu. Vous pourrez alors savoir à quoi il ressemble. C'est la règle.

– Et que se passerait-il si je fumais devant un appareil photographique et si je prenais une photographie de moi ?

– Je l'ignore. La petite fumée se retournerait probablement contre vous. Mais j'imagine que vous la trouveriez si inoffensive que vous pourriez jouer avec elle.

Je lui ai dit que je n'avais aucune intention de jouer, et qu'il m'avait bien dit qu'il n'y avait pas d'étapes en ce qui concernait la petite fumée, et je ne voyais pas le mal qu'il y avait à vouloir savoir à quoi l'on ressemblait. Il m'a repris, en précisant qu'il avait seulement voulu dire qu'il n'y avait pas à suivre un ordre particulier, comme pour l'herbe du diable. La seule chose nécessaire, c'était d'avoir l'attitude convenable. Là, il fallait absolument suivre la règle. Il m'a donné un exemple, expliquant que peu importait dans quel ordre on ramassait les différents ingrédients, si les proportions étaient correctes.

Y avait-il un danger à raconter mon expérience ?, lui ai-je demandé. Il m'a répondu que seuls les secrets ne devaient jamais être révélés, c'est-à-dire comment fabriquer le mélange, comment se déplacer et comment revenir. Les autres détails sur le sujet étaient sans importance.

8

Ma dernière rencontre avec le Mescalito a comporté quatre étapes étalées sur quatre jours consécutifs. Don Juan a appelé cela *mitote*. C'était une cérémonie du peyotl pour des *peyoteros* et des novices. Il y avait deux hommes âgés, à peu près de l'âge de don Juan, et cinq jeunes gens, y compris moi-même.

La cérémonie a eu lieu dans l'Etat de Chihuahua, au Mexique, près de la frontière du Texas. Elle a consisté en chants et en ingestion de peyotl pendant la nuit. Nous avons le jour été assistés par des femmes, qui sont restées en dehors de la cérémonie, et qui nous ont seulement apporté de l'eau, et les aliments rituels symboliques que nous consommions chaque jour.

Samedi 12 septembre 1964

Le jeudi 3 septembre, première nuit de la cérémonie, j'ai pris huit boutons de peyotl. Ils n'ont produit aucun effet sur moi, ou alors un effet très léger. J'ai gardé les yeux fermés presque toute la nuit. C'est comme cela que je me sentais le mieux. Je ne me suis pas endormi, et je ne me sentais pas fatigué. Tout à la fin de la cérémonie, les chants sont devenus extraordinaires. Un bref instant, je me suis senti soulevé, et j'ai été pris d'une envie de pleurer, mais cela s'est arrêté en même temps que le chant.

Nous nous sommes levés et nous sommes entrés. Les

femmes nous ont donné de l'eau. Certains des hommes se sont juste rincé la bouche avec, d'autres l'ont bue. Aucun des hommes ne parlait, mais toute la journée les femmes bavardaient et riaient entre elles. Les aliments rituels nous étaient servis à midi et consistaient en maïs cuit.

Le vendredi 4 septembre au coucher du soleil, la seconde session a commencé. Le chef a chanté sa chanson du peyotl, et le cycle des chansons et des absorptions de peyotl a commencé à nouveau. Cela s'est terminé au matin, et ils ont tous chanté leur chanson en chœur.

En sortant, j'ai vu moins de femmes que le jour précédent. Quelqu'un m'a apporté de l'eau, mais ce qui m'entourait ne m'intéressait plus. J'avais à nouveau pris huit boutons ; mais l'effet avait été différent.

C'est sans doute vers la fin de la cérémonie que les chants ont accéléré, quand tout le monde s'est mis à chanter à la fois. J'ai senti quelqu'un, ou quelque chose, qui se trouvait dehors et qui voulait entrer dans la maison. Impossible de savoir si ces chants avaient pour but de l'empêcher d'entrer ou au contraire de l'y aider en l'attirant.

J'étais le seul à ne pas avoir de chanson. Ils semblaient tous me regarder d'un air interrogateur, surtout les plus jeunes. Je me suis senti mal à l'aise et j'ai fermé les yeux.

J'ai compris que je percevais beaucoup mieux ce qui se passait si je gardais les yeux fermés. Cette idée a retenu toute mon attention. J'ai fermé les yeux, et j'ai vu les hommes devant moi. J'ai ouvert les yeux, l'image n'a pas changé. La scène autour de moi ne changeait pas, que mes yeux soient ouverts ou fermés.

Soudain, tout a disparu, ou est tombé en morceaux. Une silhouette humaine m'est apparue, celle de Mescalito, comme je l'avais vue deux ans auparavant. Il était assis à une certaine distance, et je le voyais de profil. Je l'ai regardé fixement, mais il ne s'est pas une seule fois tourné vers moi.

J'avais dû faire quelque chose de mal, qui le détournait de moi. Je me suis levé pour aller le lui demander. Mais le simple fait de bouger a fait disparaître l'image, qui a pâli au fur et à mesure que celle de mes compagnons apparaissait plus nettement. Puis j'ai entendu à nouveau les chants frénétiques.

Je suis allé me promener dans les buissons voisins. Tout

y était nettement visible ; j'ai ainsi remarqué que j'y voyais dans l'obscurité, mais cela ne semblait pas avoir beaucoup d'importance pour moi, cette fois-ci. Le point important, c'était de savoir pourquoi Mescalito m'évitait.

Je suis revenu vers le groupe, et comme j'allais entrer dans la maison, j'ai senti un roulement sourd, comme un frémissement. C'était la terre qui tremblait. Et le bruit était le même que dans la vallée du peyotl deux ans auparavant.

Je suis retourné en courant dans les buissons. Je savais que le Mescalito s'y trouvait et que j'allais le voir. Mais il n'y était pas. J'ai attendu jusqu'au matin, puis j'ai rejoint les autres juste avant la fin de la cérémonie.

Cela s'est répété le troisième jour. Je ne me sentais pas fatigué, toutefois j'ai dormi dans l'après-midi.

Le samedi 5 septembre vers le soir, le vieillard a chanté sa chanson du peyotl pour recommencer la cérémonie. Cette fois-là, je n'ai mâché qu'un seul bouton, et je n'ai pas écouté les chants, et je ne me suis pas intéressé à ce qui se déroulait. Dès le début, tout mon être était concentré sur un point : je savais que quelque chose d'extrêmement important pour mon bien-être manquait.

Pendant que les hommes chantaient, j'ai demandé au Mescalito, à voix haute, de m'apprendre une chanson. Ma demande se mêlait aux chants des autres. Immédiatement, j'ai entendu un chant à mes oreilles. Je me suis retourné et je me suis assis le dos tourné aux autres. J'ai écouté. J'ai entendu l'air et les paroles un grand nombre de fois, et je les ai répétés jusqu'à savoir le chant par cœur. C'était un chant très long et en espagnol. Alors je l'ai chanté au groupe plusieurs fois de suite. Ensuite, un nouveau chant m'est venu. Le matin venu, j'avais chanté ces deux chansons un nombre énorme de fois. Je me sentais rajeuni et plus fort.

On nous a apporté de l'eau, puis don Juan m'a tendu un sac et nous sommes partis pour les collines. La marche a été longue et pénible jusqu'au *mesa*. Sur ce plateau peu élevé, j'ai vu plusieurs plants de peyotl. Mais je n'avais pas envie de les regarder, je ne sais trop pourquoi. Comme nous traversions le *mesa*, le groupe s'est dispersé. Don Juan et moi nous avons ramassé nos boutons de peyotl, juste comme nous l'avions fait la première fois.

Nous sommes revenus le dimanche 6 septembre en fin

d'après-midi. Dans la soirée, le chef a commencé une autre cérémonie. Personne ne dirait un mot, mais je savais bien que c'était la dernière réunion. Le vieillard a chanté cette fois-ci un nouveau chant. On a fait circuler un sac de boutons de peyotl frais. C'était la première fois que j'en goûtais un. Il était charnu et dur à mâcher, comme un fruit vert, avec un goût plus amer que les boutons secs. Il me semblait aussi infiniment plus vivant.

J'en ai mâché quatorze. Je les ai soigneusement comptés. Je n'ai pas fini le dernier, car j'ai entendu ce grondement familier qui indiquait la présence de Mescalito. Tout le monde chantait frénétiquement, et je savais que don Juan comme les autres, avait vraiment entendu ce bruit. Je n'ai pas voulu croire que leur réaction était la réponse à un signe donné par l'un d'eux dans l'intention de me tromper.

J'ai senti alors un immense élan de sagesse me submerger. Cette hypothèse qui m'occupait depuis trois ans venait de se changer en certitude : ainsi j'avais mis trois ans à comprendre, ou plus exactement à découvrir que le cactus *Lophophora williamsii*, peu importe ce qu'il contient, n'a pas besoin de moi pour exister comme entité. Il existe, intrinsèquement. Maintenant, j'en étais sûr.

J'ai senti comme une fièvre, tandis que je chantais jusqu'à ne plus prononcer les paroles. Le chant semblait habiter mon corps et le secouer de soubresauts incontrôlables. Il fallait que je sorte retrouver Mescalito, ou bien j'allais éclater. J'ai marché en direction du champ de peyotl, je continuais à chanter mes chants. Je savais qu'ils m'appartenaient – preuve indiscutable de mon identité. J'étais conscient de chacun de mes pas. Ils sonnaient sur le sol, comme l'écho de l'euphorie indescriptible que l'on éprouve à être un homme.

Les pieds de peyotl sur le champ brillaient d'un éclat bleuâtre. Un pied scintillait beaucoup plus que les autres. Je me suis assis devant et je lui ai chanté mes chansons. Alors que je chantais, le Mescalito est sorti de la plante – la même silhouette virile que j'avais déjà vue. Il m'a regardé. Avec une grande audace pour quelqu'un de mon caractère, j'ai chanté pour lui. Il y avait une musique de flûte, ou bien était-ce le vent, et cela faisait une vibration qui m'était familière. Il semblait me demander, comme deux ans auparavant : « Que voulez-vous ? »

Je lui ai répondu d'une voix forte. Je lui ai dit que je savais bien que quelque chose n'allait pas dans ma vie et dans mes actions, mais je n'arrivais pas à trouver de quoi il s'agissait. Je l'ai prié de bien vouloir m'éclairer, et aussi de me dire son nom pour que je puisse l'appeler directement en cas de besoin. Il m'a regardé, sa bouche s'est allongée en forme de trompette jusqu'à toucher mon oreille, et il m'a dit son nom.

Soudain, j'ai vu mon père debout au milieu du champ de peyotl. Mais le champ avait disparu : j'étais chez moi, dans la maison de mon enfance. Nous étions mon père et moi debout à côté d'un figuier. J'ai pris mon père dans mes bras et je me suis dépêché de lui dire des choses que jamais avant je n'avais été capable de lui dire. Mes pensées étaient claires et précises. Le temps devait nous manquer, et il fallait tout dire tout de suite. J'ai dit des choses stupéfiantes concernant mes sentiments à son égard, des choses que jamais je n'aurais osé dire dans des circonstances ordinaires.

Mon père ne parlait pas. Il se contentait de m'écouter, puis, comme aspiré, il a disparu. Je me suis retrouvé seul. Le remords et la tristesse m'ont tiré des larmes.

J'ai traversé le champ de peyotl en appelant le Mescalito par le nom qu'il m'avait révélé. Quelque chose a surgi d'une étrange lumière en forme d'étoile sur un pied de peyotl. C'était une forme allongée, à peu près de la taille d'un homme. Le champ en était tout illuminé, d'une forte lumière couleur d'ambre. Puis c'est le ciel qui s'est illuminé. Le spectacle était grandiose, absolument merveilleux. Je me suis dit que si je continuais à regarder, j'allais tomber aveugle. Je me suis caché la tête dans les bras.

J'ai clairement compris que le Mescalito m'ordonnait de manger encore un bouton de peyotl. Je me suis dit que je ne pouvais pas, puisque je n'avais pas de couteau pour le détacher.

D'une étrange façon, il m'a dit de le manger à même le sol.

Je me suis allongé sur le ventre et je l'ai pris avec mes dents. Je me suis senti embrasé. Mon corps a été envahi par une chaleur et une agilité nouvelles. Tout vivait, dans sa complexité délicate, et cependant, tout me semblait parfaitement simple. J'étais partout, et je pouvais voir en même temps vers le haut, le bas et tout autour.

Cela a duré assez longtemps pour que j'en prenne conscience. Une terreur profonde m'a alors envahi rapidement. D'abord des sons aigus sont venus bouleverser cet univers merveilleusement silencieux, mais je ne me sentais pas concerné. Le vacarme est devenu énorme et a semblé sur le point de me submerger. Petit à petit, l'impression que j'avais de flotter dans un monde splendide et vague, a disparu. Quelque chose de gigantesque s'agitait en soufflant autour de moi, comme lancé à ma poursuite.

En courant, je suis allé me cacher derrière un gros rocher, et j'ai essayé de deviner si la chose me suivait. Je suis prudemment sorti de ma cachette pour m'en assurer et c'est alors que mon poursuivant s'est jeté sur moi, comme du varech. J'ai vacillé sous le poids, mais je me suis retrouvé dans un creux. Le varech, je voyais cela clairement, n'avait pas recouvert toute la surface du sol autour de moi. Il restait un espace libre sous le rocher, et j'ai entrepris de m'y glisser. Mais d'énormes gouttes liquides en dégoulinaient. Je savais parfaitement qu'il s'agissait de suc digestif acide destiné à me dissoudre. Il m'en est tombé une goutte sur le bras ; j'ai tenté d'ôter l'acide en frottant avec de la terre, et puis avec de la salive, tout en continuant à creuser. J'étais presque devenu vaporeux. Je me sentais poussé vers une lumière. Je me suis dit que le varech avait dû me dissoudre. Puis il m'a semblé que la lumière que je distinguais au loin devenait plus brillante. Elle se frayait un chemin sous la terre et soudain elle a surgi devant moi et j'ai vu que c'était le soleil qui se levait derrière les montagnes.

Mes réactions sensorielles habituelles ont commencé à revenir. J'étais allongé sur le ventre, le menton posé sur mon bras replié. Le plant de peyotl devant moi s'est mis à briller de nouveau, et avant que je bouge les yeux, la forme lumineuse allongée a surgi pour me submerger. Je me suis assis. J'ai senti la lumière me baigner de sa force avant de disparaître en roulant sur elle-même.

Je suis revenu en courant à l'endroit où se trouvaient les autres.

Nous avons tous regagné la ville. Nous sommes encore restés, don Juan et moi, une journée chez don Roberto, le chef du peyotl. J'ai passé tout ce temps à dormir. Au moment de partir, les jeunes gens qui avaient participé à ces cérémonies sont venus vers moi. Un à un, ils m'ont pris dans leurs bras, avec des sourires timides. Chacun s'est présenté. Nous avons longtemps parlé de toutes sortes de choses, sauf des expériences avec le peyotl.

Puis don Juan a dit qu'il était temps de partir. Les jeunes gens m'ont à nouveau serré dans leurs bras. « Il faudra revenir, m'a dit l'un d'eux. Déjà, nous vous attendons », a ajouté un autre. Nous sommes repartis lentement, et je n'ai revu aucun des vieillards.

Jeudi 10 septembre 1964

Raconter une expérience à don Juan m'obligeait toujours à la reprendre pas à pas, et cela de mon mieux, seule façon de ne rien oublier.

Aujourd'hui, je lui ai raconté dans le détail ma dernière rencontre avec le Mescalito. Il a écouté attentivement mon récit jusqu'au moment où le Mescalito me dit son nom. Là, il m'a interrompu. Il m'a dit : « Vous voilà maintenant indépendant. Le protecteur vous a accepté. Désormais je ne vous serai plus guère utile. Vous n'êtes pas obligé de m'en dire davantage sur vos relations avec lui. Vous savez son nom. Et ni son nom ni vos relations ne doivent être révélés à âme qui vive. »

Je lui ai affirmé mon désir de lui raconter le détail de mon expérience, car elle ne signifiait rien pour moi. J'avais besoin de son aide pour interpréter ce que j'avais vu. Il a prétendu que je pouvais bien faire cela tout seul, et qu'il fallait que je commence à penser par moi-même. J'ai insisté : j'avais besoin de son opinion, car cela me prendrait trop longtemps de m'en faire une sans son aide, et puis je ne savais pas comment m'y prendre. Je lui ai dit :

– Ces chansons, par exemple : que signifient-elles ?

– C'est à vous d'en décider. Comment pourrais-je le savoir ? Seul le protecteur peut vous le dire, de même qu'il est le seul à pouvoir vous apprendre ces chants. Si je devais vous dire ce qu'ils signifient, ce serait comme si vous appreniez les chants d'un autre.

– Que voulez-vous dire, don Juan ?

– On peut repérer les simulateurs en écoutant des gens chanter les chants du protecteur. Seuls les chants qui ont une âme ont bien été enseignés par le protecteur. Quant aux autres ce ne sont que des copies. On trouve des gens assez fourbes pour faire cela. Ils chantent les chants d'un autre sans même savoir ce qu'ils signifient.

Je lui ai confié que j'avais formé le projet de lui demander quel était l'usage de ces chants. Ces chants que j'avais appris servaient à appeler le protecteur, et qu'il fallait les utiliser en même temps que le nom du protecteur. Le Mescalito m'apprendrait ensuite d'autres chants pour d'autres buts, probablement.

Pensait-il que le protecteur m'avait définitivement accepté ? Ma question l'a bien amusé. Cela lui semblait évident, et la meilleure preuve, c'est qu'il s'était manifesté deux fois à moi sous l'aspect d'une lumière. Don Juan semblait particulièrement impressionné par le fait que j'avais vu cette lumière deux fois de suite. Il a beaucoup insisté sur cet aspect de ma rencontre avec le Mescalito.

Je ne comprenais pas, lui ai-je dit, comment je pouvais avoir été accepté par le protecteur, alors qu'il continuait à me terrifier.

Don Juan est resté longtemps sans me répondre. Il semblait stupéfait. Il a fini par dire : « C'est parfaitement clair. Ce qu'il voulait est tellement clair que je ne vois pas comment vous pouvez avoir le moindre doute. »

– Et cependant, don Juan, tout est encore incompréhensible pour moi.

– Il faut du temps pour voir et comprendre ce que veut dire le Mescalito. Il faut méditer sur ses leçons jusqu'à ce que le sens en soit clair.

Vendredi 11 septembre 1964

J'ai encore demandé à don Juan de m'expliquer mes visions. Il a hésité un moment. Puis il s'est mis à parler, comme s'il reprenait une conversation déjà engagée sur le sujet du Mescalito.

– Vous comprenez que c'est stupide de croire qu'il est comme quelqu'un à qui l'ont peut parler ? Il ne ressemble à rien que vous ayez déjà vu. C'est comme un homme, et en même temps, complètement différent. C'est difficile d'expliquer cela à des gens qui ne savent rien de lui et qui voudraient tout savoir d'un seul coup. De plus, ses enseignements sont aussi mystérieux qu'il l'est lui-même. A ma connaissance, personne ne peut prévoir ses actes. Vous lui posez une question, il vous montre la voie, mais pas dans une conversation comme celle que nous avons. Vous comprenez, maintenant ?

– Ce n'est pas cela que j'ai du mal à comprendre. Ce qui m'échappe, c'est ce qu'il veut dire.

– Vous lui avez demandé de vous dire ce que vous aviez qui n'allait pas, et il vous en a dressé un tableau complet. Pas la moindre erreur possible. Impossible pour vous de prétendre que vous n'avez pas compris. Ce n'était pas une conversation, et cependant c'en est une. Vous lui avez ensuite posé une autre question, et il vous a répondu de la même façon. Quant à savoir ce que cela signifie, je n'en suis pas sûr, car vous avez choisi de ne pas me dire en quoi consistaient vos questions.

Je lui ai soigneusement répété les questions dont je me souvenais, dans l'ordre où je les avais posées. « Ai-je fait ce qu'il fallait ? Suis-je sur le bon chemin ? Que devrais-je faire de ma vie ? » Don Juan m'a dit que mes questions n'étaient que des mots. Mieux valait ne pas les formuler en mots, mais poser les questions de l'intérieur. Le protecteur, a-t-il ajouté, voulait vous donner une leçon, sans pour autant vous effrayer, et deux fois il s'est montré sous la forme d'une lumière.

N'empêche que je ne comprenais toujours pas pourquoi le Mescalito m'avait terrorisé s'il m'avait accepté. J'ai rappelé à don Juan que, d'après lui, être accepté par le Mescalito signifiait que sa forme ne changerait plus pour passer de la béatitude au cauchemar. Don Juan s'est encore moqué de moi, et il a dit que si je pensais à la question que j'avais dans le cœur en parlant au Mescalito, j'en comprendrais la leçon tout seul.

Penser à la question que j'avais dans « le cœur » n'était pas facile, car j'avais alors beaucoup de choses en tête, ai-je dit à don Juan. Quant au bon chemin : avais-je un pied dans deux mondes différents ? Et lequel de ces deux mondes était le bon ? Quelle route ma vie devrait-elle suivre ?

Don Juan a soigneusement écouté mes explications, pour conclure que je n'avais pas une vue claire du monde, et que le protecteur m'avait donné une éblouissante leçon. « Vous croyez qu'il existe deux mondes – deux chemins. Or il n'en existe qu'un seul. Le protecteur vous a montré cela avec une clarté incroyable. Le seul monde possible pour vous, c'est le monde des hommes, et vous ne pouvez pas choisir de le quitter. Vous êtes un homme. Le protecteur vous a montré le monde du bonheur où n'existe pas de différence entre les choses, car personne n'est là pour s'inquiéter de cette différence. Mais ce n'est pas le monde des hommes. Et le protecteur vous a un peu secoué pour vous sortir de là, et il vous a montré comment un homme pense et se bat. C'est cela le monde des hommes. Et l'homme est condamné à ce monde. Vous avez la vanité de croire que vous appartenez à deux mondes, mais ce n'est que votre vanité. Il n'y a qu'un seul monde pour nous. Nous sommes des hommes, et nous devons nous contenter du monde des hommes.

« Je crois que la leçon, c'était cela ».

9

Don Juan semblait souhaiter me voir expérimenter l'herbe du diable autant que je le pouvais. Cela me semblait curieux, étant donné le mépris où il prétendait tenir la puissance. Il s'est justifié en me disant que le moment où il me faudrait fumer à nouveau approchait et qu'il me fallait d'ici là acquérir une meilleure connaissance du pouvoir de l'herbe du diable.

Il m'a proposé à plusieurs reprises une autre séance de l'herbe du diable avec les lézards. J'y ai pensé pas mal de temps. Don Juan se faisait de plus en plus insistant : il a bien fallu que j'accepte. Et un beau jour je me suis décidé à partir à la recherche d'objets volés.

Lundi 28 décembre 1964

Le samedi 19 décembre, j'ai coupé la racine de *datura*. J'ai attendu pour ma danse qu'il fasse presque nuit, calculant soigneusement mon temps. J'ai préparé l'extrait de racine pendant la nuit et le dimanche vers six heures du matin, je suis allé voir mon *datura*. Je me suis assis devant la plante. J'avais soigneusement noté tout ce que m'avait dit don Juan sur la façon de s'y prendre. J'ai relu mes notes, et j'ai constaté que je n'étais pas obligé d'écraser les graines ici. De me trouver ainsi devant la plante, cela me donnait une remarquable stabilité émotionnelle, une clarté de la pensée et un pouvoir de me concentrer sur mes actes, qui d'ordinaire me faisaient défaut.

J'ai soigneusement suivi toutes les instructions pour que la pâte et la racine soient prêtes en fin d'après-midi. Vers cinq heures, je me suis mis à la recherche des lézards. Pendant une heure et demie, j'ai essayé toutes les méthodes que je pouvais imaginer, sans y parvenir.

J'étais assis devant mon pied de *datura* à essayer de trouver un moyen, quand je me suis rappelé que don Juan m'avait dit qu'il fallait parler au lézards. Je me suis d'abord senti parfaitement ridicule, comme si je m'étais adressé à une vaste assemblée. Cette impression a disparu et j'ai continué à parler. Il faisait presque nuit. J'ai soulevé une pierre. Il y avait un lézard dessous. Il semblait tout engourdi. Je l'ai ramassé. Et puis j'ai vu un autre lézard tout raide sous un rocher. Ils ne se débattaient même pas.

La suture de la bouche et des yeux n'a pas été facile. Mais don Juan n'avait pas affirmé que mes actes étaient irrévocables : son idée, c'était que lorsqu'on commence quelque chose, il n'y a plus moyen de s'arrêter. Cependant, si j'avais voulu arrêter, rien ne m'en empêchait. Peut-être ne le voulais-je pas, somme toute.

J'ai lâché un lézard et il s'est sauvé en direction du nord-est – ce qui laissait présager une séance réussie, mais difficile. Je me suis attaché l'autre lézard à l'épaule et j'ai étalé la préparation sur mes tempes. Le lézard ne bougeait pas. Je me suis demandé s'il n'était pas mort. Don Juan ne m'avait pas dit ce qu'il convenait de faire dans un pareil cas. Mais le lézard était seulement engourdi.

J'ai avalé le breuvage et j'ai attendu. Je ne ressentais rien d'extraordinaire. Je me suis frotté la pâte sur les tempes, vingt-cinq fois de suite. Puis machinalement, sans y prendre garde, en quelque sorte, je m'en suis étalé sur le front. J'ai soudain compris mon erreur et j'ai rapidement essuyé cette pâte. Mon front s'est couvert de sueur ; je me sentais fiévreux, en proie à une forte angoisse, car don Juan avait bien recommandé de ne pas me mettre de cette pâte sur le front. Puis ma peur s'est changée en une impression de profonde solitude, comme si j'étais condamné. J'étais tout seul. Si quelque chose m'arrivait, personne ne me viendrait en aide. J'ai eu envie de me sauver. J'avais une impression dangereuse d'indécision, je ne savais trop que faire. Un flot de pensées envahissait mon esprit, à une vitesse incroyable, et je remarquais au passage que c'étaient de drôles de pensées ; je veux dire, elles me semblaient bizarres car on aurait dit qu'elles venaient d'ailleurs, par rapport à mes pensées habituelles. D'ordinaire, mes pensées sont d'un certain type, et viennent en un certain ordre, qui n'est qu'à moi, et le moindre écart se remarque tout de suite.

Une de ces idées étrangères était à propos d'une affirmation faite par un auteur. C'était, je m'en souviens, plutôt une voix, qui aurait dit quelque chose derrière moi. Cela est arrivé si brutalement que j'ai sursauté. Je suis resté ainsi un moment, et c'est devenu une pensée tout à fait ordinaire. J'étais sûr d'avoir lu cela quelque part. Mais impossible de retrouver le nom de l'auteur. Il m'a semblé soudain que ce devait être Alfred Kroeber. C'est alors qu'a surgi une autre pensée « étrangère » qui m'a *dit* qu'il ne s'agissait pas de Kroeber, mais de Georg Simmel. J'insistais que c'était Kroeber, et je me suis retrouvé au beau milieu d'une discussion avec moi-même. Entre-temps, j'avais complètement oublié mon impression d'être condamné.

Mes paupières sont devenues lourdes, comme si j'avais pris des somnifères. Je n'en ai d'ailleurs jamais pris, mais c'est l'image qui m'est venue à l'esprit. J'étais en train de m'endormir. J'ai voulu me traîner jusqu'à ma voiture, mais je ne pouvais pas bouger.

Je me suis réveillé soudain, ou plutôt j'ai eu l'impression que je venais de le faire. Ma première pensée a été pour me demander l'heure qu'il était. J'ai regardé autour de moi. Je ne me trouvais plus devant le pied de *Datura*. J'ai accepté cela avec indifférence, en me disant que ce devait être une autre expérience de divination. Il était 12 h 35 à une pendule au-dessus de ma tête, et je savais que c'était l'après-midi.

J'ai vu un jeune homme qui transportait une pile de papiers. Il me touchait presque. J'ai vu battre les veines de son cou et j'ai entendu le battement rapide de son cœur. Ce que je voyais m'absorbait et je ne m'étais pas soucié de la qualité de mes pensées. C'est alors que j'ai entendu à mon oreille une « voix » qui me décrivait la scène : j'ai compris que cette « voix » c'était une pensée étrangère dans mon esprit.

J'étais si occupé à écouter que la scène que je voyais a perdu de son intérêt pour moi. J'entendais la voix qui me parlait à l'oreille droite par-dessus mon épaule. En fait, elle créait la scène rien qu'en me la décrivant. Mais elle obéissait à ma volonté, car je pouvais m'arrêter au moment que je voulais et examiner tranquillement la scène décrite. C'est ainsi que j'ai entendu et vu en même temps toute la scène avec le jeune homme. La voix m'expliquait tout dans le détail, encore que l'action ne fût guère importante. Ce qu'il y avait de vraiment extraordinaire, c'était cette petite voix. Trois fois au cours de cette expérience, j'ai tenté de me retourner pour voir qui parlait. Je m'efforçais de tourner la tête à droite, ou de me retourner brusquement, pour voir s'il y avait quelqu'un. Mais à chaque fois, la vision s'est obscurcie. Je me suis dit : « Si je ne peux pas tourner la tête, c'est que cette scène n'est pas du domaine de la réalité ordinaire. » Et cela, c'était bien une pensée à moi.

A partir de ce moment-là, j'ai concentré mon attention sur la voix. Elle semblait venir de mon épaule. Elle était parfaitement claire, encore que ce fût une toute petite voix, ni une voix d'enfant ni une voix de fausset, mais une voix d'homme miniature. Et ce n'était pas non plus ma voix. Ce devait être de l'anglais. A chaque fois que j'essayais de la prendre par surprise, elle disparaissait, ou elle devenait très faible et la scène s'effaçait. Une comparaison m'est venue : cette voix c'était comme l'image que des poussières sur les cils forment, ou des vaisseaux sanguins dans la cornée de l'œil. On ne distingue l'image que lorsqu'on ne la regarde pas directement ; mais si l'on tente de le faire, elle disparaît avec le mouvement de l'œil.

L'action ne m'intéressait plus du tout. Et comme j'écoutais toujours, la voix est devenue plus complexe. Ce que je prenais pour une voix ressemblait en fait davantage à des pensées murmurées à mon oreille. Encore que cela ne soit pas exact non plus. Quelque chose *pensait* à ma place. Ces pensées m'étaient extérieures. J'en étais sûr, parce que je pouvais en même temps suivre le fil de mes propres pensées, sans perdre celles de *l'autre.*

A un moment, la voix a créé des scènes interprétées par le jeune homme, et ces scènes n'avaient rien à voir avec ma question première à propos des objets perdus. Ce jeune homme accomplissait des choses très compliquées. L'action était redevenue importante, et je ne me souciais plus de la voix. Je perdais patience ; j'aurais voulu arrêter tout cela. J'ai pensé : « Comment puis-je arrêter tout cela ? » La voix dans mon oreille m'a dit que je devrais retourner au canyon. J'ai demandé comment. La voix m'a dit que je n'avais qu'à penser à ma plante.

J'ai donc pensé à ma plante. Souvent, je m'asseois devant. Je l'avais fait si souvent que cela m'était facile de voir la scène. Je me suis dit que ce devait être une autre forme d'hallucination, mais la voix m'a dit que j'étais bien *revenu.* J'ai prêté l'oreille. Le silence était total. Le pied de *datura* devant moi était aussi réel que tout ce que j'avais jamais vu, et je pouvais le toucher et en faire le tour.

Je me suis levé et je me suis dirigé vers ma voiture. Cet effort m'a épuisé, je me suis assis et j'ai fermé les yeux. La tête me tournait, j'avais mal au cœur. J'avais les oreilles qui bourdonnaient.

Quelque chose a glissé sur ma poitrine. C'était le lézard. Je me suis souvenu de ce que m'avait dit don Juan : il fallait le libérer. Je suis retourné à la plante et j'ai lâché le lézard. Je ne voulais pas savoir s'il était mort ou vivant. J'ai cassé le pot de terre qui contenait la pâte et je l'ai recouvert de terre. Et puis je suis monté dans la voiture et je me suis endormi.

Jeudi 24 décembre 1964

Aujourd'hui, j'ai raconté toute mon expérience à don Juan. Comme d'habitude, il m'a écouté sans jamais m'interrompre. Ensuite, voici notre dialogue :

– Vous avez commis une grave erreur.

– Je le sais. C'était une erreur tout à fait stupide, un accident.

– Il n'existe pas d'accidents lorsqu'on a affaire à l'herbe du diable. Je vous ai dit que tout au long, elle vous mettrait à l'épreuve. A mon avis, ou vous êtes très fort, ou bien l'herbe vous aime vraiment. Le centre du front, ce n'est que pour les grands *brujos* qui savent contrôler son pouvoir.

– Et que se passe-t-il d'ordinaire, si un homme se frotte le front avec cette pâte, don Juan ?

– Si cet homme n'est pas un grand *brujo,* jamais il ne revient de son voyage.

– Vous êtes-vous jamais frotté la pâte sur le front, don Juan ?

– Non, jamais. Mon bienfaiteur m'avait dit que fort peu de gens reviennent du voyage. Un homme peut rester parti pendant des mois, et il faudrait que d'autres s'occupent de lui. Mon bienfaiteur disait que les lézards peuvent vous emmener au bout du monde et vous montrer si vous le voulez les plus merveilleux secrets.

– Connaissez-vous quelqu'un qui ait fait ce voyage ?

– Oui, mon bienfaiteur. Mais jamais il ne m'a dit comment on en revenait.

– C'est donc si difficile, don Juan ?

– Oui. C'est pour cela que je suis stupéfait de ce qui vous est arrivé... Vous ignoriez les étapes, or il en existe, car elles sont nécessaires pour trouver la force. On n'est rien sans cela.

– Puis nous sommes restés silencieux pendant des heures. Il me semblait plongé dans de profondes réflexions.

Samedi 26 décembre 1964

Don Juan m'a demandé si j'avais cherché les lézards. Je lui ai répondu que oui, mais je n'avais pas pu les trouver. Je lui ai demandé ce qui serait arrivé si l'un d'eux était mort pendant que je le tenais. Il m'a dit que la mort du lézard constituait un événement malheureux. Si le lézard à la bouche cousue était mort pendant l'expérience, il aurait été, a-t-il affirmé, inutile de continuer. De plus cela aurait signifié que les lézards m'avaient retiré leur amitié, et il m'aurait fallu abandonner l'étude de l'herbe du diable pendant fort longtemps.

– Combien de temps, don Juan ?

– Deux ans au moins.

– Et si c'était l'autre qui était mort ?

– Si le second était mort, vous auriez été alors en réel danger, seul, et sans guide. S'il était mort avant le début de la sorcellerie, vous auriez encore pu arrêter. Mais en arrêtant, il aurait fallu abandonner du même coup l'herbe du diable. Si le lézard était mort alors qu'il était sur votre épaule, après le début de la sorcellerie, il aurait fallu continuer, ce qui aurait été folie pure.

– Et pourquoi cela ?

– Dans de telles conditions, rien n'a plus aucun sens. Seul

et sans guide, vous auriez vu des choses terrifiantes et dénuées de sens.

– Que voulez-vous dire par « des choses dénuées de sens » ?

– Des choses que l'on voit par soi-même, lorsque rien ne vient nous guider. Cela signifie que l'herbe du diable veut se débarrasser de vous, vous repousser.

– Connaissez-vous des personnes à qui cela soit arrivé ?

– Oui. Moi. Sans la sagesse des lézards, je devenais fou.

– Qu'avez-vous vu, don Juan ?

– Des choses absurdes. Que voir d'autre, sans guide ?

Lundi 28 décembre 1964

– Vous m'avez dit, don Juan que l'herbe du diable met les hommes à l'épreuve. Que vouliez-vous dire par là ?

– L'herbe du diable est comme une femme, et comme une femme elle flatte les hommes. Elle leur tend constamment des pièges. C'est ce qu'elle a fait en vous faisant étaler la pâte sur votre front. Elle essaiera encore, et sans doute tomberez-vous dans ses pièges. Je vous avertis. N'ayez pas de passion pour elle. Pour un homme de savoir, l'herbe du diable n'est qu'un des chemins possibles. Il en existe d'autres. Mais elle tentera de vous faire croire qu'il n'en existe pas d'autre. Je prétends qu'il est vain de perdre sa vie sur une voie, surtout si cette voie n'a pas de cœur.

– Mais, don Juan, comment peut-on savoir qu'une voie n'a pas de cœur ?

– Avant de vous embarquer, vous vous posez cette question : cette voie a-t-elle un cœur ? Si la réponse est non, vous voilà au courant ; il faut alors choisir un autre chemin.

– Mais comment savoir à coup sûr si ce chemin a un cœur ou n'en a pas ?

– N'importe qui peut découvrir cela. Le malheur, c'est que personne ne pose la question. Et lorsqu'on s'aperçoit que l'on a choisi une voie sans cœur, cette voie est prête à vous tuer. Peu d'hommes peuvent alors s'arrêter pour réfléchir, et changer de voie.

– Et comment faut-il s'y prendre pour poser la question, don Juan ?

– Il n'y a qu'à la poser.

– Je veux dire, existe-t-il une méthode convenable, pour ne pas risquer de me mentir à moi-même, et croire que la réponse est oui alors que c'est non ?

– Et pourquoi vous mentiriez-vous ?

– Si à ce moment-là, la voie est agréable, peut-être.

– Balivernes. Un chemin n'est jamais agréable, s'il n'a pas de cœur. Il faut se donner de la peine rien que pour le prendre. Par contre, un chemin qui a un cœur est facile : on n'a pas besoin de se donner de la peine pour l'aimer.

Puis don Juan a soudain changé le fil de notre conversation : et si j'aimais déjà l'herbe du diable ?, m'a-t-il demandé à brûle-pourpoint. Il m'a bien fallu admettre que j'avais une petite préférence pour elle. Il m'a demandé ce que j'éprouvais pour son alliée à lui, la petite fumée. Il m'a bien fallu admettre qu'elle me faisait une peur extraordinaire.

– Je vous ai dit qu'il fallait choisir une voie où vous seriez à l'abri de la peur et de l'ambition. La petite fumée vous aveugle de peur, et l'herbe du diable d'ambition.

J'ai prétendu qu'il faut bien avoir de l'ambition pour entreprendre quoi que ce soit, et que de prétendre le contraire ne voulait rien dire. Il faut à quelqu'un de l'ambition pour apprendre.

– Le désir d'apprendre n'est pas de l'ambition, m'a-t-il répondu. C'est notre condition humaine que de vouloir apprendre mais poursuivre l'herbe du diable, c'est rechercher la puissance, c'est cela l'ambition, il ne s'agit plus de savoir. Ne laissez pas l'herbe du diable vous aveugler. Déjà elle vous a accroché. Elle séduit les hommes en leur donnant un sentiment de puissance. On a l'impression de pouvoir faire des choses dont les autres sont incapables. Mais c'est un piège. Car plus tard la voie sans cœur se retournera contre ces hommes et les détruira. Il ne faut pas grand-chose pour mourir, et rechercher la mort c'est courir après le vide.

10

En décembre 1964, je suis allé avec don Juan ramasser les différentes plantes nécessaires à la préparation du mélange à fumer. C'était le quatrième cycle. Don Juan s'est contenté de me surveiller. Il m'a bien dit de prendre mon temps, d'observer et de bien réfléchir avant de cueillir les plantes. Quand tout a été réuni et mis de côté, il m'a encouragé à rencontrer son alliée de nouveau.

Jeudi 31 décembre 1964

– Maintenant que vous en savez davantage sur l'herbe du diable et la petite fumée, vous pouvez mieux dire celle que vous préférez, m'a dit don Juan.

– Eh bien, don Juan, en fait la petite fumée me terrifie. Je ne sais pas trop pourquoi, mais cela me met mal à l'aise.

– Vous aimez la flatterie, et l'herbe du diable vous flatte. Comme avec une femme, vous vous sentez bien. D'un autre côté, la petite fumée, c'est la puissance la plus noble ; c'est elle qui a le cœur le plus pur. Elle ne séduit pas les hommes, elle n'en fait pas ses prisonniers, elle n'apporte ni haine ni amour. Elle ne demande que de la force. L'herbe du diable aussi exige de la force, mais d'une autre sorte. Cela ressemble davantage à la virilité devant les femmes. La force exigée par la petite fumée, c'est celle du cœur. Vous ne la possédez pas. D'ailleurs fort peu d'hommes la possèdent. C'est pour cela que je vous recommande d'apprendre à connaître la petite fumée. Elle renforce le cœur. Elle n'est pas comme l'herbe du diable pleine de passions, de jalousie et de violence. La petite fumée est loyale. On n'a pas à craindre d'oublier quelque chose en route.

Mercredi 27 janvier 1965

Le mardi 19 janvier j'ai fumé de nouveau le mélange hallucinogène. J'avais dit à don Juan que cela me remplissait d'appréhension, et m'effrayait véritablement. Il a répondu qu'il fallait encore essayer pour en décider en toute justice.

Nous sommes allés dans sa chambre. Il était presque deux heures de l'après-midi. Il a apporté la pipe. Je suis allé chercher des braises, et nous nous sommes assis l'un en face de l'autre. Il m'a dit qu'il allait réchauffer la pipe pour la réveiller et que si je regardais soigneusement, je la verrais luire. Il a porté la pipe à ses lèvres trois ou quatre fois de suite, en aspirant. Il la caressait doucement. Puis il m'a fait un signe de tête, presque imperceptible. Il voulait que j'observe le réveil de la pipe. J'ai bien regardé, mais je n'ai rien remarqué.

Il m'a tendu la pipe. J'ai rempli le fourneau avec mon propre mélange, puis j'ai pris une braise à l'aide d'une paire de petites pincettes que j'avais faites avec une pince à linge en bois, que j'avais gardée pour cette occasion. Don Juan a regardé mes pincettes et il s'est mis à rire. J'ai hésité un moment et la braise a collé aux pincettes. Comme je n'osais pas taper sur le bord de la pipe, il a fallu que je crache sur la braise pour l'éteindre.

Don Juan avait tourné la tête de côté et il s'était couvert le visage avec son bras. Comme son corps était secoué de soubresauts, on aurait pu croire qu'il pleurait. Mais non, il riait silencieusement.

Nous sommes restés comme cela un bon moment. Enfin il a adroitement saisi une braise, il l'a mise dans le fourneau de la pipe, et il m'a dit de fumer. Il était très difficile d'aspirer à travers ce mélange qui semblait compact. A la première bouffée, j'ai senti que j'avalais une fine poussière, cela m'a immédiatement engourdi la bouche, j'ai vu le rougeoiement, mais jamais je n'ai senti la fumée comme l'on sent la fumée d'une cigarette. J'avais cependant bien l'impression d'aspirer quelque chose qui m'a d'abord empli les poumons, avant de se répandre dans tout mon corps.

J'ai compté vingt aspirations, et puis ensuite j'ai cessé de compter, cela n'avait plus d'importance. Je me suis mis à transpirer. Don Juan me regardait fixement, il m'a dit de ne pas avoir peur et de faire très exactement ce qu'il me dirait. J'ai essayé de répondre « parfait », mais cela a fait un bruit bizarre, comme un hurlement, qui a continué à retentir longtemps alors que j'avais fermé la bouche. Cela a fait sursauter don Juan, et il a été pris d'un fou rire. J'ai voulu lui faire oui de la tête : impossible de bouger.

Don Juan m'a doucement écarté les doigts et il a pris la pipe. Il m'a dit de m'allonger sur le sol, mais sans m'endormir. Je me suis demandé s'il allait m'aider à m'étendre, mais il n'en a rien fait. Il se contentait de me regarder intensément. Soudain, j'ai vu la pièce basculer. Je regardais don Juan de ma position sur le côté ; les images se sont faites plus vagues, comme dans un rêve. Je me souviens tout juste d'avoir entendu don Juan me parler longuement tandis que j'étais immobilisé.

Je n'ai ressenti ni peur ni malaise pendant la période elle-même, et je n'ai pas été malade en me réveillant le lendemain. La seule chose remarquable, c'est que je n'ai pas retrouvé mes idées claires tout de suite en m'éveillant. Puis graduellement, au bout de quatre ou cinq heures, je suis redevenu moi-même.

Mercredi 20 janvier 1965

Don Juan ne m'a pas parlé de mon expérience, et il ne m'a pas demandé de lui en faire le récit. Il a simplement constaté que je m'étais endormi trop tôt.

– La seule façon de rester éveillé, c'est de devenir un oiseau, ou un grillon, ou quelque chose comme cela, m'a-t-il dit.

– Mais comment fait-on cela, don Juan ?

– C'est ce que je vais vous enseigner. Vous souvenez-vous de ce que je vous ai dit hier lorsque vous étiez sorti de votre corps ?

– Non, pas très clairement.

– Je suis un corbeau. Je vous apprends comment devenir un corbeau. Quand vous saurez cela, vous ne vous endormirez plus, et vous pourrez vous déplacer librement. Autrement, vous resterez collé au sol, là où vous retomberez.

Dimanche 7 février 1965

Ma seconde tentative avec la fumée a eu lieu vers midi le dimanche 31 janvier. Je me suis réveillé le lendemain en début de soirée. J'avais une impression de puissance inhabituelle qui me permettait de me rappeler tout ce que don Juan m'avait dit pendant l'expérience. Ses paroles semblaient gravées dans mon esprit. Je les entendais encore avec une clarté extraordinaire. J'avais remarqué aussi autre chose : mon corps tout entier s'était engourdi quand j'avais commencé à avaler la fine poussière, qui m'entrait dans la bouche à chaque fois que j'aspirais. Ainsi je n'inhalais pas seulement la fumée, j'ingérais également le mélange.

J'ai essayé de raconter mon expérience à don Juan ; il m'a dit que je n'avais rien fait d'important. Je lui ai rappelé que je me souvenais de tout ce qui était arrivé, mais il n'a pas voulu m'écouter. Mes souvenirs étaient parfaitement précis. Au début, cela avait été comme la fois précédente quand j'avais fumé. Les deux expériences semblaient presque parfaitement superposables, et je pouvais tout enchaîner dès la fin de la première expérience. J'avais bien remarqué que dès que j'étais tombé sur le côté, j'avais perdu toute sensation et toute pensée. Sans voir ma clarté diminuer pour autant. Ma dernière pensée, au moment où la pièce était passée à la verticale avait été : « J'ai dû me cogner la tête contre le sol, et pourtant cela ne me fait pas mal. »

A partir de là, je n'avais que vu et je n'avais qu'entendu. Je pouvais répéter toutes les paroles de don Juan. J'avais suivi toutes ses indications, elles m'avaient semblé claires, logiques et faciles. Il m'avait dit que mon corps disparaîtrait et qu'il ne resterait que ma tête. Dans ces conditions, la seule façon de rester éveillé et de pouvoir me déplacer, c'était de devenir un corbeau. Il m'avait dit de faire un effort pour cligner de l'œil : si j'étais capable de faire cela, alors on pourrait continuer. Il m'a dit que mon corps avait complètement disparu et qu'il ne restait plus que ma tête : la tête ne disparaissait jamais, parce que c'est la tête qui est changée en corbeau.

Il m'a ordonné de cligner de l'œil. Il a dû répéter cet ordre, ainsi que les suivants, des quantités de fois, car je m'en souviens avec une extraordinaire clarté. J'ai dû cligner de l'œil, car il m'a dit que j'étais prêt. Il m'a dit de redresser la tête et de sortir le menton : c'était le menton qui allait devenir les pattes du corbeau. Il fallait que je sente ces pattes et que je les observe, alors qu'elles sortaient lentement. Il a dit que je n'étais pas encore bien solide et que maintenant il me fallait une queue, qui allait jaillir de mon cou ; je devais ensuite la mettre en éventail, et sentir comment elle balayait le sol.

Il a ensuite parlé des ailes du corbeau : elles allaient jaillir de mes pommettes ; cela serait difficile et douloureux. Il m'a dit de les déployer. Il fallait qu'elles soient très longues, aussi longues que possible, si je voulais voler. Il les a trouvées longues et très belles, et il a fallu les bouger vigoureusement pour qu'elles deviennent de vraies ailes.

Ensuite, ç'a été le sommet de ma tête, qui était encore beaucoup trop grand et très lourd : sa masse m'empêcherait de m'envoler. Pour en réduire la taille, il fallait encore cligner de l'œil : à chaque clin d'œil, elle rapetisserait. J'ai donc dû cligner de l'œil jusqu'à pouvoir sautiller sans difficulté. Puis j'ai continué à me promener pour retrouver toute mon agilité.

Il restait encore une chose à faire avant que je puisse voler, la plus difficile de toutes, et pour y parvenir, il faudrait que je suive ses indications docilement et avec beaucoup de soin. Il fallait que j'apprenne à voir comme un corbeau. Entre mes deux yeux, ma bouche et mon nez allaient devenir un gros bec solide. Les corbeaux, affirmait-il, voient perpendiculairement sur le côté, je devais donc tourner la tête et le regarder comme cela d'un seul œil. Si je voulais regarder de l'autre œil, il faudrait que je secoue le bec, et le tour serait joué. Il m'a ainsi fait passer d'un œil à l'autre. Alors, a-t-il déclaré, j'étais prêt à voler et pour cela, il fallait qu'il me lance en l'air.

J'établissais sans difficulté le rapport entre son ordre et la sensation correspondante. Il me poussait des pattes d'oiseau, d'abord un peu chancelantes, et puis une queue qui jaillissait de ma nuque, et les ailes qui sortaient de mes pommettes. Je les sentais se déployer lentement, cela s'était révélé délicat, mais non point douloureux. Et puis j'avais cligné de l'œil et ma tête avait pris la taille de celle d'un corbeau. Mais la chose la plus stupéfiante, c'était la façon dont j'avais pu acquérir une vue d'oiseau.

Quand don Juan m'a montré comment me faire un bec, j'ai eu la désagréable impression de manquer d'air. Puis cela s'est déployé devant moi. C'est seulement quand don Juan m'a expliqué comment regarder sur le côté que j'ai vraiment eu une vision panoramique. Je pouvais cligner d'un œil, passer de l'un à l'autre pour avoir une vision nette. Mais la façon dont je voyais la pièce et ce qu'elle contenait était nouvelle, sans qu'il me fût possible de dire en quoi. Peut-être était-elle tout de guingois, ou l'image mal au point. Don Juan était devenu gigantesque et tout brillant. Mais il avait quelque chose qui me rassurait. Puis les images sont devenues floues et leurs contours vagues, avant de se transformer en formes abstraites qui ont clignoté pendant un moment.

Dimanche 28 mars 1965

Le mardi 18 mars, j'ai à nouveau fumé le mélange hallucinogène. Cela n'a d'abord différé que par de petits détails. Il a fallu que je remplisse le fourneau de la pipe une seconde fois. La première pipe une fois fumée, don Juan m'a montré comment nettoyer le fourneau, ensuite il a versé lui-même le mélange car je semblais avoir des problèmes de contrôle musculaire. Ainsi, j'éprouvais beaucoup de difficulté à bouger les bras. Il restait dans mon sac assez de mélange pour une autre pipe. Don Juan a dit que ce serait donc ma dernière expérience de la petite fumée jusqu'à l'année suivante, puisque j'aurais épuisé toute ma provision.

Il a retourné le sachet et il en a secoué la poussière dans la coupe qui contenait les braises. Elle a brûlé avec une flamme orange, comme s'il avait posé sur les braises une plaque transparente. Cette plaque s'est soudain enflammée, et ensuite elle s'est craquelée, et quelque chose filait en zigzag dans ces craquelures... Don Juan m'a dit de suivre le mouvement de ces lignes. J'ai vu comme une petite bille rouler de-ci, de-là parmi le rougeoiement. Il s'est penché, il a ramassé la bille et il l'a mise dans le fourneau de la pipe. J'ai bien eu l'impression qu'il avait mis cette boulette dans la pipe pour me la faire fumer. La pièce a bientôt perdu sa position horizontale, et j'ai éprouvé une sensation d'engourdissement et de lourdeur.

Lorsque je me suis réveillé, j'étais étendu sur le dos dans un petit canal d'irrigation peu profond, avec de l'eau jusqu'au menton. Il y avait quelqu'un qui me tenait la tête hors de l'eau. C'était don Juan. Il m'a semblé d'abord que l'eau de ce canal avait une qualité particulière ; elle semblait froide et épaisse. Elle clapotait contre moi, et à chaque petite vague, mes pensées se faisaient plus claires. Je lui avais trouvé d'abord une sorte de fluorescence verdâtre, mais qui a bientôt disparu, et il n'est resté qu'un ruisseau tout à fait ordinaire.

J'ai demandé à don Juan quelle heure il était. Il a répondu que c'était le petit matin. Une fois complètement réveillé, je suis sorti de l'eau.

De retour à la maison, don Juan m'a dit : « Il faut me raconter tout ce que vous avez vu. » Cela faisait trois jours qu'il essayait de me « ramener », et il avait passé un moment bien difficile. J'ai essayé à plusieurs reprises de lui raconter ce que j'avais vu, mais je ne parvenais pas à me concentrer. Plus tard, en début de soirée, j'ai senti que j'étais prêt à lui parler, et je me suis mis à lui raconter les choses dont je me souvenais, depuis le moment où j'étais tombé sur le côté, mais ce n'était pas cela qu'il voulait. Ce qui l'intéressait, c'était ce que j'avais vu et ce que j'avais fait lorsqu'il m'avait « lancé en l'air pour que je m'envole ».

Il ne me restait qu'une suite d'images ou de scènes comme on en voit dans les rêves, sans aucune suite. Comme si chacune avait constitué une bulle isolée, qui serait venue au premier plan avant de s'éloigner. Et cependant, ce n'étaient pas seulement des scènes à regarder. J'étais dedans. J'y jouais un rôle. D'abord, en essayant de les retrouver, c'étaient comme des éclairs brouillés, puis ils me sont apparus très clairement, mais en dehors de toute vision ordinaire, ce qui devait leur donner cette apparence de vague. Ces images étaient simples et peu nombreuses.

Quand don Juan a dit qu'il m'avait « lancé en l'air pour que je m'envole », j'ai retrouvé une scène parfaitement claire, où je le voyais droit devant moi à une certaine distance. Je ne regardais que son visage. Visage qui avait atteint des proportions monumentales. Plat, il semblait incandescent, encadré de cheveux jaunâtres et tourbillonnants. Les différentes parties de son visage avaient leur mouvement propre, et dégageaient une lumière ambrée.

Ensuite, je voyais distinctement don Juan me lancer en l'air selon une trajectoire rectiligne. Je me suis souvenu d'avoir « étendu mes ailes pour m'envoler ». Solitaire, je fendais l'air, avançant avec peine. J'avais plus l'impression de marcher que de voler, cela m'épuisait, sans aucune sensation de liberté ou de joie.

Je me suis souvenu d'un instant où j'étais resté immobile, à regarder une accumulation d'angles vifs et sombres qui dégageaient une lueur mate douloureuse ; puis il y a eu une infinité de lumières diverses, bougeant sans cesse en prenant les intensités variables. C'étaient presque des couleurs et leur intensité m'éblouissait.

Puis j'ai vu un objet presque à me toucher l'œil, quelque chose d'épais, de pointu, qui brillait d'un éclat franchement rose. Un frisson m'a parcouru le corps, et une multitude de formes semblables s'est ruée sur moi. J'ai sauté sur le côté.

La dernière chose dont je me souvienne, ce sont trois oiseaux argentés, ils brillaient d'un éclat métallique, presque comme de l'acier inoxydable, avec cependant une impression de vie. Ils me plaisaient bien, et nous avons volé en groupe.

Don Juan n'a fait aucun commentaire.

Mardi 23 mars 1965

Cette conversation a eu lieu le lendemain de mon récit.

– Ça n'est pas très difficile de devenir un corbeau, a dit don Juan. Voilà qui est fait, et vous le resterez toujours.

– Et qu'est-ce qui s'est passé après que je suis devenu un corbeau, don Juan ? Est-ce que j'ai volé pendant trois jours ?

– Non, vous êtes revenu au crépuscule comme je vous l'avais dit.

– Mais comment suis-je revenu ?

– Vous étiez fatigué et vous aviez envie de dormir, c'est tout.

– Je voulais dire, je suis revenu en volant ?

– Je vous l'ai déjà dit. Vous m'avez obéi et vous êtes revenu à la maison. Mais ne vous souciez pas de cela, c'est sans aucune importance.

– Mais alors, qu'est-ce qui est important ?

– Une seule chose était importante, les oiseaux d'argent.

– Qu'avaient-ils de si particulier ? C'étaient seulement des oiseaux.

– Non, pas seulement des oiseaux – c'étaient des corbeaux.

– Des corbeaux blancs, don Juan ?

– En fait, les plumes noires des corbeaux sont argentées. Les corbeaux brillent si fort que les autres oiseaux les laissent tranquilles.

– Et pourquoi leurs plumes semblent-elles argentées ?

– Parce que vous les voyez comme les corbeaux les voient. Un oiseau que nous voyons sombre semble blanc pour un corbeau. Les pigeons blancs, par exemple : les corbeaux les voient roses ou bleuâtres ; les mouettes, jaunes. Essayez maintenant de vous rappeler la façon dont vous vous êtes joint à eux.

J'y ai pensé, mais les oiseaux n'étaient qu'une image entrecoupée et sans liens. Je lui ai dit que je me souvenais seulement d'avoir volé en leur compagnie. Il m'a demandé si je m'étais joint à eux en vol ou à terre, mais il m'a été impossible de lui répondre. Il s'en est montré assez fâché. Il a insisté pour que j'y pense sérieusement : « Tout cela n'a aucun sens, et cela restera un rêve insensé si vous ne parvenez pas à vous souvenir de tout. » J'ai fait un gros effort, qui n'a d'ailleurs rien donné.

Samedi 3 avril 1965

Il m'est revenu aujourd'hui une autre « image » de mon rêve à propos des oiseaux d'argent. Je me suis souvenu d'avoir vu une masse sombre percée d'innombrables trous d'épingle : en fait, ce n'était qu'une masse sombre de petits trous. Et je ne sais pourquoi cela faisait l'effet d'être mou. Et tandis que je regardais, trois oiseaux ont volé dans ma direction. J'ai entendu l'un d'eux faire un bruit, puis ils sont venus tous les trois se poser sur le sol à côté de moi.

J'ai décrit cela à don Juan. Il m'a demandé d'où les oiseaux étaient venus. Impossible pour moi de le dire. Cela a beaucoup agacé don Juan, et il m'a accusé de manquer d'agilité mentale. D'après lui, il m'aurait été facile de me souvenir de cela, à condition de m'y appliquer, mais sans doute avais-je peur de me laisser aller. Il m'a dit que je pensais en termes d'hommes et de corbeaux, alors qu'au moment en question je n'étais ni homme ni corbeau.

Il m'a demandé d'essayer de retrouver ce que le corbeau m'avait dit. J'ai essayé, mais j'avais plein d'autres choses en tête, et je n'y suis pas parvenu.

Dimanche 4 avril 1965

Aujourd'hui, j'ai fait une longue promenade. Il faisait presque nuit quand je suis arrivé à la maison de don Juan. J'étais en train de penser à ces corbeaux, lorsque soudain il m'est venu une bizarre idée, plutôt une impression, en fait. L'oiseau qui avait fait ce bruit avait dit qu'ils venaient du nord et qu'ils volaient vers le sud, et qu'ils suivraient la même direction à notre prochaine rencontre.

J'ai raconté à don Juan ce que je venais ainsi d'imaginer, ou bien était-ce un souvenir ? « Ne vous occupez pas de savoir si c'est l'un ou l'autre. De telles pensées ne peuvent appartenir qu'à des hommes, et non à des corbeaux, surtout ceux que vous avez vus, car ce sont les émissaires de votre destin. Déjà, vous voilà corbeau. Et vous ne changerez plus cela. Dorénavant, les corbeaux vont par leur vol vous avertir de votre destin. Vous avez volé ensemble. Dans quelle direction allaient-ils ?

– Je ne sais pas, don Juan.

– En réfléchissant comme il convient, vous devez vous en souvenir. Asseyez-vous par terre et dites-moi dans quelle position vous vous trouviez quand les oiseaux sont venus vers vous. Fermez les yeux et tracez une ligne sur le sol. »

J'ai fait comme il avait dit, et j'ai marqué un point.

– N'ouvrez pas encore les yeux. Dans quelle direction, par rapport à ce point, êtes-vous tous partis ?

J'ai indiqué un autre point sur le sol.

A partir de cela, don Juan a déterminé les différentes directions des vols que suivraient les corbeaux pour me prédire mon destin. Il a placé les quatre points cardinaux qui constitueraient les axes que suivraient les corbeaux.

Je lui ai demandé si les corbeaux suivaient toujours les points cardinaux pour prévoir le destin. Il a dit que cette orientation n'était que pour moi ; et ce que les corbeaux avaient fait au cours de cette première rencontre était d'une importance capitale. Il a beaucoup insisté pour que j'essaie de retrouver le moindre détail, car le message et le plan de ces « émissaires » constituaient une chose personnelle et individuelle.

Il y avait encore autre chose qu'il voulait que je retrouve : à quelle heure les émissaires m'avaient-ils quitté ? Quelle différence de lumière y avait-il entre le moment où j'avais commencé à « voler » et le moment où les oiseaux d'argent avaient « volé avec moi ». Lorsque j'avais d'abord eu cette sensation de vol pénible, il faisait nuit. Mais lorsque j'avais vu les oiseaux, tout était rougeâtre – rouge clair, ou peut-être orange.

Il a dit : « Cela signifie que c'était la fin du jour. Le soleil n'était pas encore couché. Lorsqu'il fait complètement nuit, le corbeau est aveuglé par la blancheur et non pas par l'obscurité, comme nous le sommes la nuit. Ces indications de temps placent vos derniers émissaires à la fin du jour. Ils vous appelleront, en volant au-dessus de votre tête, et ils deviendront d'un blanc argenté. Vous les verrez briller dans le soleil, et cela voudra dire que votre heure est venue, que vous êtes sur le point de mourir pour devenir vous aussi un corbeau.

– Et si je les vois le matin ?

– Mais vous ne les verrez pas le matin.

– Les corbeaux volent tout le temps.

– Pas vos émissaires, malheureux !

– Et vos émissaires à vous, don Juan ?

– Les miens viendront le matin. Eux aussi seront trois. Mon bienfaiteur m'a dit qu'on pouvait les repousser dans l'obscurité en criant si l'on ne voulait pas mourir. Mais je sais maintenant que c'est impossible. Mon bienfaiteur aimait bien crier, avec toute la violence de l'herbe du diable. Avec la petite fumée c'est différent, car il n'y a là aucune violence. Quand vos émissaires argentés viendront, inutile de crier après eux. Il vous suffira de voler en leur compagnie comme vous l'avez déjà fait. Après être venus vous chercher, ils reprendront la direction inverse, et vous serez quatre à partir. »

Samedi 10 avril 1965

J'avais éprouvé de brefs éclairs de dissociation, des états peu profonds de réalité non-ordinaire.

Il y avait un élément de mon expérience hallucinogène avec les champignons qui me revenait tout le temps à l'esprit. Il s'agissait de cette masse sombre et molle composée d'une multitude de trous d'épingle. Je me la représentais comme une bulle d'huile qui m'attirait vers son centre, comme si ce centre allait s'ouvrir pour m'engloutir. J'éprouvais alors comme un bref instant de réalité non-ordinaire. Cela me plongeait dans une profonde agitation, et m'emplissait d'une angoisse très pénible, ce qui me poussait à tenter de mettre dès que possible un terme à ces états.

J'en ai parlé aujourd'hui à don Juan, pour lui demander son sentiment là-dessus. Cela n'a pas semblé l'intéresser beaucoup et il m'a dit de négliger cela, parce que ça ne voulait rien dire, ou plus exactement ne présentait aucune valeur. Les seules expériences dignes de mes efforts, affirmait-il, c'étaient celles où je voyais des corbeaux. Une autre « vision » ne pouvait être que le produit de mes frayeurs. Il m'a rappelé que pour maîtriser la petite fumée, il était nécessaire de mener une existence tranquille et forte. Il me semblait quant à moi avoir atteint un seuil dangereux. Je lui ai dit qu'il me semblait ne pas pouvoir aller plus loin. Il y avait quelque chose de trop effrayant dans ces champignons.

En passant en revue ces images de mes expériences hallucinogènes, j'en suis venu à l'inévitable conclusion que j'avais vu le monde sous un aspect structural différent de la vision ordinaire. Dans les autres états de réalité non-ordinaire que j'avais connus, les formes et les motifs que j'avais vus étaient toujours restés dans les limites de ma conception visuelle du monde. Mais la sensation de voir sous l'influence hallucinogène du mélange à fumer était différente : tout se trouvait devant moi sous le même angle de vision – rien ne se trouvait ni au-dessus ni au-dessous.

Toutes les images présentaient la même irritante absence

de relief avec, cependant – et cela ne laissait pas de me déconcerter – une grande impression de profondeur. Peut-être serait-il plus juste de dire que ces images étaient le produit invraisemblable de détails très précis présentés sous un éclairage différent : ces éclairages changeaient et provoquaient une impression de rotation.

Après tous les efforts que j'avais fait pour essayer de me souvenir de tout, voilà qu'il me fallait m'excuser et chercher toutes sortes de comparaisons pour « comprendre » ce que j'avais « vu ». Ainsi, le visage de don Juan avait semblé submergé. L'eau avait semblé dégouliner sur son visage et sur ses cheveux, en les agrandissant tellement que je pouvais distinguer tous les pores de sa peau et chaque cheveu de sa tête, au point où je concentrais mon regard. Par contre, je voyais sur les bords des masses plates brisées, inertes puisque leur éclairage ne variait pas.

J'ai demandé à don Juan ce qu'étaient ces choses que j'avais vues. Il m'a répondu que, puisque c'était la première fois que j'avais regardé avec la vision d'un corbeau, les images n'étaient ni très claires ni très importantes. Mais plus tard, avec de l'entraînement, je serais capable de tout reconnaître.

J'ai parlé alors de la différence que j'avais remarquée dans le mouvement de la lumière. Don Juan a dit :

– Les choses qui sont vivantes bougent à l'intérieur, et un corbeau voit facilement quand quelque chose est mort, ou sur le point de mourir, parce que le mouvement ralentit ou bien qu'il s'est arrêté. Un corbeau remarque également quand quelque chose va trop vite, et de la même façon quand la vitesse est juste bien.

– Et qu'est-ce que cela signifie, si le mouvement est trop rapide, ou juste bien ?

– Cela signifie qu'un corbeau peut vraiment vous montrer ce qu'il faut éviter et ce qu'il convient de rechercher. Quand quelque chose va trop vite à l'intérieur, cela ne va pas tarder à éclater, ou à bondir en avant, et un corbeau évitera la chose. Mais quand cela va juste à la bonne allure, cela constitue un spectacle agréable que le corbeau recherchera.

– Est-ce que les pierres bougent à l'intérieur ?

– Non. Ni les pierres, ni les arbres, ni les animaux morts. Mais ils sont très beaux à regarder, et c'est pourquoi les corbeaux s'attardent sur les cadavres. Ils aiment bien les regarder. A l'intérieur, il n'y a pas de lumière qui bouge.

– Quand la chair pourrit, ne change-t-elle pas ?

– Si, mais il s'agit d'une autre sorte de mouvement. Le corbeau voit alors des millions de choses qui s'agitent avec leur lumière à elles, et c'est cela qu'un corbeau aime voir c'est un spectacle inoubliable.

– Avez-vous vu cela, don Juan ?

– Tous ceux qui ont appris à devenir corbeau ont vu cela et vous le verrez à votre tour.

C'est alors que j'ai posé à don Juan l'inévitable question

– Suis-je vraiment devenu un corbeau ? Je veux dire si l'on m'avait vu, m'aurait-on pris pour un corbeau ordinaire ?

– Non. On ne peut pas raisonner de cette façon quand on s'intéresse à la puissance des alliés : de telles questions ne veulent rien dire, et cependant, devenir un corbeau, rien n'est plus simple. C'est presque un jeu. Et cela ne sert pas à grand-chose. Comme je vous l'ai déjà dit, la petite fumée n'est pas pour ceux qui recherchent la puissance. Elle est pour ceux qui veulent voir. J'ai appris à devenir un corbeau parce que ces oiseaux sont parfaits. Les autres oiseaux les laissent en paix, sauf peut-être de plus grands, comme des aigles affamés, mais les oiseaux volent en groupe et ils savent se défendre. Les hommes aussi laissent les corbeaux en paix c'est important. N'importe qui peut repérer un grand aigle surtout s'il a quelque chose de remarquable, ou les grands oiseaux en général, mais qui se soucie d'un corbeau ? C'est ce qui le protège. Il a la vie et les dimensions idéales. Il peut aller où il veut sans attirer l'attention. On peut également devenir un lion ou un ours, mais cela ne va pas sans danger Ils sont trop gros, et cela exige trop d'énergie pour achever cette transformation. On peut également se faire grillon lézard, ou même fourmi, ce qui est encore plus dangereux car les grosses bêtes mangent les petites.

Donc, lui ai-je fait remarquer, on se transformait réellement en corbeau, en grillon, en n'importe quoi. Il a prétendu que je n'y comprenais rien. Il m'a dit :

– Cela prend très longtemps pour apprendre à devenir un corbeau présentable. Mais vous ne changerez pas, vous ne cesserez pas d'être homme. Il y a autre chose.

– Et pouvez-vous me dire ce que c'est, don Juan ?

– Peut-être le savez-vous déjà. Si vous n'aviez pas si peur de devenir fou, ou de perdre votre corps, vous pourriez peut-être comprendre ce merveilleux secret. Mais il faudra sans doute que vous dominiez cette peur avant de comprendre ce que je veux dire.

11

La dernière séance dont mes notes sur le terrain rendent compte s'est déroulée en septembre 1965. Elle à également constitué la fin de l'enseignement de don Juan. J'y vois un « état particulier de réalité non ordinaire » parce qu'elle n'est pas le produit d'une des plantes utilisées auparavant. Il semble que don Juan l'ait provoquée par l'utilisation précise de données sur son propre compte : il s'est conduit devant moi d'une façon telle qu'il a habilement réussi à créer l'impression nette et durable qu'il n'était pas vraiment lui-même, mais quelqu'un qui jouait son propre personnage. Cela a provoqué chez moi un profond conflit interne : je voulais croire que c'était don Juan, mais je ne pouvais pas en être sûr. En conséquence, j'ai éprouvé une vive terreur, si forte que cela a mis ma santé en danger pendant des semaines. Après cela, je me suis dit qu'il était sage d'interrompre mon étude. Depuis, je n'ai plus pris part à aucune expérience, cependant don Juan n'a jamais cessé de me considérer comme son disciple. Il a considéré cet arrêt comme une période nécessaire de réflexion, une étape – étape qui n'aura peut-être pas de fin. Cependant, il ne m'a plus jamais expliqué son savoir.

J'ai rédigé le compte rendu détaillé de cette dernière expérience près d'un mois plus tard. Mais je possédais des notes très complètes sur les points principaux, prises le lendemain de ce jour de grande émotion qui devait précéder cet épisode terrible.

Vendredi 29 octobre 1965

Le jeudi 30 septembre 1965, je suis allé voir don Juan. Ces états de réalité non-ordinaire s'étaient répétés, malgré mes efforts pour m'en débarrasser, sur les conseils de don Juan. Il m'a semblé que cela empirait, et la durée de ces états augmentait. J'étais devenu très sensible au bruit des avions. Lorsqu'ils passaient au-dessus de moi, leurs moteurs captivaient mon attention, à tel point qu'il me semblait suivre l'avion, ou même être à bord. C'était une sensation inquiétante, car je ne pouvais y échapper.

Don Juan m'a attentivement écouté lui donner tous les détails. Sa conclusion : je souffrais d'un manque d'âme. J'ai précisé que ces hallucinations s'étaient répétées depuis la dernière fois où j'avais fumé ces champignons, mais il a affirmé qu'il s'agissait d'une évolution. D'après lui, d'abord j'avais eu peur et j'avais rêvé de « choses sans signification ». Maintenant je me trouvais vraiment ensorcelé. La preuve, le bruit des avions suffisait à m'emporter. D'ordinaire, affirmait-il, c'était le bruit d'un ruisseau ou d'une rivière qui pouvait ensorceler un homme ayant perdu son âme, pour l'entraîner à la mort. Il m'a demandé de lui décrire tout ce que j'avais fait juste avant ces hallucinations. Je lui ai raconté tout ce que j'ai pu retrouver. Et c'est d'après ces données qu'il a déterminé l'endroit où j'avais perdu mon âme.

Don Juan semblait sérieusement inquiet, ce qui n'était pas fréquent chez lui. Et cela n'a fait qu'augmenter mon inquiétude. Il ne savait pas trop qui pouvait bien retenir mon âme prisonnière, mais c'était certainement quelqu'un qui souhaitait me tuer, ou au moins me rendre très malade. Il m'a ensuite donné des instructions très précises concernant une « attitude de combat », une position qu'il me faudrait garder alors que je serais à l'endroit bénéfique que j'avais découvert. Il était indispensable de conserver cette position de combat (*una forma para pelear*).

Je lui ai demandé à quoi cela allait me servir, et contre qui j'allais me battre. Il m'a répondu qu'il allait partir à la recherche de ce qui m'avait pris mo âme, pour essayer de la reprendre. Pendant tout ce temps, j'étais censé rester à ma place bénéfique, pour attendre son retour. Cette position de combat était en fait une précaution, au cas où il se passerait quelque chose pendant son absence, et je devrais m'en servir si l'on m'attaquait. Cela consistait à me frapper le mollet et la cuisse de la jambe droite tout en tapant du pied gauche, dans une sorte de danse que je devais exécuter en faisant face à mon agresseur.

Il me faudrait faire cela dans un moment de crise, mais tant que le danger n'était pas en vue, je n'avais qu'à rester assis en tailleur à mon emplacement. En cas de grave danger, je pouvais également avoir recours à une solution extrême – il fallait alors jeter un objet à l'ennemi. D'habitude, m'a-t-il dit, on jette un objet de puissance, mais comme je n'en possédais pas, je pourrais me servir d'un caillou qui tiendrait dans ma paume droite et que je retiendrais avec mon pouce. Il ne faudrait utiliser cette technique qu'en cas de danger de mort. Au moment de lancer l'objet, il me faudrait pousser un cri de guerre, cri qui aurait pour effet de diriger l'objet vers son objectif. Il a bien insisté sur le choix de ce cri, qui devait être fait avec le plus grand soin. Et il conviendrait de ne s'en servir qu'à bon escient, « pour des motifs vraiment sérieux ».

Je lui ai demandé ce qu'il entendait par « des motifs vraiment sérieux ». Il m'a répondu que ce cri de guerre, un homme le gardait toute sa vie, il fallait donc tomber tout de suite sur le meilleur. Et la seule façon de bien commencer, c'était en dominant sa peur et sa hâte, jusqu'à se sentir gonflé par la puissance : le cri aurait alors toute la force et toute la précision souhaitables. Telles étaient les conditions pour le cri.

Et cette puissance qui devait me gonfler ? C'était quelque chose qui parcourait tout le corps et qui jaillissait du sol où l'on se tenait. Du point bénéfique, plus précisément. Cette force faisait jaillir le cri. Si l'on s'y prenait convenablement, le cri de guerre serait parfait.

Est-ce qu'il allait m'arriver quelque chose ?, lui ai-je encore demandé. Il n'en savait rien, mais il m'a demandé avec insistance de ne pas m'éloigner de ma place tant que cela serait nécessaire, car c'était la seule protection que j'avais contre tout ce qui pourrait m'arriver.

C'est alors que j'ai commencé à être vraiment effrayé. Je voulais qu'il me dise exactement ce qui pouvait m'arriver. Mais tout ce qu'il pouvait dire, c'était d'insister sur la nécessité de ne pas bouger, même pour entrer dans la maison ou aller dans les buissons. Surtout, il ne faudrait pas prononcer un seul mot, même pour m'adresser à lui. Et puis si j'avais trop peur, je pourrais chanter mes chants du Mescalito : j'en savais déjà trop, à l'en croire, pour qu'il fût nécessaire de me rappeler comme à un enfant de tout bien faire comme cela était prévu.

Ces recommandations ont eu pour effet de me plonger dans une profonde angoisse. J'étais sûr qu'il s'attendait à ce que quelque chose m'arrivât. Pourquoi m'avait-il dit de chanter mes chants du Mescalito, et qu'est-ce qui risquait de m'effrayer à ce point ? Cela l'a bien fait rire : peut-être aurais-je peur, tout seul dans le noir. Don Juan est alors entré dans la maison en fermant la porte derrière lui. J'ai regardé ma montre, il était sept heures du soir. Je suis longtemps resté assis. Aucun bruit ne venait de la chambre de don Juan. Tout était tranquille. Le vent soufflait. J'ai eu envie de courir jusqu'à ma voiture pour y prendre mon blouson, mais les conseils pressants de don Juan m'ont retenu. Je n'avais pas sommeil, simplement, je me sentais las. Impossible de se détendre avec le vent qui soufflait.

Quatre heures plus tard, j'ai entendu don Juan faire le tour de la maison. Peut-être était-il sorti par derrière pour aller uriner dans les buissons. C'est alors qu'il m'a appelé d'une voix sonore. « Eh, mon garçon ! J'ai besoin de vous ! »

J'ai failli me lever. C'était bien sa voix, mais pas le ton. Ni son style. Jamais don Juan ne m'avait dit : « Eh, mon garçon ! » Aussi suis-je resté où j'étais. J'ai senti un frisson dans le dos. Il m'a encore crié quelque chose dans le même goût.

Je l'ai entendu faire le tour de la maison. Il a buté contre un tas de bois, comme s'il en avait ignoré la présence. Il est venu vers la véranda et il s'est assis à la porte, le dos au mur. Il semblait plus lourd que d'habitude. Ses mouvements n'étaient ni lents ni maladroits, simplement plus lourds, et il s'était laissé tomber sur le sol, au lieu de s'asseoir avec souplesse comme il le faisait toujours. De plus, il n'était pas à sa place accoutumée, et pour rien au monde don Juan ne se serait assis ailleurs.

Il m'a parlé à nouveau. Il m'a demandé pourquoi j'avais refusé de venir alors qu'il avait besoin de moi. Il parlait d'une voix forte. Je ne voulais pas le regarder, et pourtant j'éprouvais la nécessité de l'observer. Il a commencé à se balancer doucement. J'ai changé de position, et j'ai adopté la position de combat que don Juan m'avait apprise, et je lui ai fait face. J'avais les muscles raides et étrangement tendus. J'ignore ce qui m'a poussé à adopter cette attitude, peut-être parce que j'avais cru que don Juan essayait délibérément de m'effrayer, en essayant de créer l'impression que la personne que je voyais, ce n'était pas lui. Il me semblait qu'il se donnait beaucoup de mal pour agir bizarrement pour me plonger dans le doute. J'avais peur, tout en me sentant au-dessus de cela, puisque j'étais capable d'observer et d'analyser ce qui m'arrivait.

Don Juan s'est levé. Ses mouvements étaient vraiment inhabituels. Il s'est relevé en s'appuyant sur les bras et en soulevant son derrière. Puis il s'est agrippé à la porte et il a redressé le buste. Tout cela me surprenait fort, ce n'était pas du tout sa façon de se mouvoir – j'étais étonné de la connaître si bien – et ce changement m'épouvantait.

Il a fait deux pas dans ma direction. Il se tenait les reins à deux mains comme s'il avait essayé de se redresser avec peine. Il avait le souffle court et la respiration sifflante, le nez bouché, peut-être ? Il a répété qu'il voulait que je vienne avec lui, et qu'il fallait que je me lève pour le suivre. Il s'est dirigé vers le côté ouest de la maison. Je me suis tourné pour lui faire face. Il s'est tourné vers moi. Je n'ai pas bougé de mon emplacement, j'y étais comme collé.

Il m'a crié : « Eh, mon garçon ! Je vous ai dit de me suivre. Vous venez, ou il faut que je vous traîne ! »

Il s'est avancé dans ma direction. Je me suis frappé le mollet et la cuisse, et je me suis mis à danser à toute vitesse. Il était au bord de la véranda, presque à me toucher. Je me suis mis en position de défense, mais il s'est éloigné, vers les buissons à ma gauche. Tout en marchant, il s'est soudain retourné, mais je lui faisais face.

Il s'est éloigné. J'ai gardé la même position un moment, et quand je ne l'ai plus vu, je me suis assis en tailleur le dos au rocher. Maintenant, j'avais vraiment peur. J'avais envie de me sauver, mais cela me terrifiait encore davantage. J'aurais été, j'en étais sûr, complètement à sa merci s'il m'avait attrapé pendant que je me dirigeais vers ma voiture. Je me suis mis à chanter une des chansons du peyotl que je savais. Mais elles me semblaient impuissantes dans ces circonstances.

Elles ne servaient qu'à apaiser. Elles m'ont un peu apaisé. Alors, j'ai continué à les chanter.

Vers trois heures moins le quart du matin, j'ai entendu du bruit dans la maison. J'ai immédiatement changé de position. La porte a été violemment ouverte et don Juan est sorti d'un pas mal assuré. Il haletait en se tenant la gorge. Il s'est agenouillé devant moi. Il poussait des gémissements. Il m'a demandé d'une voix sifflante de venir à son secours. Puis il s'est mis à rugir en m'ordonnant de venir. Sa gorge faisait un gargouillement. Il m'a supplié de venir : quelque chose l'étranglait. Il se traînait à quatre pattes. Il s'est arrêté à un mètre de moi. Il a tendu les mains dans ma direction. Il m'a dit : « Venez ici ! » Puis il s'est levé, les bras tendus vers moi, comme s'il s'apprêtait à m'empoigner. J'ai frappé le sol du pied et je me suis pris le mollet et la cuisse. J'étais absolument terrifié.

Il s'est arrêté, il a fait le tour de la maison et il a disparu dans les buissons. J'ai changé de position pour continuer à faire face à la direction qu'il avait prise. Puis je me suis assis. Je n'avais plus envie de chanter. Mon énergie semblait en train de s'évanouir. Tout le corps me faisait mal. J'avais les muscles raides, avec de douloureuses courbatures. Je ne savais plus que penser. Je ne savais plus si je devais être en colère contre don Juan. J'aurais pu lui sauter dessus, mais il m'aurait écrasé comme une punaise. J'avais envie de pleurer, et je me sentais en proie à un profond désespoir. L'idée que don Juan se donnait tout ce mal pour m'effrayer me tirait des larmes. J'étais incapable de trouver la raison de toutes ces comédies. Je ne savais plus du tout où j'en étais. Ce n'était pas comme s'il avait essayé de mimer une femme, c'était plutôt comme si une femme avait essayé de se faire passer pour don Juan. Elle s'efforçait vraiment de se déplacer avec l'aisance de don Juan, mais elle était beaucoup trop lourde et elle ne possédait pas son agilité. On avait l'impression d'une femme beaucoup plus jeune, lourde, en train d'imiter les mouvements lents d'un vieillard encore agile.

Ces réflexions m'avaient plongé dans l'effroi le plus complet. Un grillon s'est mis à lancer des appels retentissants, tout près de moi. J'ai remarqué l'ampleur de son registre de baryton, semblait-il. Puis les appels se sont éteints. Mon corps a été soudain agité de soubresauts. Je me suis mis en garde en me tournant dans la direction d'où était venu l'appel du grillon. Le son m'emportait. Il s'était emparé de moi avant que je ne comprenne qu'il ne s'agissait que d'un grillon. Cela a recommencé, beaucoup plus fort. J'ai repris mes chants du peyotl, de plus en plus fort également. Soudain, le grillon s'est tu. Je me suis rassis aussitôt, mais j'ai continué à chanter. Un peu après, j'ai distingué une silhouette humaine qui courait vers moi de la direction opposée à celle d'où venait la voix du grillon. De ma main, j'ai frappé ma cuisse et mon mollet, de toutes mes forces. La silhouette m'a frôlé à toute vitesse. Maintenant, on aurait dit un chien. La peur me paralysait. Ensuite, je ne me souviens plus de rien d'autre.

La rosée rafraîchissante du matin m'a fait du bien. Le phénomène semblait avoir cessé. Il était 5 h 48 du matin. Don Juan a ouvert la porte et il est sorti tranquillement. Il a étendu les bras en bâillant, puis il m'a jeté un coup d'œil. Il m'a fait deux pas dans ma direction, en bâillant toujours. Je distinguais ses yeux entre ses paupières mi-closes. Je me suis levé d'un bond. L'être devant moi n'était pas don Juan.

J'ai saisi sur le sol un petit caillou pointu qui se trouvait à portée de ma main droite, sans le regarder. Je le tenais entre mon pouce et les autres doigts tendus. J'ai fait exactement comme m'avait dit don Juan. En quelques secondes, j'ai senti une force extraordinaire m'envahir. J'ai poussé un hurlement en lançant le caillou ; un cri vraiment splendide. Il m'était tout à fait égal de vivre ou de mourir. Je sentais la puissance terrifiante de ce cri. Perçant et prolongé, il a effectivement dirigé la trajectoire. La silhouette devant moi a vacillé, elle a poussé un hurlement, puis elle a disparu en titubant dans les buissons.

Il m'a fallu des heures pour retrouver mon calme. Je ne tenais plus assis. Je n'arrêtais pas de trotter en rond. Il me fallait respirer la bouche grande ouverte car je manquais d'air.

A onze heures du matin, don Juan est sorti à nouveau. J'allais me lever d'un bond, mais j'ai vu que les mouvements étaient bien les siens. Il est tout de suite allé s'asseoir à son emplacement, et il s'est assis de sa manière habituelle. Il m'a regardé en souriant. C'était bien don Juan ! Je me suis dirigé vers lui, je n'éprouvais plus aucune colère, j'ai pris sa main que j'ai embrassée. J'étais maintenant persuadé que ce n'était pas lui qui avait monté toute cette comédie, mais que quelqu'un avait essayé de se faire passer pour lui dans l'intention délibérée de me faire du mal ou de me tuer.

Nous avons commencé par nous demander qui pouvait bien être cette créature femelle qui était censée s'être emparée de mon âme. Ensuite don Juan m'a prié de lui raconter mon expérience par le menu.

Je lui ai tout raconté avec beaucoup de décision. Il n'a cessé de rire, comme s'il s'agissait d'une excellente plaisanterie. Après, il m'a dit : « Vous vous êtes très bien comporté. Vous avez gagné la bataille pour votre âme. Mais la chose est plus grave que je ne l'imaginais. Cette nuit, votre vie n'a tenu qu'à un fil. Heureusement que vous saviez quelque chose, sans cela vous seriez mort, car ce qui est venu voulait votre fin.

– Comment, don Juan, a-t-elle pu prendre votre apparence ?

– C'est bien simple. C'est une *diablera* qui doit posséder un aide efficace. Mais elle n'a pas bien réussi à m'imiter et c'est ainsi que vous l'avez démasquée.

– Pour ceux de l'autre côté, un aide est-il la même chose qu'un allié ?

– Non, l'aide est l'auxiliaire d'un *diablero*. C'est un esprit qui vit sur l'autre face du monde et aide un *diablero* à provoquer la maladie et la douleur, et l'aide aussi à tuer.

– Don Juan, un *diablero* peut-il avoir aussi un allié ?

– Les *diableros* ont des alliés, mais avant de pouvoir en dompter un, il a généralement un aide pour le seconder.

– Et cette femme qui a pris votre forme, don Juan ? A-t-elle seulement un aide, et pas d'allié ?

– J'ignore si elle a un allié. Certains n'aiment pas la puissance d'un allié, et préfèrent simplement un aide. Dompter un allié est une entreprise difficile. Il leur est plus facile de trouver un aide.

– Et moi, est-ce que je pourrais trouver un aide ?

– Avant de le savoir, il vous faudra encore beaucoup apprendre. Nous voici de nouveau au début, presque comme le premier jour où vous êtes venu me demander de vous parler du Mescalito, et que je n'ai pas pu, car vous n'y auriez rien compris. Cet autre côté, c'est le monde des *diableros*. Il vaudrait mieux que je vous parle de mes propres sensations, comme l'avait fait mon bienfaiteur. C'était un *diablero* et un guerrier, sa vie était tournée vers la force et la violence du monde. Mais je ne suis pas comme cela. C'est ma nature. Dès le début, vous avez vu ce qu'était mon univers. Quand à vous montrer le monde de mon bienfaiteur, je ne peux que vous en montrer la porte, et ce sera à vous de prendre un décision. Et vous devrez apprendre grâce à vos seuls efforts. Je dois reconnaître ici que j'ai commis une erreur. Il vaut mieux, je le vois maintenant, commencer comme on l'a fait pour moi. Il est ensuite plus facile de voir la différence dans sa simplicité et sa profondeur. Un *diablero*, c'est un *diablero*, et un guerrier, c'est un guerrier. Un homme peut aussi être les deux. On en trouve un certain nombre. Mais l'homme qui traverse seulement les chemins de la vie est tout. Je ne suis aujourd'hui ni un guerrier ni un *diablero*. Pour moi, il n'y a que le parcours des chemins avec un cœur, n'importe quel chemin. C'est là que je voyage, et pour moi le seul défi qui vaille c'est de le parcourir en entier. C'est ainsi que je travaille – en observant sans cesse, à en perdre le souffle.

Il s'est arrêté. Son visage reflétait une gravité inhabituelle chez lui. Je ne savais trop que dire. Puis il a continué :

« Ce qu'il faut apprendre, c'est comment découvrir la fissure entre les deux mondes, celui des *diableros* et celui des hommes vivants. Il existe un point où ces deux mondes se chevauchent. La fissure est là, elle s'ouvre et se ferme comme une porte qui bat au vent. Pour arriver là, un homme doit exercer sa volonté. Il doit, à mon avis, développer un désir insatiable d'y parvenir, y consacrer toutes ses pensées. Mais il faudra qu'il le fasse sans l'aide de qui que ce soit. L'homme solitaire devra ainsi réfléchir et attendre le moment où son corps sera prêt pour entreprendre ce voyage. Cela s'annonce par de violents tremblements des membres et des vomissements. On ne peut alors ni manger ni dormir, l'homme s'affaiblit. Au sommet de ces convulsions, voilà l'homme prêt à partir, la fêlure entre les deux mondes s'ouvre devant ses yeux, comme une gigantesque porte. Il doit alors y pénétrer, mais il ne distinguera pas grand chose, il y souffle un vent violent, on dirait une tempête de sable, le vent tourbillonne. On avance alors dans une direction quelconque, et le voyage sera long ou bref, en fonction de la volonté du voyageur. Un homme à la volonté forte n'aura qu'un bref voyage, l'homme faible et hésitant marchera longtemps au milieu des dangers.

On atteint ainsi une sorte de plateau, dont on peut distinguer clairement certains aspects. On le reconnaît aussi au vent violent qui y règne, et qui se transforme en tourbillon qui vous fouette en rugissant. C'est là que se trouve la porte de l'autre monde. Une membrane sépare les deux mondes. Les morts la traversent sans bruit, mais nous, nous devons pousser un grand cri. Le vent se renforce, le même qui souffle sur le plateau. Lorsqu'il est assez fort, on crie de toutes ses forces, et le vent nous emporte de l'autre côté. Il faut montrer alors une volonté inflexible pour pouvoir dompter ce vent : en effet, une simple petite poussée suffit, inutile de se laisser emporter tout au bout de l'autre monde. Une fois de l'autre côté, il faut regarder autour de soi. La chance serait de trouver un aide tout de suite – pas trop loin de l'entrée – à qui demander son appui. On doit, avec les mots dont on dispose, demander à l'aide de nous montrer comment devenir *diablero*. Si l'aide accepte, il tue l'homme à l'instant, et pendant qu'il est mort, on lui enseigne ce qu'il doit savoir. Quand vous ferez le voyage, si vous avez de la chance, peut-être rencontrerez-vous un grand *diablero* pour devenir votre aide. La plupart du temps, cependant, on ne rencontre que des *brujos* de moindre envergure, et qui n'ont pas grand-chose à enseigner. Mais ni vous ni eux ne peuvent refuser. Le mieux est de trouver un aide mâle, pour ne pas risquer de devenir la proie d'une *diablera*, qui vous ferait souffrir d'une manière incroyable. Les femmes sont toujours ainsi. Mais c'est une simple question de chance, à moins d'avoir un bienfaiteur qui soit lui-même un grand *diablero*, auquel cas il disposera de nombreux aides dans l'autre monde, ce qui lui permettra de choisir le meilleur. C'était le cas de mon propre bienfaiteur : il m'a fait rencontrer l'esprit qui l'aidait. Quand vous reviendrez, vous ne serez plus le même. Il vous faudra souvent revenir voir votre aide. Il vous faudra également aller au hasard de plus en plus loin, jusqu'à ce qu'un jour vous alliez trop loin. Alors vous ne pourrez plus revenir. Il arrive qu'un *diablero* s'empare d'une âme, qu'il la pousse par l'entrée, et qu'il la laisse sous la garde d'un aide jusqu'à avoir volé toute sa volonté à la personne. Dans d'autres cas, le vôtre par exemple, l'âme appartient à une personnalité puissante, et le *diablero* la gardera peut-être dans sa sacoche, ne sachant trop comment l'emporter autrement. Dans un cas comme le vôtre, un combat peut résoudre le problème – un combat où le *diablero* gagne tout, ou perd tout. Cette fois-ci, il a perdu, et il a dû relâcher votre âme. S'il avait gagné, il l'aurait donnée à garder à son aide.

– Mais comment ai-je gagné ?

– Vous n'êtes pas sorti de votre emplacement. Si vous vous en étiez éloigné d'un centimètre, vous auriez été brisé en morceaux. Elle a choisi le moment où je n'étais pas là pour frapper, et elle s'y est fort bien pris. Mais elle a échoué car elle a compté sans votre nature, qui est violente, et également parce que vous n'avez pas bougé de cet endroit où vous êtes invincible.

– Comment m'aurait-elle tué ?

– Elle vous aurait frappé comme la foudre. Mais surtout, elle aurait gardé votre âme, et ensuite vous auriez dépéri.

– Que va-t-il arriver maintenant, don Juan ?

– Rien. Vous avez repris votre âme de haute lutte. Cela a été une belle bataille. Vous aurez appris bien des choses cette nuit.

Ensuite nous avons essayé de retrouver le caillou que j'avais lancé : cela aurait prouvé, d'après don Juan, que cette affaire était bien terminée. Nous avons bien cherché pendant trois heures. J'étais sûr de le reconnaître. Mais nous n'avons rien trouvé.

Le même jour en fin d'après-midi, don Juan m'a emmené dans les collines derrière sa maison. Il m'a alors donné de longues instructions détaillées sur les différentes façons de se battre. Comme nous répétions certains pas, je me suis retrouvé seul. J'avais gravi une pente en courant et j'étais hors d'haleine. Je transpirais abondamment, mais je me sentais glacé. J'ai appelé plusieurs fois de suite don Juan, mais il ne m'a pas répondu. Une étrange appréhension m'a envahi. J'ai entendu un froissement dans les broussailles, comme si l'on s'approchait de moi. J'ai écouté attentivement, et le bruit s'est arrêté. Il a repris ensuite, plus proche et plus fort. Je me suis dit que ce qui s'était passé la nuit précédente allait recommencer. En quelques secondes, j'ai été saisi de panique. Le froissement se rapprochait toujours, je me sentais sans force. J'aurais voulu hurler ou éclater en sanglots, me sauver en courant ou m'évanouir. Je sentais mes genoux fléchir sous moi. Je suis tombé en gémissant sur le sol. Je n'arrivais même pas à fermer les yeux. Après cela, je me souviens simplement que don Juan a allumé un feu et qu'il a massé les muscles noués de mes bras et de mes jambes.

Je suis resté dans cet état de profond abattement pendant plusieurs heures. Ensuite, don Juan m'a expliqué que cette réaction disproportionnée était très fréquente. Je lui ai expliqué comment il m'était tout à fait impossible de justifier cette panique qui m'avait envahi. Ce n'était pas, a-t-il prétendu, la peur de la mort, mais plutôt celle de perdre mon âme, une peur commune à tous les hommes dont le dessein était trop vague.

Cela devait être la dernière séance dans l'enseignement de don Juan. Depuis, j'ai toujours évité de lui demander s'il pouvait m'apprendre quelque chose. Il continue de se comporter avec moi comme mon bienfaiteur, mais je crois bien être la victime du premier ennemi d'un homme de savoir.

DEUXIEME PARTIE

Une analyse structurale

Ce schéma structural, tiré des données sur les états de réalité non-ordinaire présentés dans la première partie de ce livre, constitue une tentative pour montrer la cohérence interne et la force de l'enseignement de don Juan. Je conçois cette structure comme étant composée de quatre concepts qui en sont les unités principales : 1° l'homme de savoir ; 2° l'homme de savoir a un allié : 3° un allié a une règle ; 4° la règle est confirmée par accord. Ces quatre unités se composent à leur tour d'un certain nombre d'idées subsidiaires. Ainsi, la structure totale comprend tous les concepts signifiants présentés jusqu'au moment où j'ai interrompu mon apprentissage. En un sens, ces unités représentent des niveaux successifs d'analyse, chaque niveau modifiant le précédent. (On trouvera le plan de mon analyse structurale dans l'Appendice B.)

Cette structure conceptuelle étant complètement dépendante de la signification de ses unités, la précision suivante me paraît essentielle : pendant tout ce travail, la signification que je donne est celle que j'ai perçue. Les concepts constituants du savoir de don Juan tels que je les présente ne sauraient être la reproduction exacte de ses propos. Malgré mes efforts pour rendre ces concepts aussi fidèlement que possible, leur signification se trouve modifiée par ma tentative de classification. Cependant, cet arrangement en quatre unités du schéma structural constitue une séquence logique apparemment exempte d'influences dues à mes propres procédés de classification. Cependant, en ce qui concerne les idées à l'intérieur de chaque unité principale, il a été impossible de rejeter mon influence personnelle. Si une telle tâche devait être accomplie ici, ce ne pourrait être qu'en procédant en zigzag entre les signifiés présumés et le schéma de classement du maître par rapport aux signifiés et aux procédés de classement de l'élève.

DÉROULEMENT

Première unité

L'homme de savoir

Tout au début de mon apprentissage, don Juan devait clairement établir que le but de son enseignement consistait à montrer comment devenir un homme de savoir. Voilà mon point de départ. A l'évidence, devenir un homme de savoir constituait un but. De la même façon, tout l'enseignement de don Juan dans ses différentes phases était organisé pour atteindre ce but d'une façon ou d'une autre. Mon raisonnement c'est qu'en toute circonstance, ce but – devenir un homme de savoir – était indispensable pour comprendre le déroulement de l'opération. Il est donc raisonnable de conclure que pour comprendre ce déroulement, il est nécessaire de comprendre l'objectif, c'est-à-dire en quoi consiste un homme de savoir.

Si l'on admet « l'homme de savoir » comme première unité structurale, on peut établir les sept concepts suivants, comme parties constituantes : 1° devenir un homme de savoir est affaire d'étude ; 2° un homme de savoir est animé d'une volonté inflexible ; 3° un homme de savoir possède la clarté d'esprit ; 4° devenir un homme de savoir constitue une tâche ardue ; 5° un homme de savoir est un guerrier ; 6° devenir un homme de savoir est affaire de continuité ; 7° un homme de savoir possède un allié.

Ces sept concepts constituaient autant de thèmes. Thèmes que l'on retrouve dans tout son enseignement, et qui déterminent le caractère de tout le savoir de don Juan. Si le but de son enseignement est bien de produire un homme de savoir, alors tout ce qu'il m'a appris est bien marqué des caractéristiques spécifiques à ces sept thèmes. Ils constituent ensemble le concept « homme de savoir », comme signifiant une façon de se conduire, une façon de se comporter, résultat d'un entraînement long et délicat. Être un « homme de savoir » ne constitue pas pour autant un guide du comportement, mais bien une série de principes englobant toutes les circonstances inhabituelles relevant du savoir dispensé.

Chacun des sept thèmes se compose à son tour d'autres concepts variés, qui en couvrent les différents aspects.

D'après la déclaration de don Juan, il est possible d'assurer qu'un homme de savoir peut être un *diablero*, c'est-à-dire un sorcier spécialiste de magie noire. Il a bien précisé que son propre professeur avait été un *diablero*, et que lui-même il l'avait été jadis, mais qu'il avait cessé de s'intéresser à certains aspects de la pratique de la sorcellerie. Le but de son enseignement étant de montrer comment l'on devient un homme de savoir, et son savoir consistant à être un *diablero*, il peut exister un lien inhérent entre l'homme de savoir et le *diablero*. Don Juan n'a jamais utilisé un des deux termes à la place de l'autre. Cependant le fait qu'ils soient vraisemblablement liés suggère la possibilité que la notion d'*homme de savoir*, avec ses sept thèmes et leurs composants, coïncide théoriquement avec toutes les étapes qui mènent à l'état de *diablero*.

Devenir homme de savoir est affaire d'étude

Le premier thème contenait implicitement que l'étude était la seule façon possible de devenir un homme de savoir, ce qui impliquait un effort déterminé pour parvenir à ce but. Devenir un homme de savoir, c'était le résultat d'une méthode, par opposition à une acquisition immédiate obtenue par une grâce ou l'attribution de pouvoirs surnaturels. La plausibilité de devenir un homme de savoir garantissait l'existence d'un système susceptible d'apprendre à quelqu'un comment y parvenir.

Le premier thème comportait trois composantes : 1° il n'existe pas d'exigences manifestes pour devenir un homme de savoir ; 2° il existe quelques exigences cachées ; 3° l'apprenti est choisi par une puissance impersonnelle.

Apparemment, il n'existait pas de nécessités préalables

déterminant qui pourrait ou ne pourrait pas présenter les qualités nécessaires pour entreprendre cette étude devant conduire à l'état d'homme de savoir. En principe, n'importe qui pouvait s'y risquer à condition d'en avoir envie. En pratique cependant, cette position était en contradiction avec le fait que don Juan, en tant que professeur, choisissait ses apprentis.

En fait, n'importe quel professeur dans ces circonstances aurait choisi ses apprentis en fonction d'exigences cachées. La nature spécifique de ces nécessités préalables n'a jamais été exposée d'une manière formelle, don Juan insinuant seulement qu'il existait un certain nombre d'indications qu'il convenait de garder à l'esprit lorsqu'on examinait un éventuel apprenti. Ces indications auxquelles il faisait allusion étaient censées révéler si oui ou non le candidat possédait les dispositions nécessaires, ce que don Juan entendait par « volonté inflexible ».

Néanmoins, la décision finale pour savoir qui pourrait entreprendre l'étude afin de devenir homme de savoir appartenait à une puissance impersonnelle connue de don Juan, mais extérieure à sa volonté. Cette puissance impersonnelle désignait la personne convenable en lui permettant de réaliser un exploit d'une nature extraordinaire, ou en créant autour de la personne en question un ensemble de circonstances curieuses. Il n'y avait par conséquent pas de contradiction entre l'absence d'exigences manifestes et d'exigences cachées.

L'homme ainsi choisi devenait l'apprenti, que don Juan appelait *escogido*, celui qui a été choisi. Mais être *escogido* signifiait davantage que d'être simple apprenti. L'*escogido*, du simple fait d'avoir été choisi par une puissance, était déjà considéré comme différent des autres hommes. Il passait déjà pour le dépositaire d'une quantité minime de cette puissance qu'il augmenterait par l'étude.

Mais l'étude supposait une volonté inflexible de tous les instants, et la puissance qui avait pris la décision première, ou une puissance similaire, était censée prendre d'autres décisions similaires pour savoir si l'*escogido* poursuivrait son étude ou bien s'il serait vaincu. Ces décisions se manifestaient par des signes qui pouvaient apparaître à n'importe quel moment de l'étude. Dans ce domaine, toute circonstance bizarre concernant l'apprenti était considéré comme un de ces signes.

Un homme de savoir est animé d'une volonté inflexible

L'idée qu'un homme de savoir devait être animé d'une volonté inflexible se référait à l'exercice de la volition. Une volonté inflexible, cela signifiait avoir la volonté de suivre la procédure nécessaire en se maintenant tout le temps dans les limites du savoir dispensé. Un homme de savoir devait posséder une volonté inflexible pour assurer à toutes ses actions cette qualité indispensable dans le cadre de son étude. Cette qualité qui devait s'accompagner de rigueur à laquelle s'ajoutait un caractère d'obligation ne pouvant être que difficilement supportable, l'éventuel apprenti se devait donc de présenter une quantité minimum requise de volonté inflexible : de là cette seule exigence cachée.

Cette volonté inflexible se composait : 1° de frugalité ; 2° de solidité de jugement ; 3° d'absence du désir d'innover.

Un homme de savoir devait se montrer frugal, parce que la majorité de ses obligations se déroulaient dans des conditions et avec des éléments en dehors des limites de l'existence ordinaire ou d'une activité banale : l'homme appelé à ces tâches devait donc se montrer capable d'efforts extraordinaires. Il était implicitement entendu que ces efforts extraordinaires ne pouvaient s'accomplir que grâce à la frugalité, pour tout ce qui ne constituait pas le but de cette étude.

Toutes les actions étant prévues et obligatoires, l'homme de savoir devait avoir un jugement solide. Concept qui n'avait rien à voir avec le sens commun, mais désignait simplement une capacité à évaluer les circonstances de l'action. Évaluation réalisée en réunissant, comme autant de données rationnelles, les éléments enseignés disponibles à ce moment-là pour agir. Cette évaluation changeait constamment, au fur et à mesure de l'apprentissage. Cependant, il semblait toujours convenu que toute action obligatoire se trouvait imposée à l'apprenti au moment le plus approprié.

Tous les actes étant prévus et obligatoires, cela supposait l'impossibilité d'innover. Le système d'enseignement de don

Juan était si bien établi qu'il était impossible d'y changer quelque chose.

Un homme de savoir possède la clarté d'esprit

La clarté d'esprit était le thème qui fournissait le sens de la direction. Tous les actes étant déterminés à l'avance, cela signifiait que l'orientation de l'apprenti au cours de cet enseignement était également prévue. En conséquence, la clarté d'esprit ne fournissait qu'un sens de la direction, confirmant constamment l'itinéraire choisi parmi les composantes : 1° liberté de choisir son chemin ; 2° connaissance du but spécifique ; 3° fluidité.

Il était admis qu'on avait la liberté de chercher sa voie, affirmation qui n'était pas contradictoire avec l'impossibilité d'innover, les deux notions ne s'opposant pas et étant indépendantes l'une de l'autre. La liberté de chercher sa voie signifiant la possibilité de choisir entre différentes possibilités d'action également efficaces et utilisables. Le critère de choix étant alors l'avantage d'une solution par rapport à d'autres, basé sur une préférence personnelle. Bref, la liberté de choisir sa voie procurait un sens de la direction grâce à l'expression d'inclinations personnelles.

Une autre façon de créer ce sens de la direction, c'était l'idée qu'existait un but spécifique pour chaque acte accompli dans le contexte de cet enseignement. Il fallait donc qu'un homme de savoir possédât la clarté d'esprit pour que s'accordent ses raisons spécifiques d'agir et le but spécifique de toute action. La connaissance spécifique du but de chaque action servait de guide pour juger des circonstances du besoin d'agir.

Autre aspect de cette clarté d'esprit : un homme de savoir, de façon à renforcer l'éxécution d'actions obligatoires, devait réunir toutes les ressources fournies par l'enseignement suivi. La notion de fluidité, c'était cela. Le sens de la direction venait du sentiment d'être malléable et fertile en ressources. Savoir seulement que tout était obligatoire risquait autrement d'amener une impression de rigidité et de stérilité, si l'on n'avait insisté sur la fluidité nécessaire à l'homme de savoir.

Devenir un homme de savoir constitue une tâche ardue

Au cours de son entraînement, un homme de savoir devait posséder ou développer ses capacités d'effort. Don Juan affirmait qu'il s'agissait là d'un travail ardu, et qui dénotait la capacité 1° d'un effort dramatique ; 2° de montrer de l'efficacité ; 3° de relever un défi.

Indubitablement, le drame était l'épreuve la plus remarquable, et un effort tout particulier s'avérait nécessaire pour l'exploitation dramatique des évènements. Si l'on prend comme exemple le comportement de don Juan, on aurait pu penser d'abord que l'effet dramatique n'était que le reflet d'un goût personnel pour une attitude théâtrale. Cependant, il s'agissait de bien plus que cela, et du reflet d'une foi profonde. Ce caractère dramatique donnait à ses actions un sens tout particulier de finalité. Ses actes se trouvaient ainsi placé sur une scène où la mort jouait un des rôles principaux. Implicitement, la mort semblait une éventualité dans le cours de l'enseignement, en fonction du danger inhérent à la nature même de cette recherche. Il devenait par conséquent logique que le sens du drame créé par cette conviction du rôle permanent joué par la mort entraînât cette attitude, toute différente d'une simple comédie.

Sens dramatique, mais également souci d'efficacité. Il fallait que l'effort portât ses fruits. Convenablement orienté, il devait atteindre ses objectifs. La mort toujours présente créait non seulement une ambiance dramatique contribuant à l'intérêt de l'étude, elle entraînait aussi la certitude que la destruction serait la conséquence d'efforts se révélant inefficaces.

Efforts accompagnés d'un sentiment de défi, puisqu'il s'agissait de vérifier et de prouver que l'on était capable de jouer le rôle voulu, dans les limites rigoureuses de l'enseignement dispensé.

Un homme de savoir est un guerrier

La vie d'un homme de savoir est une lutte perpétuelle. L'idée que c'est un guerrier menant la vie du guerrier permettait d'atteindre la stabilité des émotions. Cette notion du guerrier reposait sur quatre concepts : l'homme de savoir devait 1° avoir le respect ; 2° éprouver la peur ; 3° il devait être parfaitement éveillé ; 4° avoir confiance en lui-même. Être un guerrier exigeait donc de s'imposer une discipline mettant l'accent sur le talent personnel. L'intérêt individuel s'y trouvait cependant réduit au minimum, étant généralement incompatible avec la rigueur nécessaire à l'exécution d'actes obligatoires fixés à l'avance.

L'homme de savoir se devait de manifester une attitude différente à l'égard des objets de son étude. Respect indispensable à une perspective signifiante. Ce respect semblait ainsi être la prise de conscience par l'étudiant de la modicité de ses capacités en présence de l'Inconnu.

Pour rester dans cet état d'esprit, on pouvait étendre cette idée de respect, logiquement, à l'étudiant lui-même, puisqu'il était aussi inconnu que l'Inconnu même. L'exercice d'une forme de respect poussant à la modestie faisait de cette étude une recherche tout à fait rationnelle, alors qu'autrement elle aurait pu sembler absurde.

L'épreuve de la peur et son évaluation précise constituait une autre obligation dans la vie du guerrier. L'idéal était de poursuivre son action malgré cette peur. Elle était censée être vaincue : il existait un âge où l'homme de savoir la dominait, mais il fallait auparavant avoir eu conscience de son effroi, à seule fin d'évaluer cette sensation. Don Juan affirmait que la peur ne pouvait être vaincue qu'à condition d'y faire d'abord face.

Il convenait qu'un guerrier fût parfaitement éveillé. A la guerre, il fallait être en alerte à seule fin de ne pas perdre de vue les différents facteurs des deux aspects essentiels de cette conscience : conscience du but et, conscience du flux escompté.

La conscience du but, c'était celle des facteurs inclus dans la relation entre le but spécifique d'un acte obligatoire et notre raison personnelle d'agir. Ces actes obligatoires présentant tous un but défini, l'homme de savoir se devait d'être parfaitement éveillé : c'est-à-dire qu'il devait à tout moment appliquer à la réalisation de cet acte obligatoire la volonté d'agir qui se trouvait en lui.

Connaissant cette relation, l'homme de savoir devait

également posséder la conscience du flux escompté. J'appelle ici « conscience du flux escompté » la certitude qu'on sera capable de toujours détecter les variables importantes entrant dans le rapport entre le but spécifique de tout acte et nos raisons personnelles d'agir. Une conscience précise du flux escompté devant permettre de repérer le plus subtil changement, et donc l'identification et l'interprétation des signes et des autres évènements hors de l'ordinaire.

Enfin venait la confiance que le guerrier devait avoir en lui-même, c'est-à-dire la certitude que le but de ce qu'on avait choisi de faire constituait bien le seul objectif possible. Sans cette confiance en soi-même, l'étudiant se serait trouvé incapable d'accomplir un des aspects essentiels de cet enseignement : l'équation savoir / pouvoir.

Devenir un homme de savoir est affaire de continuité

L'idée d'être un homme de savoir n'entraînait aucune condition de permanence. Il n'existait aucune certitude de devenir un homme de savoir simplement parce qu'on avait suivi l'itinéraire fixé. Il était implicitement admis que le rôle des différentes étapes était simplement de montrer comment y parvenir. Devenir un homme de savoir constituait une tâche jamais achevée, ou plus exactement une continuité qui supposait 1° la persistance dans la volonté d'y parvenir ; 2° l'insistance sur notre caractère éphémère ; 3° l'idée qu'il fallait suivre le chemin de tout son cœur.

La persistance s'exprimait à travers le thème des quatre ennemis symboliques que l'on rencontre sur le chemin du savoir : la peur, la clarté, la puissance et la vieillesse. Il convenait donc de parvenir au contrôle de soi-même, puis de ne pas le perdre. Le véritable homme de savoir devait lutter contre chacun de ces quatre ennemis l'un après l'autre, jusqu'à son dernier instant, afin de toujours rester engagé dans cette recherche. Cependant, et malgré cette volonté persistante, cela finissait inéluctablement par se retourner contre vous : on finissait par succomber au dernier ennemi symbolique. D'où le caractère éphémère de cette recherche.

En opposition avec le caractère éphémère de la recherche on trouvait cette insistance sur la nécessité de suivre la voie

« de tout son cœur. » Expression métaphorique montrant que malgré tout il fallait continuer, et se montrer satisfait d'accomplir son destin en choisissant l'alternative la plus convenable et en s'identifiant complètement.

Ce que don Juan résumait en disant que tout son savoir consistait à choisir sa voie avec tout son cœur et en la suivant jusqu'au bout, exprimant par cette métaphore que cela devait suffire à ses ambitions. Il suffisait ainsi de parcourir le chemin, parvenir à une position permanente étant ainsi hors des limites de son savoir.

2e unité

L'homme de savoir a un allié

Voici le plus important des sept thèmes composants, car c'est le seul indispensable pour expliquer ce qu'est un homme de savoir. Dans la classification de don Juan, un homme de savoir possède un allié, ce qui n'est pas le cas de l'homme ordinaire, et c'est ce fait d'avoir un allié qui le rend différent des autres hommes.

D'après la description de don Juan, un allié est une puissance capable de faire dépasser à l'homme ses limites. C'est-à-dire qu'un allié permet de sortir des frontières de la réalité ordinaire. Avoir un allié est ainsi synonyme de puissance et la preuve qu'un des buts de l'enseignement est atteint. Le but étant de montrer comment devenir homme de savoir et l'homme de savoir possèdant un allié, on peut également représenter l'enseignement de don Juan comme la façon d'obtenir un allié. Ce concept d'homme de savoir conçu comme cadre philosophique du sorcier ne présentait un sens pour celui qui souhaitait vivre dans ce cadre qu'à condition qu'il possédât un allié.

Je fais de ce thème la deuxième unité, car il est indispensable pour expliquer ce qu'est l'homme de savoir.

Dans l'enseignement de don Juan, il existait deux alliés, le premier contenu dans le *datura*, connu également sous le nom de « Jimson weed » et qu'il désignait sous un de ses noms espagnols, *yerba del diablo* (l'herbe du diable). D'après lui, toutes les variétés de *datura* contenaient un allié. Il était cependant indispensable que tout sorcier fît pousser ses propres plantes, de la variété qu'il avait choisie : plantes qui étaient non seulement sa propriété, mais s'identifiaient à lui.

Don Juan possédait la vérité nommée *inoxia*. Il semble qu'il ne l'ait pas choisie en raison de possibles différences existant entre les deux variétés qui étaient à sa disposition.

L'autre allié était contenu dans un champignon que j'ai identifié comme appartenant au genre *Psilocybe*. Il peut s'agir du *Psilocybe mexicana*, mais ce n'est qu'une hypothèse, car je n'ai pas réussi à m'en procurer un spécimen pour en faire l'analyse en laboratoire.

Don Juan appelait son allié *humito* (petite fumée), suggérant une analogie entre son allié et le mélange à fumer qu'il préparait à partir du champignon. Il parlait de la fumée comme de l'agent réel, tout en montrant clairement que la puissance n'était associée qu'à une certaine variété de *Psilocybe*. D'où le soin apporté au moment de la récolte, pour ne pas le confondre avec une douzaine d'autres variétés poussant dans la région.

L'allié en tant que concept signifiant présentait les particularités suivantes : 1° l'allié n'a pas de morme ; 2° l'allié est perçu comme une qualité ; 3° l'allié est domptable et 4° l'allié a une règle.

L'allié n'a pas de forme

L'allié était considéré comme une entité extérieure et indépendante, tout en ne possédant pas de forme. Cette absence de forme – opposée au fait d'avoir une forme définie – est nécessaire, puisque d'autres puissances similaires présentent des formes parfaitement perceptibles. L'absence de forme signifiant ici que l'allié ne possédait aucune forme distincte, ou même vaguement définie, ou simplement reconnaissable. Ce qui sous-entend qu'à aucun moment l'allié ne pouvait devenir visible.

L'allié est perçu comme une qualité

Conséquence de cette absence de forme, l'allié n'était perçu que comme une certaine qualité des sens : l'allié ne possédant pas de forme, on ne remarquait sa présence que par ses effets sur le sorcier. Effets parmi lesquels don Juan remarquait les qualités anthropomorphiques. Il décrivait un allié comme ayant le caractère d'un être humain, impliquant du même coup qu'un sorcier pouvait choisir l'allié qui lui convenait le mieux en l'assortissant à sa propre personnalité, en tenant compte des caractéristiques anthropomorphiques présumées de l'allié.

Don Juan montrait les deux alliés évoqués dans son enseignement comme présentant des qualités antithétiques.

Il caractérisait l'allié contenu dans le *Datura inoxia* comme possédant deux qualités : il est comme une femme, et il confère une puissance superfétatoire. Deux qualités qu'il considérait comme parfaitement indésirables. Son jugement là-dessus était définitif ; il précisait cependant que son jugement de valeur à ce sujet n'était que le résultat d'un choix personnel.

Pour don Juan, la caractéristique la plus importante, c'était certainement ce caractère féminin. Cela ne signifiait pas que cet allié fût de nature femelle. Peut-être cette analogie était-elle simplement de nature métaphorique et destinée à évoquer ce qu'il considérait comme les aspects déplaisants de cet allié. De plus, le nom espagnol de la plante, *yerba*, féminin, lui avait peut-être suggéré cette analogie de nature féminine. Quoi qu'il en soit, la personnification de cet allié sous l'aspect d'une puissance semblable à une femme, lui attribuait du même coup les qualités anthropomorphiques suivantes : 1° il était possessif ; 2° il était violent ; 3° il était imprévisible ; 4° il avait un effet délétère.

Don Juan croyait que l'allié avait la capacité de faire de ses adeptes ses esclaves. C'est ce qu'il entendait par ce caractère possessif, qui pour lui correspondait à un caractère féminin. L'allié assurait son emprise sur ses adeptes en leur procurant la puissance, en créant une dépendance, en conférant la force physique et un certain bien-être.

Cet allié était considéré comme violent. Violence féminine qui poussait ses adeptes à des explosions de force brutale. Cela le destinait particulièrement aux natures violentes à la recherche du pouvoir personnel.

Autre caractéristique féminine, c'était son imprévisibilité. Pour don Juan, cela signifiait que l'action d'un tel allié ne pouvait être cohérente : il fallait s'attendre à des changements capricieux et imprévisibles. La versatilité de l'allié devait alors être compensée par le soin extraordinairement méticuleux que le sorcier apporterait au moindre détail. Tout changement défavorable, s'il était inexplicable, comme résultant d'une erreur ou d'un maniement défectueux, s'expliquait dans ces conditions par l'imprévisibilité quasi féminine de cet allié.

A cause de son caractère possessif, violent, imprévisible, il attribuait à cet allié un effet général délétère sur le caractère de ses adeptes. Don Juan pensait que cet allié s'efforçait de transmettre ses caractéristiques féminines, et qu'il y réussissait généralement.

Cependant, cet allié présentait également un autre aspect, que l'on pouvait considérer comme une qualité : il attribuait une puissance superfétatoire. Don Juan insistait bien là-dessus : en tant que dispensateur généreux de puissance, c'était un allié inégalable. On affirmait qu'il offrait à ses adeptes la force physique, l'audace et la faculté d'accomplir d'extraordinaires prouesses. Selon don Juan, cependant, une telle puissance ne pouvait être que parfaitement inutile. Et en ce qui le concernait, il n'en avait plus l'usage. Néanmoins, il y voyait une tentation pour le futur homme de savoir, dans la mesure où son inclination naturelle le poussait à rechercher la puissance.

D'un autre côté, l'opinion personnelle de don Juan, c'était que l'allié contenu dans le *Psilocybe mexicana* était préférable, et présentait les caractéristiques les plus utiles : sa virilité, et sa capacité extatique.

C'était pour lui l'antithèse du *datura*. La plante était virile, avec toutes les qualités que cela comportait, et cela de façon analogue aux caractéristiques féminines de l'autre plante. C'est-à-dire qu'il ne s'agissait pas d'une plante mâle à proprement parler, mais ses propriétés s'exprimaient le mieux en termes de virilité. Ici encore, le fait que le mot *humito* fût masculin en espagnol, pouvait lui avoir suggéré cette analogie.

Les qualités anthropomorphiques que don Juan jugeait positives, étaient : 1° d'être dénué de passion ; 2° d'être doux ; 3° d'être sûr ; 4° d'être bénéfique pour ses adeptes.

Sa conception de l'absence de passion dans un allié se caractérisait par l'équité, le fait que jamais il ne poussait ses adeptes à des actes extraordinaires, qu'ils ne devenaient jamais ses esclaves car il ne leur accordait aucune puissance facile à obtenir. *Humito* était au contraire sévère mais juste pour ses adeptes.

Cet allié ne suscitant pas la violence, cela le rendait doux aux yeux de don Juan. Il était censé procurer une sensation de désincarnation : don Juan l'imaginait donc calme, doux et susceptible d'apporter la paix.

C'était un allié sur lequel on pouvait compter. Ses effets sur une variété d'individus ou répétés chez la même personne étaient invariables, donc constants, avec un minimum de variantes.

Sans passion, doux, sûr, cet allié présentait encore une autre caractéristique virile : il jouait un rôle positif sur le caractère de ses adeptes. La virilité de l'*humito* créait un état rare de stabilité émotionnelle. Don Juan croyait que, sous l'influence de cet allié, l'adepte modérait les élans de son cœur et pouvait acquérir l'équilibre.

Corollaire de ces différentes qualités, cet allié pouvait procurer l'extase. Ce qui était présenté également comme une qualité. L'*humito* faisait disparaître le corps de ses adeptes, et cela leur permettait d'accomplir certaines activités réalisables seulement dans un état de désincarnation. Activités inévitablement liées pour don Juan à l'état d'extase. L'allié contenu dans le *Psilocybe* convenait par conséquent tout particulièrement aux natures contemplatives.

L'allié est domptable

Domptable, cela signifiait qu'il était utilisable en tant que puissance. Lorsque le sorcier avait dompté l'allié, il devait contrôler ce pouvoir spécialisé pour s'en servir à son propre bénéfice. La capacité d'un allié à être dompté contre balançait d'autres puissances, similaires à un allié mais qui ne possédaient pas cette propriété d'être manipulées.

La manipulation de l'allié présentait deux aspects : l'allié était un véhicule ; l'allié était un aide.

Véhicule, car il transportait le sorcier dans le domaine de la réalité non ordinaire. Si j'en juge par mes expériences personnelles, les deux alliés peuvent servir de véhicules, avec cependant des implications différentes.

Les aspects généralement néfastes du *datura*, mais plus particulièrement son imprévisibilité, en faisaient un véhicule dangereux et peu sûr. L'observation stricte d'un rituel constituait la seule protection, sans pour autant assurer la stabilité de l'allié, qui restait imprévisible. Le sorcier qui l'utilisait devait attendre l'apparition de signes favorables avant de rien entreprendre.

L'allié contenu dans le *Psylocybe mexicana,* par contre, devait à ses excellentes qualités de constituer un véhicule sûr et parfaitement prévisible. Tout rituel préparatoire était donc inutile.

Autre aspect de l'usage d'un allié : c'était éventuellement un aide. Ce qui signifie qu'après avoir servi de véhicule, il pouvait servir d'aide ou de guide dans un but que le sorcier avait en projet, dans le domaine de la réalité non ordinaire.

En tant qu'aides, les deux alliés possédaient des propriétés uniques et différentes. Leur complexité et leurs usages s'accroissaient comme on s'avançait sur le chemin du savoir. En termes généraux, on pouvait dire que l'allié contenu dans le *Datura inoxia* constituait un aide extraordinaire, caractère qui se présentait comme corollaire de la facilité avec laquelle il conférait une puissance superflue. L'allié contenu dans le *Psilocybe mexicana,* au contraire, se présentait comme un aide encore plus extraordinaire : don Juan le jugeait inégalable dans son rôle d'aide, extension de ses autres remarquables vertus.

3e *unité*

L'allié a une règle

L'idée selon laquelle l'allié a une règle est la seule, parmi les différents composants du concept d'allié, à être indispensable pour expliquer *allié.* C'est pour cela que j'en fais la troisième unité principale dans mon schéma structural.

La règle, don Juan l'appelle parfois la loi, c'est le concept rigide qui organise toutes les actions et tout le comportement à suivre dans le maniement d'un allié. Cette règle se transmet verbalement de maître à étudiant, en principe sans modification, au cours d'un long dialogue entre eux. C'est plus qu'un simple code ; on y verra plutôt un ensemble de lignes définissant la série d'activités qui constituent la manipulation d'un allié.

De nombreux éléments seraient venus confirmer la définition de don Juan : un allié est une puissance capable de transporter un homme au-delà de ses propres limites. Si l'on accepte cette définition, on peut penser que quoi que ce soit possédant cette vertu constitue un allié. Logiquement, même des conditions corporelles produites par la faim, la fatigue, la maladie etc. pourraient servir d'alliés, car cela peut transporter quelqu'un en dehors des limites de la réalité ordinaire. Cependant, la notion selon laquelle l'allié possède des règles semble éliminer ces possibilités. Un allié, c'est une puissance avec une règle. Les autres possibilités sont écartées car elles n'ont pas de règles.

Le concept de règle comportera les idées suivantes et leurs composants : 1° la règle est inflexible ; 2° la règle n'est pas cumulative ; 3° la règle est corroborée par la réalité ordinaire ; 4° la règle est corroborée par la réalité non ordinaire ; 5° la règle est corroborée par des témoignages particuliers.

La règle est inflexible

Les schémas d'activité qui composent le corps de la règle constituent les étapes obligatoires que doit suivre celui qui a décidé d'atteindre les objectifs de l'enseignement. Ce caractère obligatoire de la règle est exprimé par l'idée d'inflexibilité. L'inflexibilité de la règle était liée intimement à la notion d'efficacité. Des efforts dramatiques créaient une incessante lutte pour la vie, et dans ces conditions, seule l'action la plus efficace dont on fût capable pouvait assurer le salut. Toute référence personnelle étant exclue, la règle prescrivait les actions constituant l'unique alternative pour survivre. Il convenait donc que la règle fût inflexible. Et il fallait qu'elle exigeât une soumission totale à ses décrets.

La conformité avec la règle n'était cependant pas absolue. J'ai remarqué au cours de l'enseignement un cas où cette inflexibilité a été supprimée. Don Juan a expliqué cette déviation comme le résultat de l'intervention directe d'un allié. Dans ce cas précis, à la suite d'une erreur de ma part – erreur due à l'étourderie – dans le maniement du *datura* inoxia, la règle avait été violée. Conclusion de don Juan : l'allié peut intervenir directement, et cela sans effet nocif, voire mortel, lorsque la règle n'est pas appliquée. Des preuves de souplesse aussi manifestes étaient considérées comme prouvant toujours une grande affinité entre l'allié et son adepte.

La règle n'est pas cumulative

Ceci sous-entend que toutes les méthodes imaginables de manipulation de l'allié ont été répertoriées. Théoriquement, la règle n'est pas cumulative ; il est impossible de l'augmenter. Idée liée également au concept d'efficacité. Comme la règle prescrit la seule alternative efficace pour survivre, toute tentative de changement ou d'innovation dans son déroulement ne peut être qu'inutile, et même probablement fatal. On ne pouvait qu'ajouter à sa connaissance personnelle de la règle, soit sous la direction d'un maître, soit guidé par l'allié lui-même. Dans ce deuxième cas, il s'agissait d'une acquisition directe de savoir, et non pas d'une addition au corps de la règle.

La règle est corroborée par la réalité ordinaire

La corroboration de la règle signifie sa vérification, et la preuve de son efficacité par une expérimentation pragmatique. Cette règle s'appliquant à des situations de réalité ordinaire ou non ordinaire, cette corroboration pouvait s'effectuer dans les deux domaines.

Les situations de réalité ordinaire en relation avec la règle se trouvaient la plupart du temps remarquablement peu courantes, mais en dépit de leur caractère inhabituel, la règle se trouvait ainsi corroborée dans la réalité ordinaire. Ce qui met ces cas hors des limites de cet ouvrage, et pourrait fournir la matière d'une autre étude. Cette partie de la règle concerne les procédures à suivre pour reconnaître, cueillir, mélanger, préparer et conserver les plantes contenant l'allié, des détails concernant l'emploi d'autres plantes, et d'autres détails de cette sorte.

La règle est corroborée par la réalité non ordinaire.

Cette confirmation s'effectuait de la même manière expérimentale et pragmatique que pour les situations de réalité ordinaire. Corroboration pragmatique qui supposait deux concepts : rencontre avec l'allié, dans ce que j'ai appelé des états de réalité non ordinaire, et les buts spécifiques de la règle.

Les états de réalité non ordinaire

Les deux plantes contenant les alliés, utilisées selon leurs règles propres, produisaient des états de perception particulière que don Juan considérait comme des rencontres avec l'allié. Il accordait une extrême importance à l'étude de ces rencontres, car il convenait, d'après lui, de rencontrer l'allié aussi souvent que possible afin de vérifier sa règle d'une manière pragmatique et expérimentale. La proportion de la règle ainsi susceptible d'être vérifiée était ainsi en corrélation directe avec le nombre des rencontres.

La façon de rencontrer l'allié, c'était naturellement par l'emploi approprié de la plante contenant l'allié. Cependant, don Juan laissait entendre qu'à un certain niveau élevé dans l'apprentissage, des rencontres pouvaient se produire sans utilisation de la plante : elles devenaient alors le fait d'un simple acte de volonté.

J'ai appelé ces rencontres avec l'allié des états de réalité non ordinaire. J'ai choisi ce terme parce qu'il reflète l'affirmation de don Juan, pour qui ces rencontres se déroulaient dans une sorte de prolongement de la réalité, réalité seulement un peu différente de la réalité ordinaire quotidienne. Don Juan n'en a jamais formulé les caractéristiques d'une manière plus définie, mais sa réticence semblait venir de l'idée que chacun se devait d'acquérir le savoir selon sa propre nature.

Les catégories suivantes, que je considère comme spécifiques de la réalité non ordinaire, sont tirées de mon expérience personnelle. Malgré leur caractère apparemment personnel, elles ont été exploitées et développées par don Juan dans le cadre de son enseignement, comme si ces caractéristiques avaient été inhérentes à la réalité non ordinaire : la réalité non ordinaire est utilisable ; la réalité non ordinaire a des composantes.

La réalité non ordinaire est utilisable. Cela supposait qu'elle pouvait se révéler effectivement utile. Don Juan m'a très souvent répété que le but principal de son savoir était la poursuite de résultats pratiques, et que cela s'appliquait dans la réalité ordinaire aussi bien que dans la réalité non ordinaire. Il affirmait que ce savoir permettait d'utiliser la réalité non ordinaire au même titre que la réalité ordinaire. Ainsi, les états provoqués par les alliés étaient délibérément considérés comme devant se révéler utiles. Si l'on suit le raisonnement de don Juan, ces rencontres avec les alliés étaient organisées dans le but d'apprendre leurs secrets, ce qui écartait systématiquement tout autre motif personnel pour rechercher ces états de réalité non ordinaire.

La deuxième caractéristique de la réalité non ordinaire est de posséder des composants. Éléments, actions, événements perçus apparemment de façon sensorielle, c'étaient le contenu d'un état de réalité non ordinaire. L'image complète de la réalité non ordinaire était composée d'éléments qui semblaient avoir à la fois des qualités appartenant à la réalité ordinaire et au rêve ordinaire, mais pas au même degré.

A mon estime, les éléments de la réalité non ordinaire présentent trois caractéristiques particulières : 1° les composantes sont stables, 2° remarquables et 3° ils ne relèvent pas du témoignage ordinaire. Ce qui les place à part, éléments discontinus présentant une individualité indéniable.

Les éléments composant la réalité non ordinaire sont stables dans la mesure où ils sont constants. En ce sens, ils sont similaires aux éléments contenus dans la réalité ordinaire – ils ne changent pas, ils ne disparaissent pas – comme cela se passerait avec les éléments du rêve ordinaire. Chaque détail composant un élément de la réalité non ordinaire présente un caractère concret qui lui est propre et qui m'est apparu comme extraordinairement stable. Cette stabilité était si marquée que j'en tirais ce critère selon lequel, dans la réalité non ordinaire, on pouvait toujours s'arrêter afin d'examiner un élément particulier, et cela sans limitation de durée. Critère permettant pour moi de faire la différence entre les états de réalité non ordinaire utilisés par don Juan et d'autres états particuliers de perception qui autrement auraient pu passer pour la réalité non ordinaire, mais auxquels ce critère ne s'appliquait pas.

La deuxième caractéristique propre aux éléments composant la réalité non ordinaire – ils sont remarquables – signifie que chaque détail est unique et singulier. On a l'impression qu'il est isolé des autres, comme s'ils formaient une succession. Singularité qui semble, de plus, créer une nécessité unique, peut-être commune à tout le monde : la nécessité impérative et irrésistible de réunir tous les éléments isolés pour en constituer un ensemble. Don Juan était visiblement conscient de ce besoin dont il se servait à chaque occasion.

Troisième caractéristique, et la plus frappante, ces éléments ne relevaient pas du témoignage ordinaire. Ces composantes s'observaient alors que l'on se trouvait dans une complète solitude, solitude qui ressemblait plutôt à celle de l'homme, témoin unique d'une scène inaccoutumée de la réalité ordinaire, qu'à la solitude du rêve. Comme l'on avait la possibilité de poursuivre l'examen apparemment aussi longtemps qu'on le souhaitait, on aurait presque dit des éléments de la vie quotidienne. Cependant, la différence entre les deux états de réalité résidait dans la possibilité du témoignage ordinaire. J'entends par là la reconnaissance tacite ou implicite par d'autres personnes. En ce qui concerne les composantes de la réalité non ordinaire, c'était impossible. Et cela, les éléments de la réalité non ordinaire sont plus proches du rêve que la réalité ordinaire. Cependant, à cause de leur stabilité et de leur singularité propres, les composantes de la réalité non ordinaire présentaient un caractère d'évidence semblant devoir pousser à les accréditer.

Les buts spécifiques de la règle

L'autre élément du concept selon lequel la règle se vérifiait dans la réalité non ordinaire, c'est l'idée que la règle présente un but spécifique. Réaliser, avec l'aide d'un allié, un but utilitaire. Dans le contexte de l'enseignement de don Juan, la règle était censée s'apprendre en référence avec la réalité ordinaire et non ordinaire. Mais l'aspect principal devait être la confirmation de la règle par des états de réalité non ordinaire ; et ce qui se trouvait ainsi confirmé par les actions et les éléments perçus dans la réalité non ordinaire constituait le but spécifique de cette règle. Il s'agissait bien de la puissance de l'allié – manipulation de l'allié d'abord comme véhicule, ensuite comme aide –, mais don Juan traitait chaque élément du but spécifique de la règle comme une unité unique couvrant implicitement les deux domaines.

Le but spécifique se référant à la manipulation de la puissance de l'allié, cela entraînait inévitablement l'étude des techniques de manipulation. Il s'agissait là des véritables méthodes à appliquer. Qu'on puisse agir ainsi prouvait bien l'utilité de l'allié dans la réalisation d'objectifs pragmatiques, ces techniques constituant les savoir-faire devant rendre l'allié utile.

Le but spécifique et les techniques de manipulation ne formaient qu'un seul tout : le sorcier devait parfaitement le connaître pour commander à son allié avec efficacité.

L'enseignement de don Juan comportait les buts spécifiques suivants. Je les présente dans l'ordre où don Juan devait me les révéler.

1) Le premier but spécifique à vérifier en état de réalité non ordinaire a été l'essai *de l'allié* contenu dans le *Datura inoxia*. La technique de manipulation consistait à l'ingérer sous la forme d'une potion fabriquée à partir d'un morceau de la racine de *datura*. Cette ingestion produisait un léger état de réalité non ordinaire, état utilisé par don Juan pour évaluer si, oui ou non, en tant qu'éventuel élève, je présentais une affinité quelconque avec l'allié contenu dans la plante. La potion était censée provoquer soit une sensation vague de bien-être physique, soit un profond malaise, que don Juan interpréterait respectivement comme l'affinité ou son contraire.

2) *La divination*. Elle faisait également part de la règle pour le *datura*. C'était pour don Juan une forme particulière de mouvement, car il partait du principe que le sorcier est transporté par l'allié jusqu'à un secteur particulier de la réalité non ordinaire où il se révélait capable de divination à propos d'événements dont par ailleurs il ignorait tout.

En ce qui concerne la technique, il s'agissait cette fois-ci d'ingestion-absorption. On ingérait une potion préparée à partir de racine de *datura*, tandis qu'un onguent fait avec des graines de *datura* était frotté sur les tempes et le front. J'utilise l'expression « ingestion-absorption » , car l'ingestion a peut-être été favorisée par l'absorption cutanée, dans le but de produire un état de réalité non ordinaire, à moins que l'absorption cutanée n'ait été favorisée par l'ingestion.

La technique de manipulation, à part le *datura*, exigeait d'autres éléments, deux lézards. Ils étaient censés servir au sorcier d'instruments de mouvement, ce qui signifiait ici la perception bizarre de se trouver dans un monde particulier où l'on peut entendre un lézard parler, puis de se représenter visuellement ce qu'il a dit. Don Juan expliquait ces phénomènes en disant que les lézards répondaient aux questions qu'on leur avait posées à des fins de divination.

3) Il s'agissait d'une autre forme spécialisée de mouvement, le vol corporel. Selon l'explication de don Juan, un sorcier utilisant cet allié pouvait voler sur des distances énormes. Ce vol corporel, c'était la capacité du sorcier à se déplacer dans la réalité non ordinaire, puis de revenir à la réalité ordinaire quand il le voulait.

Ici encore, il s'agissait d'ingestion-absorption. On ingérait une potion faite de racine de *datura*, et un onguent fait de graines de *datura* était frotté sur la plante des pieds, l'intérieur des jambes et les organes génitaux.

Ce troisième but spécifique n'était pas corroboré en profondeur, don Juan laissant entendre qu'il n'avait pas révélé d'autres aspects de la technique de manipulation qui permettraient à un sorcier d'acquérir le sens de la direction dans son déplacement.

4) Essai de l'allié contenu dans le *Psilocybe mexicana*. Cet essai n'était pas destiné à déterminer une éventuelle affinité avec cet allié. Il s'agissait plutôt d'une première tentative inévitable – la première rencontre avec un éventuel allié.

Il s'agissait cette fois d'utiliser un mélange destiné à être fumé, composé de champignons séchés mélangés à différentes parties de cinq autres plantes ne possédant pas de propriétés hallucinogènes connues. La règle insistait sur la nécessité d'inhaler la fumée de ce mélange. Le maître utilisait donc le mot *humito* (petite fumée) quand il évoquait l'allié qui s'y trouvait. J'ai cependant utilisé l'expression « ingestion-inhalation », car il s'agissait bien d'abord d'ingestion puis d'inhalation. En effet, les champignons devenaient en séchant une poussière impalpable assez peu combustible, tandis que les autres ingrédients constituaient des brindilles. Brindilles qui se consumaient dans le fourneau de la pipe, tandis que la poussière de champignon pénétrait dans la bouche et était ingérée. Logiquement, la quantité de champignons secs ingérée devait être plus considérable que la quantité de brindilles consumées est inhalées.

5) Les effets du premier état de réalité non ordinaire provoqué par le *Psilocybe mexicana* sont à l'origine de la brève discussion par don Juan du cinquième but spécifique de la règle. Cela concernait le mouvement – mouvement obtenu grâce à l'aide de l'allié contenu dans le *Psilocybe mexicana*, à l'intérieur et au travers d'objets inanimés ou animés. La technique complète de manipulation a peut-être comporté un élément hypnotique, en plus de l'ingestion-inhalation. Don Juan n'ayant présenté ce but spécifique que sous la forme d'une brève conversation sans approfondissement ultérieur, il m'est impossible d'être plus précis à ce sujet.

6) Toujours avec le *Psilocybe mexicana*, il s'agissait d'étudier un autre aspect du mouvement – par l'adoption d'une forme alternée. Cet aspect du mouvement a été soumis à une vérification très poussée. Don Juan a affirmé qu'on n'en atteignait la maîtrise qu'avec un entraînement très suivi. Il a affirmé que l'allié contenu dans le *Psilocybe mexicana* possédait la capacité inhérente de faire disparaître le corps du sorcier ; si bien que l'idée d'utiliser une forme alternée constituait une possibilité logique pour se déplacer en condition de désincarnation. Autre possibilité logique, le mouvement à travers les objets et les êtres, dont il devait être brièvement question.

La technique manipulatoire du sixième spécifique comportait non seulement une ingestion-inhalation mais également, à en croire toutes les indications, une suggestion hypnotique.

Don Juan avait évoqué une telle suggestion pendant les étapes intermédiaires conduisant à des états de réalité non ordinaire, mais également au début de ces états. Il classait cette intervention apparemment hypnotique parmi ses interventions personnelles d'initiateur, voulant dire ainsi qu'il ne m'avait pas encore, à ce stade, révélé toute la technique manipulatoire.

Cette adoption d'une forme alternée ne signifiait pas qu'un sorcier fût libre de choisir, sous l'inspiration du moment, une forme quelconque. Cela supposait au contraire l'entraînement de toute une vie pour parvenir à une forme imaginée à l'avance. Il avait choisi celle du corbeau, et c'est celle-là qu'il mettait en relief dans son enseignement. Néanmoins, il montrait bien qu'il s'agissait là d'un choix personnel, mais qu'il existait des quantités d'autres formes.

4e unité

La règle est corroborée par des témoignages particuliers

Parmi les concepts constituant la règle, l'idée qu'elle se trouve corroborée par des témoignages particuliers se révèle essentielle. Tous les autres concepts sont insuffisants par eux-mêmes pour expliquer la signification de la règle.

Don Juan établit clairement qu'un allié n'est pas accordé à un sorcier, mais que c'est le sorcier qui doit apprendre à manipuler l'allié par la corroboration de la règle. L'apprentissage complet comporte la vérification de la règle dans la réalité non ordinaire comme dans la réalité ordinaire. Quoi qu'il en soit l'aspect essentiel de l'enseignement de don Juan a bien été la vérification de cette règle d'une manière pragmatique et expérimentale dans le contexte de ce qui est perçu comme des éléments de la réalité non ordinaire. Cependant, ces éléments ne relèvent pas de la corroboration ordinaire, et dans le cas d'impossibilité à obtenir la confirmation de leur existence, la réalité de leur perception passerait quand même pour une illusion. L'homme se retrouvant seul par définition dans la réalité non ordinaire, tout ce qu'il y perçoit ne peut être que personnel. Solitude et aspect individuel semblent les conséquences inévitables du fait qu'aucun de nos semblables ne peut apporter, en ce qui concerne nos perceptions personnelles, la corroboration ordinaire d'un témoignage.

C'est ici que se situe l'élément le plus important dans l'enseignement de don Juan : il m'a apporté le témoignage particulier dont j'avais besoin à propos des actions et des éléments que j'avais perçus dans la réalité non ordinaire, actions et éléments censés corroborer la règle. Dans l'enseignement de don Juan, un témoignage particulier, cela signifiait l'accord tacite ou implicite sur les éléments composant la réalité non ordinaire qu'en tant que professeur il me donnait de son savoir, à moi, l'élève. Rien en cela de frauduleux ou de contestable, comme si deux personnes se décrivaient mutuellement les éléments de leurs rêves. Le témoignage de don Juan était systématique et exigeait la totalité de son savoir. Les actions et les éléments perçus dans la réalité non ordinaire devenaient ainsi réels par accord commun : dans le système de don Juan, la règle de l'allié se trouvait ainsi vérifiée. La règle avait alors valeur de concept seulement dans la mesure où elle faisait l'objet d'un témoignage particulier. Autrement, cela n'aurait été qu'un échafaudage arbitraire.

Devant sa nécessité pour expliquer la règle, j'ai fait de cette vérification par des témoignages particuliers la quatrième unité de mon schéma. C'est au départ un jeu réciproque entre deux personnes : le bienfaiteur, qui sert de guide dans l'enseignement de ce savoir et l'apprenti, à qui est fourni le témoignage particulier de son maître.

C'est dans le cadre de cette unité que la réussite ou l'échec de cet enseignement se révélera, dans cet ordre : un allié est en possession d'un sorcier à qui il confère son caractère particulier, pour le rendre différent des hommes ordinaires. L'allié est une puissance qui possède la propriété particulière d'avoir une règle. La caractéristique unique de la règle réside dans sa corroboration dans la réalité non ordinaire au moyen de témoignages particuliers.

Le bienfaiteur

Le bienfaiteur est l'agent sans qui la corroboration de la règle serait impossible. Pour parvenir au témoignage particulier, il a deux tâches à accomplir : préparer le cadre nécessaire au témoignage particulier sur la corroboration de la règle, et guider ce témoignage.

Préparation du témoignage particulier

La première tâche du bienfaiteur, c'est de préparer le cadre nécessaire au témoignage particulier sur la corroboration de la règle. En tant que professeur, don Juan : 1° m'a fait éprouver d'autres états de réalité non ordinaire, en expliquant bien qu'il s'agissait d'autre chose que de ceux nécessaires à la corroboration de la règle d'alliés ; 2° m'a fait participer avec lui à certains états spéciaux de la réalité ordinaire qu'il semblait avoir provoqués lui-même ; 3° a procédé à la récapitulation détaillée de chaque expérience. Le rôle de don Juan en préparant le témoignage particulier, c'était de le renforcer et de le confirmer en montrant bien le fonctionnement des éléments constituant ces nouveaux états de réalité non ordinaire et les états spéciaux de réalité ordinaire.

Les autres états de réalité non ordinaire que don Juan m'a fait éprouver ont été provoqués par l'ingestion du cactus *Lophophora williamsii*, communément connu sous le nom de peyotl. On coupe généralement la partie supérieure du cactus et on la met à sécher. Elle est alors mâchée et ingérée. Dans certaines circonstances, la partie supérieure est ingérée alors qu'elle est encore fraîche. Cette ingestion n'est cependant pas la seule façon de parvenir à un état de réalité non ordinaire grâce au *Lophophora williamsii*. Don Juan a évoqué des états spontanés de réalité non ordinaire survenus dans des conditions uniques, en qui il voyait des cadeaux offerts par la puissance contenue dans la plante.

La réalité non ordinaire provoquée par le *Lophophora williamsii* comporte trois caractéristiques particulières : 1° elle est produite par une entité connue sous le nom de Mescalito ; 2° elle est utilisable et elle comporte des éléments constitutifs.

Le Mescalito est présenté comme une puissance unique, similaire à un allié dans la mesure où il permet de transcender les frontières de la réalité ordinaire, tout en étant cependant très différent d'un allié. Comme un allié, le Mescalito est contenu dans une plante particulière, le *Lophophora williamsii*. Mais à la différence d'un allié, qui est simplement *contenu* dans la plante, le Mescalito et la plante qui le contient ne font qu'un ; la plante est le centre de manifestations de respect, l'objet d'une profonde vénération. Don Juan croyait fermement que dans certaines circonstances, par exemple en cas de profonde soumission au Mescalito, la seule proximité du cactus pouvait provoquer un état de réalité non ordinaire.

Mais le Mescalito ne possède pas de règle, et c'est pour cela qu'il n'est pas un allié, encore qu'il puisse transporter quelqu'un en dehors des frontières de la réalité ordinaire. Ne pas avoir de règle interdisait qu'on se servît du Mescalito comme d'un allié, car sans règle il était inconcevable qu'on le manipulât. Cela rendait également sa puissance très différente de celle d'un allié.

Conséquence directe de cette absence de règle, le Mescalito est à la disposition de n'importe qui, sans nécessiter de long apprentissage ni de techniques de manipulation particulières, alors que ce serait le cas pour un allié. Disponible sans entraînement spécial, le Mescalito est considéré comme un protecteur – être un protecteur signifie être accessible à tous. Cependant le Mescalito en tant que protecteur était incompatible avec certains. D'après don Juan, cette incompatibilité est le résultat d'une opposition entre la « moralité inflexible » du Mescalito et celle, contestable, d'un individu en particulier.

Le Mescalito est également un professeur. Il est censé exercer des fonctions didactiques. C'est un directeur, un guide de conduite. Le Mescalito montre le bon chemin. Pour don Juan, ce bon chemin semblait être le sens de ce qui était convenable, non pas le bien en termes de morale, mais plutôt une tendance à simplifier les règles de comportement en termes d'efficacité par rapport à son enseignement. Don Juan croyait par conséquent que le Mescalito enseignait une règle de conduite simplifiée.

Le Mescalito est considéré comme une entité. Il lui est donc possible de prendre une forme définie, généralement changeante et imprévisible. De la sorte, le Mescalito sera perçu différemment non seulement par deux personnes, mais également par la même personne en plusieurs occasions. Don Juan exprimait cela en disant que le Mescalito pouvait prendre n'importe quelle forme imaginable. Cependant, pour une personne avec qui il est compatible, le Mescalito, après une fréquentation de plusieurs années, adopte une forme immuable.

La réalité non ordinaire produite par le Mescalito est utilisable, et à ce point de vue est identique à celle produite par un allié. La différence réside dans la conception qu'en avait don Juan : on était censé tirer la leçon du Mescalito de la façon convenable.

La réalité non ordinaire produite par le Mescalito est composée d'éléments, et ici encore les états produits par le Mescalito ou un allié sont identiques. Dans les deux cas, les caractéristiques des éléments sont la stabilité, la singularité et le fait de ne pas relever du témoignage ordinaire.

Dans le but de préparer ces témoignages particuliers, don Juan m'a également fait participer à des états spéciaux de réalité ordinaire. Un état spécial de réalité ordinaire, c'est une situation que l'on peut décrire avec les termes de la vie de tous les jours, à cela près qu'il serait impossible d'obtenir un témoignage ordinaire sur ses composantes. Don Juan préparait le cadre pour le témoignage particulier visant à corroborer la règle, en donnant un témoignage particulier sur les composantes des états spéciaux de réalité ordinaire. Ces éléments consistaient en faits de la vie de tous les jours dont l'existence ne pouvait être confirmée que par don Juan sur accord particulier. C'est du moins ce que je suppose, car en tant que participant aux états spéciaux de réalité ordinaire, je pense que seul don Juan, l'autre participant, savait quels éléments constituaient cet état spécial de réalité ordinaire.

A mon avis, ces états spéciaux de réalité ordinaire étaient produits par don Juan, encore qu'il ne l'affirmât jamais. Il me semble qu'il les produisait grâce à une manipulation adroite d'allusions et de suggestions destinées à guider mon comportement. J'ai appelé ce procédé « utilisation de caractères indicateurs » 1° relevant de l'environnement et 2° relevant du comportement, produits par le professeur.

Au cours de son enseignement, don Juan m'a fait participer à deux états de cette sorte. Peut-être a-t-il provoqué le premier par l'utilisation de caractères indicateurs relevant de l'environnement. La raison d'être de cet état, pour don Juan, c'est qu'il fallait une épreuve qui montrerait le sérieux de mes intentions : ce n'est qu'après avoir donné mon témoignage particulier sur les éléments en présence qu'il a consenti à commencer son enseignement. « Relevant de l'environnement », car don Juan m'a mené à cet état spécial de réalité ordinaire en isolant, par de subtiles suggestions, les composantes de la réalité ordinaire qui faisaient partie du cadre physique immédiat. Éléments isolés de telle façon qu'ils créaient une perception visuelle spécifique de la couleur, qu'il était facile à don Juan de vérifier.

Le deuxième état de réalité ordinaire peut avoir été provoqué par l'utilisation de caractères indicateurs relevant du comportement. Don Juan, par une fréquentation assidue et un comportement immuable, avait réussi à créer une image de lui-même pouvant me servir de modèle fondamental pour le reconnaître. Ensuite, par le choix de certaines réponses incompatibles avec l'image qu'il avait créée, don Juan pouvait déformer ce modèle essentiel à son identification. Distorsion pouvant à son tour modifier la configuration normale des éléments associés au modèle, pour en donner un nouveau ne relevant plus du témoignage ordinaire. Don Juan, participant à cet état spécial de réalité ordinaire, était la seule personne connaissant les éléments en question et était du même coup la seule personne pouvant me confirmer leur existence.

La mise au point par don Juan de ce deuxième état de réalité spéciale ordinaire constituait également une épreuve, sous la forme d'une sorte de récapitulation de son enseignement. Il semble que ces deux états spéciaux de réalité ordinaire ont marqué une transition dans son enseignement. Des points d'articulation, en quelque sorte. Et le deuxième état a peut-être marqué mon entrée dans une nouvelle phase d'apprentissage caractérisée par une participation plus directe entre le professeur et son élève, dans le but de parvenir à une communauté de points de vue.

Le troisième procédé utilisé par don Juan a été de me faire faire, après chaque état de réalité non ordinaire, un compte rendu détaillé de mon expérience, en mettant lui-même en valeur certains aspects qu'il isolait de leur contexte. Le facteur essentiel dirigeait le développement de ces états de réalité non ordinaire, et implicitement j'en concluais que les caractéristiques des composants de la réalité non ordinaire – stabilité, singularité, et ne relevant pas du témoignage ordinaire – leur étaient inhérentes et ne constituaient en aucune façon le résultat d'une orientation venue de don Juan. Hypothèse qui reposait sur le fait que, lors de ce premier état de réalité non ordinaire que j'avais connu, les composantes avaient présenté ces trois caractéristiques, alors que don Juan avait à peine commencé son enseignement. Si l'on supposait ainsi que ces caractéristiques étaient bien inhérentes aux éléments de la réalité non ordinaire en général, la tâche de don Juan consistait à les utiliser comme bases dans chaque état de réalité non ordinaire produit par le *Datura inoxia*, le *Psilocybe mexicana* et le *Lophophora williamsii.*

Les comptes rendus détaillés qu'exigeait don Juan après chaque expérience d'un état de réalité non ordinaire constituaient une récapitulation. Cela supposait une équivalence verbale précise de ce que j'avais éprouvé. Cette récapitulation présentait deux aspects : le rappel des événements et la description des éléments perçus. La suite des événements supposait les incidents qu'il m'avait semblé percevoir au cours de l'expérience dont je faisais le récit : les événements qui s'étaient apparemment déroulés et les actes que je semblais avoir accomplis. La description des composantes perçues, c'était ma façon de rendre compte de la forme spécifique et des détails spécifiques des composantes que j'avais apparemment perçues.

Dans chacune de ces récapitulations, don Juan choisissait certains éléments, 1° en attachant une importance particulière à certains secteurs de mon compte rendu, 2° en refusant toute valeur à certains autres. L'espace entre deux états de réalité non ordinaire, c'était le temps que don Juan consacrait à l'étude de l'expérience précédente.

J'appelle le premier élément « évaluation », car cela supposait une réflexion intense pour établir la distinction entre ce que don Juan considérait comme l'objectif que j'aurais dû atteindre au cours de l'état de réalité non ordinaire et ce que j'avais perçu. Cette mise en valeur signifiait que don Juan isolait un élément de mon récit en lui consacrant l'essentiel de sa réflexion. Cette évaluation pouvait se révéler positive ou négative. Positive, don Juan se déclarait satisfait d'un élément particulier que j'avais perçu, parce que cela confirmait les objectifs qu'il m'avait fixés. Négative, don Juan n'était pas content : ce que j'avais perçu ne se conformait pas à son attente, ou bien il jugeait le résultat insuffisant. Il plaçait alors néanmoins l'essentiel de sa réflexion sur cet aspect de mon compte rendu pour bien montrer l'aspect négatif de ma perception.

Autre procédé sélectif utilisé par don Juan, il refusait d'accorder la moindre importance à certains aspects de mon compte rendu. « Évaluation neutre » puisque c'était le contraire en quelque sorte d'une estimation : en déniant tout intérêt aux éléments que don Juan considérait comme extérieurs à son enseignement et à ses fins, il effaçait du même coup la perception chez moi de ces éléments au cours des états suivants de réalité non ordinaire.

Guidage du témoignage particulier

Le deuxième aspect de la tâche de don Juan comme professeur a été de guider le témoignage particulier en organisant le résultat de chaque état de réalité non ordinaire et chaque état spécial de réalité ordinaire. Don Juan dirigeait ce résultat grâce à une manipulation ordonnée des niveaux extrinsèque et intrinsèque de la réalité non ordinaire, et du niveau intrinsèque des états spéciaux de réalité ordinaire.

Le niveau extrinsèque de réalité non ordinaire relevait de cet agencement fonctionnel, avec les mécanismes, les étapes conduisant à la réalité non ordinaire proprement dite. Le niveau extrinsèque présentait trois aspects caractéristiques : 1° une période préparatoire, 2° des stages transitoires et 3° la surveillance du professeur.

La période préparatoire couvrait le temps écoulé entre un état de réalité non ordinaire et le suivant. Don Juan me donnait des instructions directes, et il développait le cours général de son enseignement. La période préparatoire était d'une grande importance, car elle organisait les états de réalité non ordinaire. À cheval entre les deux, elle présentait deux facettes : une période précédant la réalité non ordinaire et la période suivant la réalité non ordinaire.

La période précédant la réalité non ordinaire était relativement brève, 24 heures au maximum. Au cours des états de réalité non ordinaire provoqués par le *Datura inoxia* et le *Pscilocybe mexicana,* on constatait une accélération et une dramatisation des instructions données par don Juan concernant les buts spécifiques de la règle et les techniques de manipulation. J'étais alors censé corroborer ces données pendant la séance suivante de réalité non ordinaire. Avec le *Lophophora williamsii*, cette période était essentiellement consacrée à des rites, puisque le *Mescalito* ne possédait pas de règle.

Par contre, la période suivant la réalité non ordinaire pouvait durer longtemps, souvent des mois, et cela permettait à don Juan de développer et d'expliquer des événements qui s'étaient déroulés pendant la période de réalité non ordinaire. Cette période était particulièrement importante après l'usage du *Lophophora williamsii.* Le Mescalito ne possédant pas de règle, le but recherché dans la réalité non ordinaire était la vérification des caractéristiques du Mescalito. Don Juan décrivant ces caractéristiques au cours du long intervalle qui suivait chaque état de réalité non ordinaire.

Le deuxième aspect du niveau extrinsèque était les états transitoires : cela signifiait le passage d'un état de réalité ordinaire à un état de réalité non ordinaire et vice versa. Les deux états se superposaient dans ces périodes transitoires ; le critère que j'employais pour faire la différence, c'était que tout se brouillait, et je n'ai jamais pu en retrouver les éléments avec précision.

En termes de temps perçu, les stages transitoires étaient soit brutaux soit lents. Dans le cas du *Datura inoxia*, les états ordinaires et non ordinaires étaient presque juxtaposés, et la transition se faisait brutalement. Les plus remarquables étaient les passages dans la réalité non ordinaire. D'un autre côté, le *Psilocybe mexicana* s'accompagnait d'états transitoires qui me semblaient lents. Le passage de la réalité ordinaire à la réalité non ordinaire s'étirait interminablement et j'en étais particulièrement conscient, peut-être à cause de l'appréhension que provoquait chez moi l'attente des événements qui allaient suivre.

Les stages transitoires provoqués par le *Lophophora williamsii* semblaient combiner ces effets. D'abord, les passages dans la réalité non ordinaire et hors d'elle étaient remarquables. L'entrée était lente, et je n'éprouvais pratiquement aucune diminution de mes facultés. Mais le retour à la réalité ordinaire constituait un stage transitoire brutal, dont j'avais une perception très claire, mais avec plus de difficulté pour en décrire le détail.

Le troisième aspect du niveau extrinsèque était constitué par la surveillance du professeur, ou par l'aide concrète qu'il m'apportait au cours de la séance de réalité non ordinaire. J'en fait une catégorie car il était convenu que le professeur, à un certain moment de son enseignement, devait pénétrer dans la réalité non ordinaire en compagnie de son élève.

Pendant les états de réalité non ordinaire provoqués par le *Datura inoxia*, j'ai été l'objet du minimum de surveillance.

Don Juan accordait une grande importance aux étapes préparatoires, ensuite il m'a laissé avancer à ma guise.

Dans la réalité non ordinaire provoquée par le *Psilocybe mexicana*, en ce qui concerne la surveillance, c'était tout le contraire, car d'après don Juan, l'élève avait besoin ici d'être guidé avec précision et soutenu. La corroboration de la règle nécessitait l'adoption d'une forme alternée, ce qui semblait suggérer qu'il me faudrait traverser une série de mises au point très particulières en fonction du milieu. Don Juan apportait ces mises au point par des instructions verbales et des suggestions pendant les étapes transitoires menant à la réalité non ordinaire. Autre aspect de sa surveillance, il me dirigeait au début des états de réalité non ordinaire en me disant de concentrer mon attention sur certains éléments de l'état précédent de réalité ordinaire. Ces éléments sur lesquels je devais me concentrer semblaient choisis au hasard, le point important étant de mettre au point la forme alternée choisie. Finalement, il devait me ramener à la réalité ordinaire. Il était implicitement admis que cela exigeait de la part de don Juan le maximum de soin. J'ai cependant oublié la façon qu'il avait d'opérer.

La surveillance nécessitée dans le cas d'un emploi du *Lophophora williamsii* semblait un mélange des deux autres. Don Juan restait avec moi aussi longtemps qu'il le pouvait, sans pour autant essayer d'une façon quelconque de me faire pénétrer dans la réalité non ordinaire ou de m'en faire sortir.

Le deuxième niveau d'ordre différencié dans la réalité non ordinaire était les standards apparemment internes – ou l'arrangement apparemment interne – des composantes. Je parle de « niveau intrinsèque » et j'établis ici trois composantes soumises à trois démarches, qui me semblent venir de l'orientation donnée par don Juan : 1° une progression vers le spécifique, 2° une progression vers un éventail plus large d'appréciation, 3° une progression vers un emploi plus pragmatique de la réalité non ordinaire.

La progression vers des formes simples spécifiques impliquait que les composantes étaient familières sous une forme vague dès les premiers stades de la réalité non ordinaire, pour devenir spécifiques et étrangères dans ses derniers stades. La progression semblant comporter deux niveaux de changement dans les éléments de la réalité non ordinaire : la complexité progressive des détails perçus, et une progression des formes familières aux formes inconnues.

Complexité progressive des détails perçus, cela signifie que, dans chaque état successif de réalité non ordinaire, les minuscules détails d'abord perçus sous forme de composantes devenaient plus complexes. Complexité que j'exprimais par la conscience que j'avais d'une structure se compliquant, bien que ces détails n'aient jamais atteint un enchevêtrement excessif ou inquiétant. Il s'agissait plutôt d'un accroissement harmonieux du nombre de détails perçus, depuis une impression de formes vagues dans les premiers états, jusqu'à l'apparition – dans les derniers – d'architectures vastes et massives entièrement composées de ces mêmes détails minuscules.

Cette progression à partir de formes familières vers d'autres qui ne l'étaient pas impliquait soit que les premières venaient de la réalité ordinaire, soit qu'elles évoquaient au moins la vie familière de tous les jours. Puis au cours d'états successifs de réalité non ordinaire, les formes spécifiques, les détails constituant les formes, leur architecture, ont évolué pour former des ensembles inconnus, jusqu'à ne plus rien évoquer, parfois, de la réalité ordinaire.

La progression vers des résultats spécifiques globaux constituait une approximation de plus en plus fine, au cours des états de réalité non ordinaire vers le résultat total que recherchait don Juan, pour sa corroboration de la règle. Ainsi, la réalité non ordinaire était amenée à vérifier la règle, la corroboration devenant plus spécifique avec chaque tentative successive.

Il s'agissait ensuite de parvenir à un éventail plus large d'appréciation. Le second stade consistait donc à étendre, avec chaque nouvel état de réalité non ordinaire, la zone sur laquelle s'exerçaient mes possibilités de perception nette. Existait-il une zone précise qui s'élargissait, ou bien mes capacités de perception augmentaient-elles à chaque séance ? L'enseignement de don Juan impliquait l'existence d'une zone qui s'élargissait, zone hypothétique que j'ai appelée « éventail d'appréciation ». Cette expansion consistait en une appréciation apparemment sensorielle des éléments de la réalité non ordinaire se trouvant à une certaine portée. J'évaluais ces éléments, je les analysais avec mes sens, semble-t-il, et avec chaque nouvelle expérience il me semblait que la zone devenait plus vaste et plus détaillée.

Cet éventail comportait une gamme dépendante et une gamme indépendante. La gamme dépendante constituait une zone dans laquelle les composantes étaient des éléments de l'environnement physique dont j'avais déjà été conscient dans l'état précédent de réalité ordinaire. La gamme indépendante, par contre, constituait une zone dans laquelle les composantes de la réalité non ordinaire semblaient apparaître d'elles-mêmes, sans aucune influence de l'environnement physique de la réalité ordinaire précédente.

En ce qui concerne l'éventail d'appréciation, don Juan laissait clairement entendre que les deux alliés et le Mescalito possédaient la propriété d'amener les deux formes de perceptions. Il m'a semblé cependant que le *Datura inoxia* était plus favorable à la production d'une gamme indépendante, encore que dans le vol corporel – trop bref pour que je puisse affirmer cela – l'éventail d'appréciation relevât implicitement de la gamme dépendante. Le *Psilocybe mexicana* pouvait produire une gamme dépendante, le *Lophophora williamsii* pouvait produire les deux.

J'ai le sentiment que le but de don Juan était de parvenir, par l'emploi de ces différentes propriétés, à un témoignage particulier. Autrement dit, dans les états produits par le Datura inoxia, les éléments absents du témoignage ordinaire existaient indépendamment de l'état de réalité ordinaire précédent. Avec le *Psilocybe mexicana*, l'absence de témoignage ordinaire supposait des composantes dépendant de l'environnement de la réalité ordinaire précédente. Enfin, avec le *Lophophora williamsii*, certaines composantes étaient déterminées par l'environnement, tandis que d'autres en étaient indépendantes. Ainsi, l'emploi des trois plantes ensemble semblait avoir été conçu pour créer une vaste perception du manque de témoignage ordinaire sur les composants de la réalité non ordinaire.

Dernière phase au niveau intrinsèque de la réalité non ordinaire, j'ai eu l'impression, au cours de ces états successifs, d'une progression vers un emploi plus pragmatique de la réalité non ordinaire. Cette progression semblait liée à l'idée que chaque nouvel état constituait un stade plus avancé de savoir ; la complexité croissante exigeant un usage plus global et plus pragmatique de la réalité non ordinaire. La progression était particulièrement sensible dans le cas du *Lophophora williamsii*. L'existence simultanée d'une gamme dépendante et d'une gamme indépendante d'appréciation à chaque stade rendait l'usage pragmatique de la réalité non ordinaire plus large, les deux gammes étant parcourues en même temps.

L'orientation des résultats des états spéciaux de réalité ordinaire semblait produire un ordre au niveau intrinsèque, ordre caractérisé par la progression des composantes vers le spécifique : les composantes étaient plus nombreuses, on les isolait plus facilement au cours des différents états de réalité ordinaire. Au cours de son enseignement, don Juan en a précisé seulement deux, mais il m'était encore possible de remarquer que dans le second il était déjà plus facile pour don Juan d'isoler un grand nombre de composantes, facilité pour obtenir des résultats spécifiques qui se retrouvait dans la rapidité avec laquelle le second état spécial de réalité ordinaire avait été provoqué.

L'ordre conceptuel

L'apprenti

L'apprenti constitue la dernière unité dans l'ordre des opérations. L'apprenti constitue de plein droit l'unité qui introduit au premier plan l'enseignement de don Juan, car il doit accepter la totalité du témoignage particulier donné sur les composantes de tous les états spéciaux de réalité ordinaire et de réalité non ordinaire, avant que le témoignage particulier puisse devenir un concept signifiant. Or le témoignage particulier, inévitablement concerné par les actions et les éléments perçus dans la réalité non ordinaire, suppose un ordre spécial de concept, ordre qui met ces actions et éléments perçus en accord avec la corroboration de la règle. Par conséquent, l'acceptation du témoignage particulier signifiait pour moi, apprenti, l'adoption d'un certain point de vue validé par la totalité de l'enseignement de don Juan. Cela supposait donc mon entrée dans un niveau de concept comportant un ordre qui rendait l'enseignement compréhensible dans ses propres termes. J'appelle cela « ordre de concept », car c'est l'ordre qui donne un sens aux phénomènes spéciaux formant le savoir de don Juan. « Matrice de » signifiant « où tous les concepts individuels apportés par son enseignement étaient noyés ».

Si l'on observe alors que le but de l'apprenti consiste à adopter cet ordre de concepts, il se trouve donc devant cette alternative : échouer dans ses efforts, ou réussir.

S'il ne parvient pas à adopter cet ordre de concepts, il échoue également dans sa tentative pour parvenir au but fixé par l'enseignement. Cette notion d'échec est exprimée dans le thème des quatre ennemis symboliques de l'homme de savoir. Implicitement, il est admis que l'échec n'est pas seulement d'interrompre la poursuite du but, mais aussi le fait d'abandonner cette poursuite complètement sous la pression créée par un quelconque des quatre ennemis symboliques. Le même thème montre aussi clairement que les deux premiers ennemis – la peur et la clarté – causent la défaite d'un homme alors qu'il n'est encore qu'un apprenti – l'échec à ce niveau signifiant l'incapacité à apprendre comment dominer un allié. La conséquence de cet échec signifiant que l'apprenti avait adopté cet ordre de concept d'une manière superficielle et fausse. Adoption fausse car relevant d'une affiliation frauduleuse avec le sens profond de l'enseignement. L'apprenti une fois vaincu resterait incapable de dominer un allié, et il ne conserverait de l'enseignement que la connaissance de certaines techniques de manipulation et le souvenir des composantes perçues de la réalité non ordinaire : il serait incapable de s'identifier à l'analyse raisonnée qui, autrement, aurait pris tout son sens. Dans ces circonstances, on risquait d'avoir à se trouver ses propres explications pour des phénomènes ou des éléments de ces phénomènes arbitrairement choisis, ce qui amènerait à adopter – de façon fallacieuse – le point de vue mis en avant par l'enseignement de don Juan. L'adoption fallacieuse d'un ordre conceptuel ne semble pas réservée à l'apprenti. Dans le thème des ennemis de l'homme de savoir, il est implicite que l'homme qui a réussi à commander à un allié peut encore tomber victime de ses deux autres ennemis – la puissance et la vieillesse. Pour don Juan, une telle défaite suppose que l'homme est alors victime d'une adoption superficielle ou fausse de l'ordre conceptuel, comme cela était arrivé à l'apprenti vaincu.

Par contre, l'adoption réussie de l'ordre conceptuel signifie que l'apprenti a atteint l'objectif – l'adoption sincère du point de vue proposé par l'enseignement. Adoption sincère dans la mesure où elle constitue une affiliation complète, au sens exprimé dans cet ordre de concepts, avec un engagement total.

Don Juan n'a jamais indiqué le moment exact ni les circonstances où l'apprenti cessait de l'être. Cependant, il a clairement laissé entendre qu'une fois l'objectif opérationnel du système atteint (comment dominer un allié), l'apprenti n'avait plus besoin d'un maître pour le guider. L'idée selon laquelle le moment viendrait où les directives d'un maître se révéleraient superflues impliquait que l'apprenti parviendrait alors à adopter l'ordre conceptuel et qu'ainsi il parviendrait à acquérir la capacité à tirer les inférences voulues sans l'aide d'un maître.

En ce qui concerne l'enseignement de don Juan, et jusqu'au jour où j'ai mis un terme à mon apprentissage, l'acceptation du témoignage particulier semblait entraîner l'adoption de deux unités de l'ordre conceptuel : l'idée de la réalité du témoignage spécial et l'idée que la réalité de témoignages ordinaires, tirés de la vie de tous les jours, et la réalité du témoignage spécial présentaient également une valeur pragmatique.

Réalité du témoignage spécial

Le corps de l'enseignement de don Juan concernait, comme il l'affirmait lui-même, l'usage de trois plantes hallucinogènes provoquant des états de réalité non ordinaire. L'emploi de ces trois plantes semble avoir été pour lui délibéré. Il semble les avoir employées parce que chacune possédait des propriétés hallucinogènes différentes, qu'il interprétait comme manisfestant la nature inhérente de la puissance qui s'y trouve. En dirigeant les niveaux extrinsèques et intrinsèques de réalité non ordinaire, don Juan exploitait les propriétés hallucinogènes pour créer chez moi, son élève, la perception que la réalité non ordinaire constituait une zone parfaitement définie, un domaine séparé de la vie ordinaire de tous les jours, et dont les propriétés inhérentes devaient se trouver révélées en cours de route.

Néanmoins, il est également possible que ces propriétés censées être différentes n'aient été que le produit du contrôle par don Juan de l'ordre intrinsèque de la réalité non ordinaire, encore que dans son enseignement il exploitât l'idée que la puissance contenue dans chaque plante produit des états de réalité non ordinaire différents les uns des autres. Si cette dernière hypothèse est vraie, les différences en termes d'unités de cette analyse sont alors du domaine de l'appréciation, dans les trois cas. Si l'on considère la particularité de ces appréciations, les trois contribuent à produire la perception d'une zone – ou domaine – parfaitement définie, composée de deux parties : une zone indépendante, le domaine des lézards ou des leçons du *Mescalito* ; et une zone dépendante, où l'on peut se déplacer par ses propres moyens.

J'utilise l'expression « réalité non ordinaire, » on l'a déjà remarqué, au sens de réalité extraordinaire, hors du commun. Pour un débutant, une telle réalité n'était certes pas ordinaire, mais l'apprentissage du savoir de don Juan exigeait ma participation inconditionnelle et mon engagement dans les exercices pragmatiques ou expérimentaux relevant de ce que j'apprenais. Cela supposait pour moi, élève, l'épreuve d'un certain nombre d'états non ordinaires de réalité : connaissance de première main qui, un jour ou l'autre, rendrait dénuée de sens pour moi la différence ordinaire/non ordinaire. L'adoption sincère de la première unité d'ordre conceptuel entraînait ainsi l'idée qu'il existait bien un domaine séparé de réalité, mais qu'on ne pouvait plus considérer comme hors de l'ordinaire, la réalité du témoignage spécial, ou particulier.

Accepter comme un principe majeur que la réalité du témoignage particulier constitue bien un domaine séparé entraîne l'idée que les rencontres avec les alliés ou le *Mescalito* se déroulent bien dans une zone qui n'est pas illusoire.

La réalité du témoignage spécial a une valeur pragmatique

Il semble que le contrôle des niveaux extrinsèque et intrinsèque de réalité non ordinaire, entraînant apparemment l'acceptation de la réalité du témoignage spécial, ait été chez moi responsable de la perception que la réalité en question était utilisable. L'acceptation du témoignage particulier pour tous les états de réalité non ordinaire et tous les états spéciaux de réalité ordinaire était censée consolider l'idée que sa valeur égalait celle du témoignage ordinaire de tous les jours. Égalité reposant sur l'impression que la réalité relevant du témoignage particulier n'avait rien à voir avec, par exemple, le domaine du rêve. Elle comportait au contraire des composants stables soumis à un accord particulier. Ainsi, il s'agissait bien d'un domaine dont on pouvait délibérément percevoir les différents aspects. Ses composantes ne relevaient ni de la personnalité de l'observateur ni de sa fantaisie, mais il s'agissait bien d'éléments – ou d'événements – dont l'existence se trouvait confirmée par tout un enseignement.

L'implication d'égalité apparaissait clairement dans la façon dont don Juan traitait la réalité du témoignage particulier, d'une façon utilitaire et naturelle. Jamais il n'a manifesté une autre attitude et il n'attendait rien d'autre de ma part. L'égalité accordée aux deux mondes, cependant, n'entraînait pas qu'on s'y comportât de la même manière. Le comportement du sorcier devait en effet être différent, car chaque zone de réalité présentait des qualités utilisables d'une façon spécifique. Cette égalité, semble-t-il, était caractérisée en termes d'utilité pratique. Le sorcier croyait ainsi qu'il était possible de passer d'un monde à l'autre, les deux étant naturellement utilisables, la seule différence devenant alors leurs rôles différents, en fonction de buts différents.

La séparation semble dans ces conditions une simple facilité convenant à mon niveau de connaissance, dont se servait don Juan pour me faire sentir qu'il pouvait exister un autre ordre de réalité. Ses actes, encore plus que ses déclarations, me conduisant à penser que pour un sorcier n'existait qu'un seul ordre de réalité comportant deux parties – mais peut-être plus que cela – d'où il pouvait tirer des déductions de valeur pragmatique. L'adoption sincère de la croyance selon laquelle la réalité du témoignage particulier présentait une valeur pragmatique aurait alors apporté une perspective significative au mouvement.

Si j'avais accepté l'idée que la réalité du témoignage particulier était utilisable parce qu'elle possédait de façon inhérente des propriétés utilisables aussi pragmatiques que celles de la réalité du témoignage ordinaire, alors il aurait été logique pour moi de comprendre pourquoi don Juan exploitait si largement la notion de mouvement dans la réalité du témoignage particulier. Après avoir accepté l'existence pragmatique d'une autre réalité, la seule chose que le sorcier devait faire serait d'apprendre les mécanismes du mouvement. Naturellement, ici le mouvement devait être spécialisé car il était concerné par les propriétés pragmatiques inhérentes à la réalité du témoignage spécial.

Résumé

Voici les résultats de mon analyse :

1. Le fragment de l'enseignement de don Juan que je présente ici comporte deux aspects : la suite d'opérations, séquence signifiante liant les uns aux autres les concepts individuels de son enseignement, et l'ordre conceptuel, matrice où se retrouvent tous les concepts individuels de son enseignement.

2. La suite des opérations comporte quatre unités principales avec leurs composantes particulières : 1° le concept d'homme de savoir ; 2° l'idée que l'homme de savoir dispose de l'aide d'une puissance spécialisée désignée sous le nom d'*allié* ; 3° l'idée qu'un allié est régi par un ensemble de règles connu sous le nom de *règle* ; 4° l'idée que la corroboration de la règle dépend de témoignages particuliers.

3. Ces quatre unités sont liées entre elles de la façon suivante : le but de la suite des opérations est d'enseigner comment on devient un homme de savoir ; un homme de savoir est différent des hommes ordinaires, parce qu'il possède un allié ; un allié est une puissance spécialisée, qui a une règle ; on peut acquérir ou dominer un allié grâce à la vérification de sa règle dans le domaine de la réalité non ordinaire et à travers des témoignages particuliers qui viennent la corroborer.

4. Dans le contexte de l'enseignement de don Juan, devenir un homme de savoir ne constitue pas un état permanent, mais un développement. C'est-à-dire que le facteur qui fait l'homme de savoir, ce n'est pas seulement la possession d'un allié, mais également l'effort de toute une vie pour demeurer dans les limites d'un système de croyances. L'enseignement de don Juan se fixait cependant des résultats pratiques, et

son but pratique, lié à l'enseignement pour devenir un homme de savoir, était d'enseigner comment on pouvait acquérir un allié en apprenant sa règle. Ainsi, le but de la suite d'opérations était de fournir les témoignages spéciaux concernant les composantes perçues dans la réalité non ordinaire, considérées comme la corroboration de la règle de l'allié.

5. De façon à fournir le témoignage particulier corroborant la règle de l'allié, don Juan devait fournir le témoignage spécial sur tous les états de réalité non ordinaire et les états spéciaux de réalité ordinaire qui pouvaient se présenter au cours de son enseignement. Les témoignages particuliers portaient donc sur des phénomènes hors de l'ordinaire, ce qui me porte à penser que n'importe quel élève, en acceptant le témoignage particulier, était conduit à accepter l'ordre conceptuel du savoir enseigné.

6. En ce qui concerne mon niveau de savoir, au moment où j'ai cessé mon apprentissage, l'enseignement de don Juan semblait avoir conduit à l'adoption de deux unités d'ordre conceptuel : 1° l'idée qu'il existait un domaine séparé de réalité, un autre monde, que j'appelle réalité par témoignage particulier ; 2° l'idée que la réalité de témoignage particulier – cet autre monde – était aussi utilisable que le monde de la vie de tous les jours.

Près de six ans après le début de cet apprentissage, le savoir de don Juan est devenu un tout cohérent pour la première fois. J'ai compris qu'il avait voulu parvenir à la prise en considération de bonne foi de mes découvertes personnelles. J'ai interrompu cette étude parce que je n'étais pas prêt (et je ne le suis toujours pas) à supporter les rigueurs d'un tel entraînement. Cependant à ma façon, en m'efforçant de me conformer à ses exigences, j'ai essayé de comprendre son enseignement. Il me semblait nécessaire de prouver, ne serait-ce qu'à moi-même, qu'il ne s'agissait pas là de simples curiosités.

J'ai mis au point ce plan pour une analyse structurale, et j'ai rejeté un certain nombre de données n'entrant pas dans le cadre initial de cet enseignement. Il m'est alors apparu clairement qu'il existait une cohésion interne, une série logique me permettant de considérer le phénomène entier sous un éclairage qui dissipait l'impression de bizarrerie, qui était la marque commune à toutes ces expériences. Expériences qui s'étaient révélées extrêmement contraignantes pour moi, et où j'avais vu le début d'une très longue route qu'il me faudrait parcourir. Or il ne s'agissait encore que d'un minuscule fragment du système de pensée logique dont don Juan tirait des déductions significatives pour sa vie de tous les jours. Vaste système complexe de croyances où la recherche constituait une expérience qui menait à la félicité.

APPENDICE A

Validation du témoignage particulier

La validation du témoignage particulier supposait, tout au long, la récapitulation de tout l'enseignement de don Juan. Afin de montrer cet effet récapitulatif, j'ai organisé la validation du témoignage particulier en séquences comportant les états de réalité non ordinaire et de réalité ordinaire particulière. Don Juan ne semble pas avoir fixé très précisément la façon de diriger l'ordre intrinsèque de la réalité non ordinaire et ordinaire particulière. Il semble plutôt en avoir isolé les unités à diriger, d'une manière assez fluide.

Don Juan préparait d'abord le cadre nécessaire au témoignage particulier en produisant le premier état spécial de réalité ordinaire par la manipulation de données sur l'environnement. De cette façon, il isolait un certain nombre de composantes venues de la réalité ordinaire. En les isolant, il m'amenait à les percevoir sous forme d'une progression vers le spécifique, en particulier la perception de couleurs semblant émaner de deux petites zones sur le sol. Une fois isolées, ces zones de couleur ne relevaient plus du témoignage ordinaire : apparemment, j'étais seul à les voir. Elles créaient ainsi un état particulier de réalité ordinaire.

En isolant ces deux zones sur le sol, en les plaçant en dehors des possibilités du témoignage ordinaire, on établissait ainsi le premier lien réalité ordinaire/réalité non ordinaire. Don Juan me montrait ainsi comment percevoir un élément de la réalité ordinaire d'une manière inhabituelle. Pour cela, il transformait certains éléments ordinaires pour en faire des éléments nécessitant un témoignage particulier.

Après ce premier état particulier de la réalité ordinaire est venue la récapitulation de l'expérience. Don Juan y a choisi la perception de différentes zones de coloration pour en constituer des unités de caractère positif. Quant aux unités négatives, c'étaient ma peur, ma fatigue, et aussi l'éventualité d'un manque de persévérance chez moi.

Pendant la période préparatoire ultérieure, il a placé le gros de sa réflexion sur ces unités qu'il avait isolées, avec l'idée qu'il était possible de détecter dans l'environnement davantage que ce qu'on y voyait d'ordinaire.

Parmi les éléments tirés de ma récapitulation, don Juan a tiré un certain nombre de concepts destinés à alimenter la notion *d'homme de savoir*.

Deuxième étape dans la préparation d'une corroboration de la règle par témoignage particulier, don Juan produit un état de réalité non ordinaire grâce au *Lophophora williamsii*. Le contenu total de ce premier état de réalité non ordinaire reste vague et dissocié, encore que ses composantes en soient fort bien définies. J'y perçois les caractéristiques de stabilité, de singularité, l'absence de témoignage ordinaire, et cela presque aussi clairement que dans les états ultérieurs. Caractéristiques peut-être moins évidentes à cause de mon manque de compétence : c'est la première fois que j'ai l'expérience de la réalité non ordinaire.

Il est impossible d'établir l'importance des directives antérieures de don Juan dans le déroulement réel de l'expérience. Néanmoins, sa maîtrise à diriger l'issue des états suivants de réalité non ordinaire apparaît déjà clairement.

Dans ma récapitulation de l'expérience, il a choisi les unités destinées à diriger la progression vers les formes spécifiques simples et les résultats spécifiques totaux. Il prend en compte mon comportement avec le chien, il l'associe à l'idée que le *Mescalito* était une entité visible, capable d'adopter une forme quelconque, mais surtout une entité en dehors de moi-même.

Le compte rendu de mes actions sert également à don Juan pour établir une progression vers un éventail plus large d'appréciation. Ici, progression vers une zone dépendante. Don Juan donne une importance positive au fait que j'ai bougé et que j'ai agi au sein de cette réalité non ordinaire presque comme j'aurais pu le faire dans la vie de tous les jours.

La progression vers un emploi plus pragmatique de la réalité non ordinaire se fait alors en accordant une valeur négative à mon récit de l'incapacité où je me suis trouvé d'accorder une attention logique aux composantes perçues. Don Juan laissait entendre qu'il m'aurait été possible d'étudier ces éléments avec sang-froid et précision. Idée qui introduisait deux caractéristiques générales de la réalité non ordinaire : elle était pragmatique et comportait des composantes relevant de la perception sensorielle.

L'absence de témoignage ordinaire sur les composantes est dramatiquement mise en valeur grâce au jeu d'éléments positifs et négatifs sous les yeux d'observateurs de mon comportement au cours de ce premier état de réalité non ordinaire.

La période préparatoire qui a suivi ce premier état de réalité non ordinaire a duré plus d'un an. Don Juan a utilisé cette période pour amener d'autres concepts relevant de la notion d'homme de savoir, et pour dévoiler certains aspects de la règle des deux alliés. Il a de plus provoqué un état léger de réalité non ordinaire afin d'évaluer mes affinités avec l'allié contenu dans le *Datura inoxia*. Don Juan a utilisé toutes les sensations vagues que j'avais éprouvées pour délimiter les caractéristiques générales de l'allié, par contraste avec ce qu'il avait isolé des caractéristiques perceptibles du *Mescalito*.

La troisième étape dans la préparation d'un témoignage particulier sur la règle a été la mise en œuvre d'un autre état de réalité non ordinaire grâce au *Lophophora williamsii*. Il semble que les directives précédentes de don Juan m'aient conduit à percevoir ce deuxième état de réalité non ordinaire de la manière suivante :

La progression vers le spécifique a créé la possibilité de voir complètement une entité dont la forme avait changé de façon remarquable, depuis la silhouette familière d'un chien, dans le premier état, jusqu'à la forme tout à fait inconnue et de nature anthropomorphique existant apparemment en dehors de moi.

Une progression vers un éventail plus vaste d'appréciation a été très remarquable dans la perception que j'ai eue d'un voyage. Au cours de ce voyage, l'éventail d'appréciation s'est révélé à la fois dépendant et indépendant, encore qu'un majorité d'éléments semblait dépendre de l'environnement d l'état précédent de réalité ordinaire.

Peut-être la progression vers un emploi plus pragmatiqu de la réalité non ordinaire a-t-elle été le trait le plu remarquable de ce deuxième état. De plus, il m'est deven évident, d'une manière complexe et détaillée, que l'on pouvai se déplacer dans la réalité non ordinaire.

Examinant ces composants avec détachement et précision je me suis rendu compte de leur stabilité, de leur singularité et j'ai constaté avec la plus grande clarté qu'ils ne relevaien pas du témoignage.

Voici ce que don Juan a relevé dans le récit de mo expérience : en ce qui concerne la progression vers l spécifique, il considère comme positif mon compte rendu d Mescalito sous son aspect anthropomorphique composite. L centre de la réflexion à ce sujet reposant sur l'idée que l Mescalito pouvait être professeur aussi bien que protecteur

De façon à diriger la progression vers un registre plus vast d'appréciation, don Juan a considéré comme positif le réci de mon voyage, qui s'était naturellement déroulé dans l domaine de la dépendance. Positive également apparaissai ma version des visions inspirées par le Mescalito, scène apparement indépendantes des composantes de la réalit ordinaire précédente.

Le récit de mon voyage et les scènes vues sous l'influenc du Mescalito ont également permis à don Juan de dirige la progression vers un usage plus pragmatique de la réalit non ordinaire. D'abord, il a avancé l'idée qu'il était possibl d'obtenir une orientation ; ensuite, il a interprété les scène comme autant de leçons sur une règle de vie.

Certaines zones de mes comptes rendus, portant su certaines composantes jugées superflues, n'ont fait l'obje d'aucune attention particulière, car cela ne contribuait pa à fixer l'orientation de l'ordre intrinsèque.

L'état suivant de réalité non ordinaire – c'était l troisième – a été introduit pour corroborer la règle de l'alli contenu dans le *Datura inoxia*. La période préparatoire a ét importante et remarquable, pour la première fois. Don Jua m'a expliqué les techniques de manipulation et il m'a révél que le but spécifique était de me faire corroborer la règle

Ses directives concernant les trois aspects de l'ordre intrinsèque semblent avoir donné les résultats suivants : la progression vers le spécifique se manifestait par ma capacité à percevoir un allié en tant que qualité. C'est-à-dire que je vérifiais l'assertion selon laquelle un allié était complètement invisible. Cette progression vers le spécifique a produit également la perception curieuse d'une série d'images très similaires à celles que j'avais vues avec le Mescalito. Don Juan a interprété ces scènes comme relevant de la divination – corroboration du rôle spécifique de la règle.

La perception de cette série de scènes entraînait aussi une progression vers un plus vaste éventail d'appréciation, qui cette fois-ci était indépendant de l'environnement de la réalité ordinaire précédente. Les scènes ne semblaient pas être en surimpression par rapport aux composantes, comme cela avait été le cas avec le Mescalito. Il n'y avait pas d'autres composantes à part celles qui faisaient partie des scènes. Bref, tout l'éventail d'appréciation était indépendant.

La perception d'un éventail indépendant marquait également la progression vers un emploi plus pragmatique de la réalité non ordinaire. La divination impliquait qu'on pouvait attribuer une valeur utilitaire à tout ce qui avait été vu.

Afin de diriger la progression vers le spécifique, don Juan attribue une valeur positive à l'idée qu'il est impossible de se déplacer par ses propres moyens dans cet éventail d'appréciation indépendante. Ici, les mouvements sont indirects : dans ce cas particulier, ils sont exécutés par l'entremise des lézards. De façon à orienter le deuxième aspect au niveau intrinsèque, pour un plus vaste éventail d'appréciation, don Juan place au centre de sa réflexion l'idée que les scènes que j'avais perçues – il s'agissait des réponses dans le cadre de la divination – auraient pu être étudiées aussi longtemps que je l'aurais souhaité. Pour avancer vers un emploi plus pragmatique de la réalité non ordinaire, don Juan attribue une valeur positive à l'idée solon laquelle l'objet de la divination doit être simple et direct, de façon à pouvoir obtenir un résultat utilisable.

Le quatrième état de réalité non ordinaire est lié à la corroboration de la règle de l'allié contenu dans le *Datura inoxia*. Le but spécifique étant le vol corporel en tant qu'aspect particulier du mouvement.

Il est possible que cette progression vers le spécifique ait donné la perception de cette lévitation. Sensation vive, mais sans la profondeur des perceptions antérieures qui avaient accompagné des actions probablement accomplies dans la réalité non ordinaire. Le vol corporel semble avoir pris place dans un domaine dépendant d'appréciation, entraînant de se déplacer par sa propre force, ce qui peut être le résultat d'une progression vers un éventail plus vaste d'appréciation.

Deux autres aspects de cette sensation de lévitation peuvent avoir été le résultat d'une direction de la progression vers un emploi plus pragmatique de la réalité non ordinaire. D'abord, il y eu la perception de la distance, perception qui a créé la sensation d'un vol réel, ensuite, la possibilité d'acquérir la direction au cours du mouvement présumé.

Au cours de la période de préparation suivante, don Juan a réfléchi à la nature présumée délétère de l'allié contenu dans le *Datura inoxia*. Il a mis en évidence les points suivants de mon compte rendu : afin de diriger la progression vers le spécifique, il a considéré comme positif mon souvenir de lévitation. Je ne voyais pas avec la clarté habituelle à ce moment-là les composantes de cet état de réalité non ordinaire, et cependant ma sensation de mouvement a été parfaitement définie, ce dont s'est servi don Juan pour renforcer le résultat spécifique du mouvement. La progression vers un usage plus pragmatique de la réalité non ordinaire a été établie en centrant la réflexion sur l'idée que les sorciers pouvaient parcourir en volant d'énormes distances, spéculation donnant naissance à la possibilité de se déplacer dans un éventail dépendant d'appréciation avant de revenir dans la réalité ordinaire.

Le cinquième état de réalité non ordinaire a été produit par l'allié contenu dans le *Psilocybe mexicana*. C'était la première fois que la plante était utilisée, et l'état qui en a résulté ressemblait davantage à une expérience qu'à une tentative de corroboration de la règle. Au cours de la période préparatoire, don Juan n'a présenté que la technique de manipulation. Il n'a pas révélé le but spécifique à vérifier, par conséquent que cet état a été provoqué pour corroborer la règle. Cependant, la direction du niveau intrinsèque de réalité non ordinaire établi auparavant semble bien s'être terminé par les résultats suivants.

La direction de la progression vers des résultats spécifiques totaux a produit chez moi la perception que les deux alliés différaient l'un de l'autre, tout en différant également du Mescalito. J'ai perçu l'allié contenu dans le *Psilocybe mexicana* comme une qualité – sans forme et invisible, et produisant une sensation de désincarnation. La progression vers un éventail plus vaste d'appréciation a résulté dans la sensation que l'environnement total de la réalité précédente ordinaire, encore présente dans ma conscience, était utilisable dans la réalité non ordinaire. Autrement dit, la zone dépendante semblait avoir tout recouvert. La progression vers un emploi plus pragmatique de la réalité non ordinaire a produit la perception singulière que je pouvais traverser les composantes à l'intérieur de cette zone dépendante d'appréciation, alors qu'ils semblaient être des éléments ordinaires de la vie de tous les jours.

Cette fois-ci, don Juan n'a pas exigé le compte rendu habituel de l'expérience, comme si l'absence de but spécifique n'avait fait de cet état de réalité non ordinaire qu'un stade transitoire prolongé. Durant la période préparatoire suivante, cependant, il a développé certaines observations qu'il avait faites à propos de mon comportement au cours de cette expérience.

Il a attribué une valeur négative à l'impasse logique qui m'avait empêché de croire qu'il était possible de traverser les objets et les êtres. A partir de cette réflexion, il a progressé vers un résultat total spécifique du mouvement, à travers les composantes de la réalité non ordinaire perçue à l'intérieur de l'éventail d'appréciation qui en dépendait.

Don Juan a utilisé les mêmes observations pour diriger le deuxième aspect du niveau intrinsèque, qui constituait un éventail d'appréciation plus large. Si le mouvement à travers les objets et les êtres était possible, alors la zone dépendante devait pouvoir s'étendre en fonction de cela. Elle devait pouvoir recouvrir l'environnement total de la réalité ordinaire précédente, ce dont on avait conscience à un moment donné, car le mouvement supposait un changement constant de cadre. Il découlait de la même réflexion qu'il était également implicite que la réalité non ordinaire aurait pu être utilisée d'une façon plus pragmatique. Pénétrer dans les êtres et dans les objets impliquait une supériorité accessible au sorcier dans la réalité ordinaire.

Don Juan a ensuite utilisé une série de trois états de réalité non ordinaire, produits par le *Lophophora williamsii*, afin d'approfondir le témoignage particulier visant à l'approfondissement de la règle. J'ai traité ici ces trois états comme ne formant qu'une seule unité, car ils se sont déroulés au cours de quatre jours consécutifs et, pendant les quelques heures qui les séparaient, je n'ai eu aucun contact avec don Juan. L'ordre intrinsèque de ces trois états est également présenté comme constituant une seule unité avec ses caractéristiques. La progression vers le spécifique a produit la perception du Mescalito sous l'aspect d'une entité anthropomorphique visible et capable d'un enseignement. La possibilité de donner des leçons supposant que le Mescalito était capable d'action sur des êtres humains.

La progression vers une zone plus large d'appréciation a atteint le point où j'ai pu percevoir en même temps les deux zones, tout en étant incapable d'établir une différence entre elles, sauf en termes de mouvement. Dans la zone dépendante, il était possible pour moi de me déplacer par mes propres moyens et en suivant ma volonté, mais dans la zone indépendante, je n'étais capable de mouvement qu'avec l'aide du Mescalito comme instrument. Par exemple, les leçons du Mescalito comportaient une série de scènes dont je ne pouvais être que l'observateur. La progression vers un emploi plus pragmatique de la réalité non ordinaire était implicite dans l'idée que le Mescalito pouvait vraiment donner des leçons sur la bonne conduite de l'existence.

Pendant la période préparatoire qui a suivi le dernier état de réalité non ordinaire de la série, don Juan a choisi les unités suivantes. Pour la progression vers le spécifique, il a considéré comme positive l'idée que le Mescalito jouait bien un rôle pour la pénétration dans l'éventail indépendant d'appréciation. C'était de plus une entité didactique capable de donner des leçons en permettant de pénétrer dans un monde visionnaire. Il a également développé les conséquences entraînées par le fait que le Mescalito m'avait dit son nom et qu'il m'avait apparemment enseigné des chants. Ces deux éléments contribuant à l'opinion que le Mescalito pouvait devenir un protecteur. J'avais perçu le Mescalito sous l'aspect d'une lumière : cela renforçait la possibilité qu'il ait adopté à mon intention une forme abstraite permanente.

Toujours à partir de ces mêmes unités, don Juan a dirigé la progression vers une zone plus vaste d'appréciation. Au cours de ces trois états de réalité non ordinaire, j'ai clairement perçu que la zone dépendante et la zone indépendante formaient deux aspect séparés de la réalité non ordinaire également importants. La zone indépendante était celle où le Mescalito donnait ses leçons, et comme ces états de réalité non ordinaire étaient censés avoir été produits uniquement pour rechercher de telles leçons, il en découlait logiquement que cette zone indépendante était d'une importance particulière. Le Mescalito était un protecteur et un professeur, ce qui signifiait qu'il était visible. Cependant, sa forme n'avait rien à voir avec l'état précédent de réalité ordinaire. D'un autre côté, on était censé se déplacer à l'intérieur de la réalité non ordinaire, voyage au cours duquel on tenterait d'obtenir les leçons du Mescalito, ce qui montrait assez l'importance de la zone dépendante.

La progression vers un emploi plus pragmatique de la réalité non ordinaire supposait que l'on accordât une somme de réflexion à l'enseignement du Mescalito. Don Juan considérait ces leçons comme indispensables à la vie de l'homme. Inférence selon laquelle la réalité non ordinaire aurait pu être utilisée d'une manière plus pragmatique pour en tirer les points de référence présentant une valeur dans la réalité ordinaire. C'était la première fois que don Juan exprimait ainsi clairement une telle implication.

L'état suivant de réalité non ordinaire, le neuvième de son enseignement, avait pour but de corroborer la règle de l'allié contenu dans le *Datura inoxia*. Le rôle spécifique à corroborer dans cet état concernait la divination, et la direction précédente du niveau intrinsèque se terminait par les points suivants. La progression vers un résultat total spécifique créait la perception d'un ensemble de scènes cohérentes, à travers la voix du lézard racontant les évènements faisant l'objet de la divination. La progression amenait la perception d'une zone large et claire sans aucune influence venue de la réalité ordinaire. La progression vers un emploi plus pragmatique de la réalité non ordinaire s'achevait sur la possibilité d'exploiter la zone indépendante. Il en résultait la possibilité de tirer de la zone indépendante des points de référence applicables à la réalité ordinaire : c'est ce qui ressortait de la réflexion de don Juan. Ainsi, les scènes de divination présentaient une valeur pragmatique évidente, car elles étaient censées représenter une vision d'actes accomplis par d'autres, actes auxquels il aurait été impossible d'avoir accès par des moyens ordinaires.

Au cours de la période préparatoire suivante, don Juan a mis en valeur d'autres thèmes composant la notion d'homme de savoir. Il semblait prêt à ne plus se consacrer qu'à un seul allié, *humito*. Il a cependant insisté sur l'affinité considérée comme positive qui existait entre moi et le *Datura inoxia* : ne m'avait-il pas permis de voir une entorse à la règle, lorsque j'avais commis cette erreur dans la manipulation ? L'hypothèse que j'avais formulée selon laquelle don Juan était prêt à interrompre son enseignement de la règle du *Datura inoxia* était renforcée par ce fait qu'il n'isolait plus de zones dans mon compte rendu.

A suivi une série de trois états de réalité non ordinaire ayant pour but de corroborer la règle de l'allié contenu dans le *Psilocybe mexicana*. Je les traite ici sous la forme d'une seule unité. Un temps considérable s'est écoulé entre eux, et pendant ces intervalles don Juan n'a pas essayé de tirer de conclusions sur aucun aspect de leur ordre intrinsèque.

Le premier état des séries a été vague ; il s'est terminé rapidement et ses composantes n'étaient pas précises. On aurait plutôt dit un stade transitoire qu'un véritable état de réalité non ordinaire.

Le deuxième état a montré davantage de profondeur. Pour la première fois, j'ai perçu le stade transitoire conduisant à la réalité non ordinaire d'une façon bien séparée. Au cours du premier stade transitoire, don Juan m'a révélé que le but spécifique de la règle, qu'il me fallait corroborer, portait sur un autre aspect du mouvement qui exigeait sa surveillance minutieuse. C'est ce que j'ai appelé mouvement par l'adoption d'une forme alternée. En conséquence, deux aspects du niveau extrinsèque de réalité non ordinaire sont apparus comme évidents pour la première fois : les stades transitoires et la surveillance du professeur.

Pendant ce premier stade transitoire, don Juan a clairement défini la direction des trois aspects de niveau intrinsèque. Ses efforts étaient concentrés vers la production d'un résultat total spécifique, et il a dirigé l'expérience pour que j'éprouve la sensation précise d'avoir adopté la forme d'un corbeau.

La possibilité d'adopter une forme alternée pour parvenir au mouvement dans la réalité non ordinaire supposait une expansion de la zone dépendante d'appréciation, seul espace où un tel mouvement pouvait s'effectuer.

L'emploi pragmatique de la réalité non ordinaire était déterminé en m'incitant à concentrer mon attention sur certaines composantes de la zone dépendante, de façon à les utiliser comme points de référence dans le déplacement.

Pendant la période préparatoire qui a suivi le deuxième état de la série, don Juan a refusé de tirer aucun développement à propos de mon expérience. Il a traité ce deuxième état comme s'il s'agissait simplement d'un autre stade transitoire prolongé.

Cependant, le troisième état de la série a été capital dans cet enseignement. La direction du niveau intrinsèque a donné les résultats suivants : la progression vers le spécifique a créé la perception facile que j'avais adopté une forme alternée si complètement qu'il m'avait même été possible de procéder aux ajustements particuliers nécessaires à la mise au point précise de mes yeux pour parvenir à ce système de vision. Conséquence de ces mises au point, je percevais un nouvel aspect de la zone d'appréciation dépendante – les détails qui formaient les composants – et cette perception élargissait singulièrement la zone d'appréciation. La progression vers un emploi plus pragmatique de réalité non ordinaire culminait dans la conscience que j'avais de la possibilité de me déplacer dans la zone dépendante de façon aussi pragmatique qu'on le fait dans la réalité ordinaire.

Au cours de la période préparatoire qui a suivi le dernier état de réalité non ordinaire, don Juan a introduit un type différent de récapitulation. Il a choisi les zones à étudier avant d'avoir entendu mon compte rendu : ainsi, il ne voulait entendre que ce qui relevait de l'usage pragmatique de la réalité non ordinaire et du mouvement.

A partir de ces comptes rendus, il a assuré la progression vers le spécifique en accordant une valeur positive à la version de la façon dont j'avais exploité la forme de corbeau. Cependant, il ne s'est attaché qu'à l'idée du mouvement, la forme une fois adoptée. Le mouvement, c'était le point de mon compte rendu où il allait trouver les éléments positifs et négatifs. Il a accordé une valeur positive à la nature pragmatique de la réalité non ordinaire, et aussi à la perception des composantes qui m'avaient permis d'obtenir un sens général de l'orientation, alors que je semblais me déplacer dans une zone dépendante d'appréciation. Mais il a jugé négative mon incapacité à me rappeler avec précision la nature ou la direction du mouvement.

En tâchant de parvenir à un plus vaste éventail d'appréciation, don Juan s'est surtout intéressé au récit de la façon singulière dont j'avais perçu les composantes situées dans la zone dépendante. Ses considérations m'ont conduit à l'idée que s'il était possible de voir le monde comme le voit un corbeau, la zone dépendante d'appréciation devait alors s'étendre en profondeur et pouvoir également couvrir toute la gamme de la réalité ordinaire.

Pour parvenir à un emploi plus pragmatique de la réalité non ordinaire, don Juan a expliqué la façon singulière dont j'avais perçu les composantes en disant que c'était la façon du corbeau de voir le monde. Logiquement, cela supposait l'intrusion dans une zone de phénomènes au-delà des possibilités de la réalité ordinaire.

La dernière expérience enregistrée dans mes notes prises sur le terrain porte sur un état spécial de réalité ordinaire : don Juan l'a provoqué en isolant les composantes de la réalité ordinaire par référence à son propre comportement.

La technique utilisée pour diriger le niveau intrinsèque de réalité non ordinaire a donné les résultats suivants au cours du deuxième état spécial de réalité ordinaire. La progression vers le spécifique a permis l'isolation facile de nombreux éléments de la réalité ordinaire. Dans le premier état spécial de réalité ordinaire, les rares composantes isolées par référence à l'environnement avaient été changées en des formes inconnues qui n'étaient pas corroborées par la réalité ordinaire. Par contre, au cours du deuxième état spécial de réalité ordinaire, les éléments étaient nombreux et, sans perdre leur qualité d'éléments familiers, ils avaient peut-être perdu leur référence à la réalité ordinaire. Ces composantes devaient couvrir l'environnement total dont j'étais conscient.

Il est possible que don Juan ait produit ce deuxième état

spécial pour renforcer le lien entre la réalité ordinaire et la réalité non ordinaire, développant la possibilité que la plupart des composantes – voire la totalité – de la réalité ordinaire pouvaient perdre leurs caractères admis de réalité ordinaire.

Cependant, en ce qui me concerne, ce dernier état spécial a mis un terme à mon apprentissage. L'extraordinaire sentiment de terreur – au niveau de la conscience claire – avait eu pour effet curieux de miner en moi la certitude que la réalité de tous les jours est implicitement vraie et que, pour ce qui concernait la réalité ordinaire, j'en trouverais toujours la confirmation implicite. Mon apprentissage semblait conduire inévitablement à l'effondrement de cette certitude. Au cours de la dernière séance d'état spécial, il me semblait que don Juan avait utilisé toutes les ressources de son talent dramatique pour précipiter cet effondrement. Cela aurait certainement abattu le dernier obstacle qui m'empêchait d'accepter sans réserve l'existence d'une réalité séparée : la réalité du témoignage particulier.

APPENDICE B

PLAN POUR UNE ANALYSE STRUCTURALE

ORDRE DES OPÉRATIONS

1re unité

L'HOMME DE SAVOIR

DEVENIR UN HOMME DE SAVOIR
EST AFFAIRE D'ÉTUDE
- Il n'existe pas d'exigences manifestes
  - Il existe quelques exigences cachées
  - L'apprenti est choisi par une puissance impersonnelle
  - Celui qui a été choisi (*escogido*)
    - Les décisions de la puissance sont indiquées par des signes

UN HOMME DE SAVOIR EST ANIMÉ
D'UNE VOLONTÉ INFLEXIBLE
- Frugalité
- Solidité de jugement
- Absence du désir d'innover

UN HOMME DE SAVOIR POSSÈDE LA CLARTÉ D'ESPRIT
- Liberté de choisir son chemin
- Connaissance du but spécifique
- Fluidité

DEVENIR UN HOMME DE SAVOIR CONSTITUE UNE TÂCHE ARDUE
  Effort dramatique
  Efficacité
  Défi
UN HOMME DE SAVOIR EST UN GUERRIER
  Il doit avoir le respect
  Il doit avoir la peur
  Il doit être parfaitement éveillé
    Conscience du but
    Conscience du flux escompté
    Il doit avoir confiance en lui-même

DEVENIR UN HOMME DE SAVOIR EST AFFAIRE DE CONTINUITÉ
  Il doit persister dans sa volonté de devenir un homme de savoir
  Il est éphémère
  Il doit suivre le chemin de tout son coeur

2e unité

L' HOMME DE SAVOIR A UN ALLIÉ

L'ALLIÉ N'A PAS DE FORME
L'ALLIÉ EST PERÇU COMME UNE QUALITÉ
  L'allié est contenu dans le *Datura inoxia*
    Il est comme une femme
      Il est possessif
      Il est violent
      Il est imprévisible
      Il a un effet délétère sur ses adeptes
    Il confère une puissance superfétatoire
  L'allié est contenu dans le *Psilocybe mexicana*
  Il est viril
      Il est sans passion
      Il est doux
      Il est sûr
      Il est bénéfique pour ses adeptes
    Il procure l'extase

L'ALLIÉ EST DOMPTABLE

L'allié est un véhicule
L'allié contenu dans le *Datura inoxia* est imprévisible
L'allié contenu dans le *Psilocybe mexicana* est sûr
L'allié est un aide

3e unité

L'ALLIÉ A UNE RÈGLE

LA RÈGLE EST INFLEXIBLE

Exception due à l'intervention directe de l'allié
La règle n'est pas cumulative
La règle est corroborée par la rèalitè ordinaire
La règle est corroborée par la réalité non ordinaire
Les états de réalité non ordinaire
La réalité non ordinaire est utilisable
La réalité non ordinaire a des composantes
Les composantes sont stables
Elles sont remarquables
Elles ne relèvent pas du témoignage ordinaire
Les buts spécifiques de la règle
Premier but spécifique, essai *(Datura inoxia)*
Manipulation, ingestion
2e but spécifique, divination *(Datura inoxia)*
Manipulation, ingestion-absorption
3e but spécifique, vol corporel *(Datura inoxia)*
Manipulation, ingestion-absorption
4e but spécifique, essai *(Psilocybe mexicana)*
Manipulation, ingestion-inhalation
5e but spécifique, mouvement *(Psilocybe mexicana)*
Manipulation, ingestion-inhalation
6e but spécifique, mouvement par l'adoption d'une forme alternée *(Psilocybe mexicana)*
Manipulation, ingestion-inhalation

4e unité

LA RÈGLE EST CORROBORÉE PAR DES TÉMOIGNAGES PARTICULIERS

LE BIENFAITEUR
Préparation du témoignage particulier
Les autres états de réalité non ordinaire
Produits par le Mescalito
Contenu
Le contenant est le pouvoir lui-même
Absence de règle
Inutilité d'un apprentissage
Protecteur
Professeur
Possédant une forme définie
Réalité non ordinaire utilisable
Eléments composant la réalité non ordinaire
Les états spéciaux de la réalité ordinaire
Produits par le professeur
Relevant de l'environnement
Relevant du comportement
La récapitulation de l'expérience
Le rappel des événements
La description des composants
Evaluation
Evaluation positive
Evaluation négative
Evaluation neutre
Guidage du témoignage particulier
Le niveau extrinsèque de la réalité non ordinaire
La période préparatoire
La période précédant la réalité non ordinaire
La période suivant la réalité non ordinaire
Les stages transitoires
La surveillance du professeur
Le niveau intrinsèque de réalité non ordinaire
Progression vers le spécifique
Formes simples spécifiques
Complexité progressive des détails perçus

Progression des formes familières aux formes inconnues

Résultats totaux spécifiques

Progression vers un éventail plus large d'appréciation

Gamme dépendante

Gamme indépendante

Progression vers un emploi plus pragmatique de la réalité non ordinaire

Progression vers le spécifique dans les états spéciaux de réalité ordinaire.

L'ORDRE CONCEPTUEL

L'APPRENTI

Adoption fallacieuse de l'ordre conceptuel

Adoption sincère d'un ordre conceptuel

Réalité du témoignage spécial

Valeur pragmatique de la réalité du témoignage spécial.

TABLE DES MATIÈRES

J.-P. Bouyxou
P. Delannoy

L'aventure hippie

Derrière le décor psychédélique de la rétromania *seventies*, il y a une fabuleuse histoire, celle racontée, dans un style vif et sans détour, par les deux journalistes Jean-Pierre Bouyxou et Pierre Delannoy. De la haine des *sixties* aux joies de l'utopie communautaire, de la libération sexuelle aux ravages de l'héroïne, les deux journalistes nous livrent un témoignage unique sur une décennie devenue phénomène de mode. Culte !

n°3715 – 9,30 €

COLLECTION FAIT ET CAUSE

Aldous Huxley

Les portes de la perception

Ayant ingéré de la mescaline, alcaloïde actif du peyotl, cactus indien qui procure des visions cachées, Aldous Huxley rapporte son expérience scientifique. Il initie le lecteur néophyte aux divers phénomènes psychologiques qui en résultent, comme l'élargissement du champ de la conscience, qui permet de considérer l'objet sous toutes ses dimensions. Une fois de plus, Aldous Huxley se montre visionnaire et nous ouvre *Les Portes de la perception*.

n° 1122 – 7,80 €

Jim Morrison

La nuit américaine

La Nuit américaine, compilation bilingue des derniers poèmes écrits par le chanteur de rock Jim Morrison avant sa mort prématurée, oscille entre l'atmosphère d'un Paris emblématique pour toute une jeunesse, et les réminiscences du pays natal. Visions oniriques, où les souvenirs jaillissent, se superposant dans un rythme effréné. Ce recueil est un ticket d'entrée dans l'esprit de l'auteur, la promesse d'un voyage au cœur de son imagerie personnelle.

n° 2526 – 6,90 €

Impression réalisée sur Presse Offset par

BRODARD & TAUPIN

GROUPE CPI

La Flèche (Sarthe), 25433

N° d'édition : 1630
Dépôt légal : octobre 1985
Nouveau tirage : août 2004

Imprimé en France